모당 홍이상 선생

모친 문경 백씨

부인 안동 김씨에 대한

만사와 제문

윤호진 역

풍산홍씨모당공파종회

역자 윤호진(尹浩鎭)

1957년 경기도 남양주 출생
국민대학교 한문학과 졸업
한국정신문화연구원(현 한국학중앙연구원) 한국학대학원 석사과정 졸업(문학석사)
성균관대학교 대학원 한문학과 박사과정 졸업(문학박사)
경상대학교 한문학과 전임강사, 조교수, 부교수, 교수(1990~현재)
미국 애리조나 주립대학교 방문학자(2009.9~2010.02.)
영국 셰필드대학 방문교수(2001.3~2002.2)
중국 무한대학 방문학자(1996.3~1997.8)
논문 「서정 한시의 의미표출양상에 관한 연구」(박사학위논문) 외 50여 편
역서 『조선부』 외 30여 권

모당 홍이상 선생, 모친 문경 백씨, 부인 안동 김씨에 대한
만사와 제문

초판 1쇄 발행 / 2015년 10월 30일

역　　주 윤호진
기획 · 편집 홍철희 · 홍기홍 · 홍정수
발 행 인 풍산홍씨모당공파종회
주　　소 경기도 고양시 일산동구 성석동 887-6번지
전　　화 031-815-0706
인쇄배포처 탐구당
서울특별시 용산구 한강대로62 나길 6
02-3785-2211

값 40,000원

이 도서의 국립중앙도서관 출판예정도서목록(CIP)은 서지정보유통지원시스템 홈페이지(http://seoji.nl.go.kr)와 국가자료공동목록시스템(http://www.nl.go.kr/kolisnet)에서 이용하실 수 있습니다.
(CIP제어번호 : CIP2015027658)

모당 관련 화보

모당(慕堂)의 부친 홍수(洪脩)와 모친(문경 백씨)의 묘소(위쪽) 묘는 배위 증 정경부인 문경 백씨의 봉분과 쌍분을 이루고 있다.

모당 홍이상(洪履祥)과 부인 안동 김씨 묘소(아래쪽) 묘는 고봉산 만경사에서 잣골 쪽 기슭에 있는데, 증 정경부인 안동 김씨의 봉분과 쌍분을 이루고 있다. 봉분의 규모는 둘레가 각각 15m이고 높이는 2.4m이다. 묘 앞에는 이준이 찬한 묘비가 세워져 있는데, 규모는 높이 170cm, 폭 65cm, 두께 25cm이다. 이밖에도 상석, 향로석, 망주석, 문인석 등의 석조물이 설치되어 있다. 주소는 경기도 고양시 일산동구 성석동 889-4.

모당(慕堂) 신도비(神道碑)와 비각(碑閣) 1630년(인조 8)에 세웠으며, 화강암으로 된 귀부와 이수, 대리암으로 된 비신을 갖추고 있는데, 귀부는 마멸이 심하나 이수는 생동감 있는 조각솜씨를 보여준다. 비신은 높이 200cm, 폭 115cm, 두께 29cm 의 규모이다. 비문은 이정구가 지었고 이현(李玹)이 글씨를 썼으며 김상용이 전자하였다
비각은 1630년에 건립된 신도비가 마모가 심하여 이를 보호하기 위해 2014년 9월 지었다.
주소는 경기도 고양시 일산동구 성석동 871-11.

영모재(永慕齋) 전경(全景) 모당 홍이상 선생과 풍산 홍씨 선조들을 모시는 사당.
주소는 경기도 고양시 일산동구 성석동 889-4.

모현정(慕賢亭) 중원팔경(中原八景)의 하나로 모당을 비롯한 여러 선현들을 기리기 위해 건립한 정자. 주소는 충북 충주시 금가면 하담리 428-3.

하강서원(荷江書院) 모당의 유덕을 기리는 후유(後儒)들에 의해 정조 10년(1786) 건립된 서원. 주소는 충북 충주시 금가면 하담리 428-3.

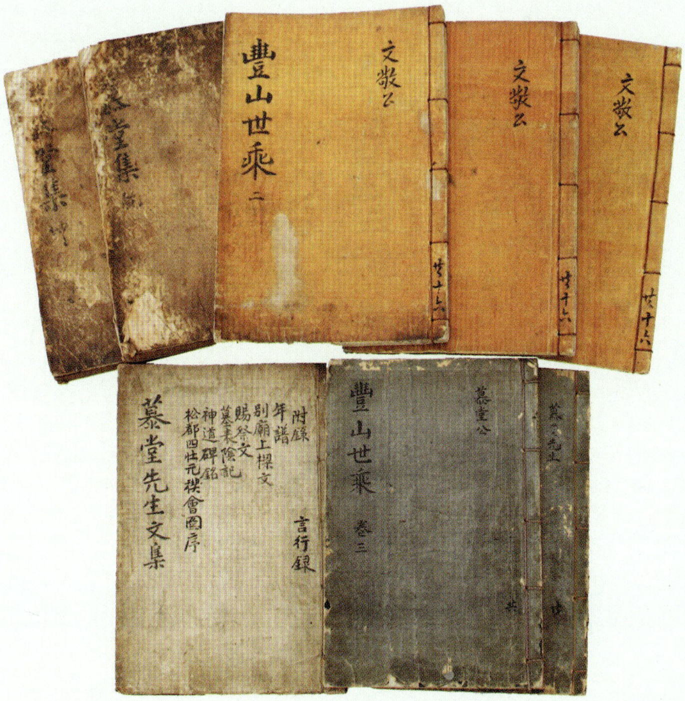

모당문집(慕堂文集)과 그의 행록(行錄) 등을 수록한 여러 책들

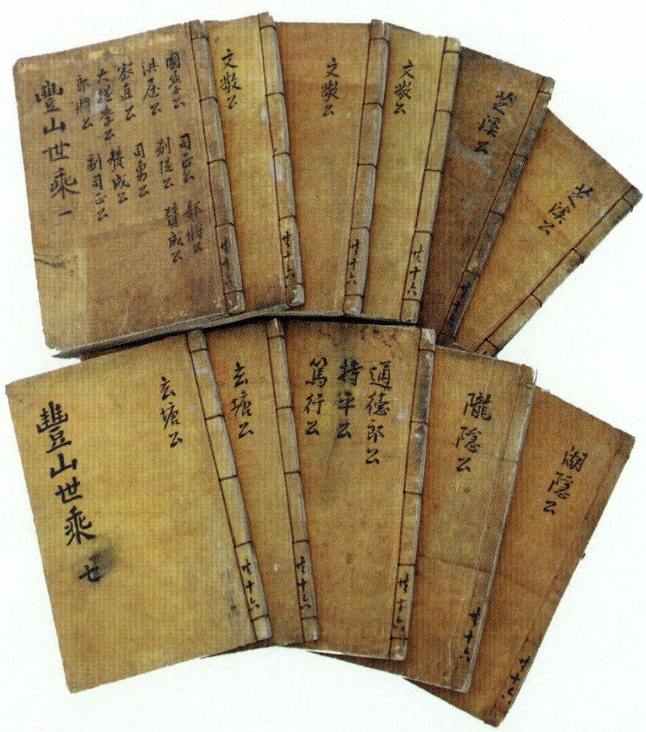

『풍산세승(豐山世乘)』 모당 11세손 운초(雲樵) 홍승경(洪敬承)이 편찬한 책으로 모두 11책으로 되어 있다.

모당유묵(慕堂先生遺墨) 40여 점의 한시와 간찰이 실려 있는데, 한시는 연행(燕行) 시기에 지은 시가 대부분이다. (고려대학교 박물관 소장)

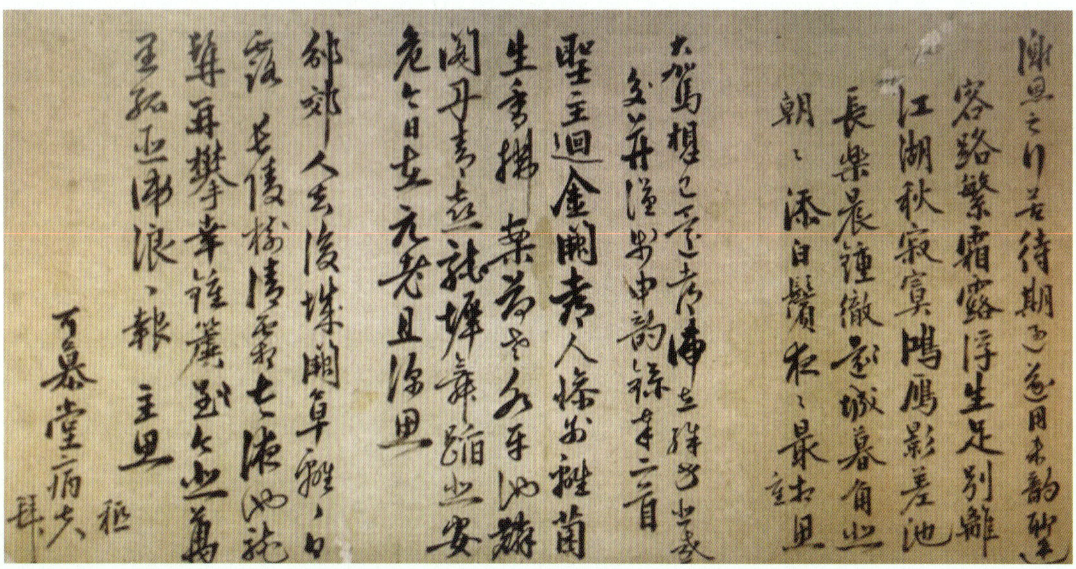

모당유묵(慕堂先生遺墨) (고려대 박물관 소장)

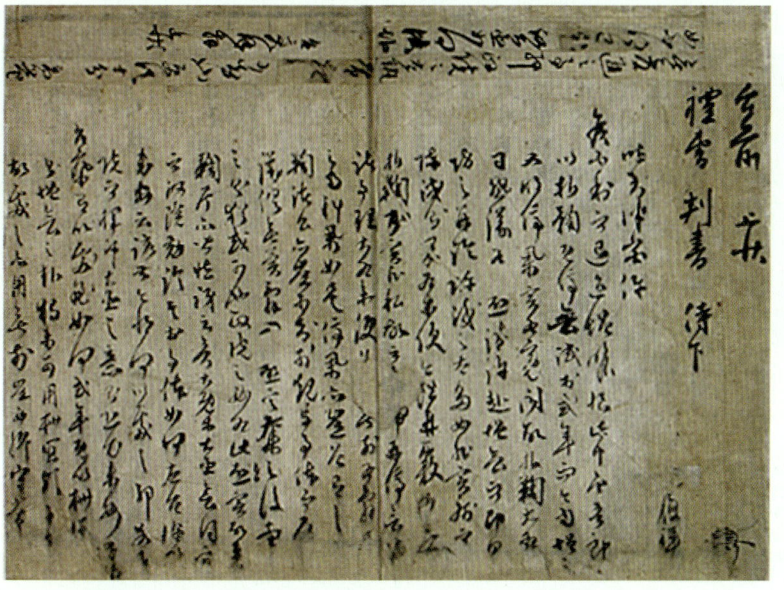

모당유묵(慕堂先生遺墨) (고려대 박물관 소장)

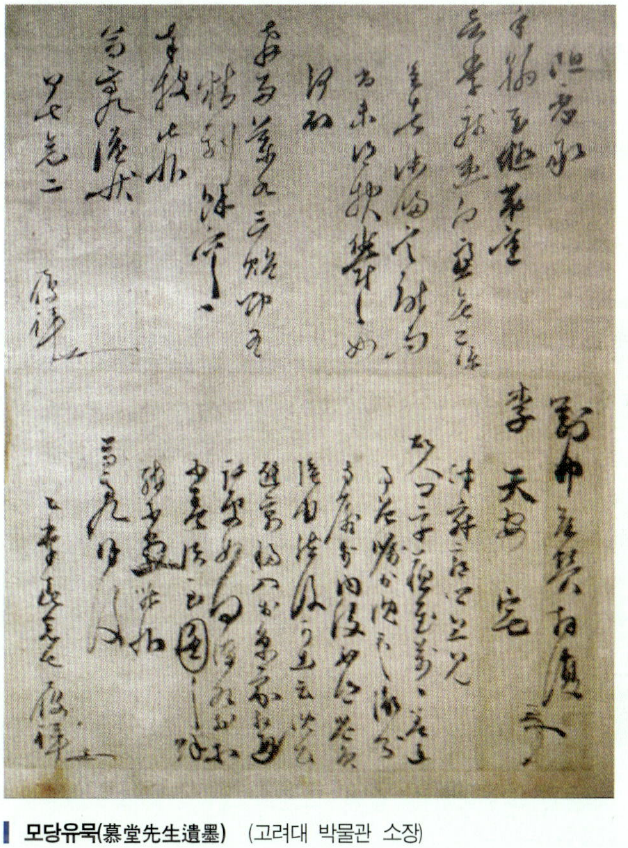

모당유묵(慕堂先生遺墨) (고려대 박물관 소장)

발간사

경상대학교 한문학과 교수
윤 호 진

조선 중기의 학자, 관인인 모당(慕堂) 홍이상(洪履祥)의 시문집은 세 차례 이상 간행이 시도되었던 것으로 보인다. 현재 전하는 그의 문집이 적어도 3종이 있기 때문이다. 하나는 모당의 13대손 홍병희(洪炳憙) 씨가 가장하고 있던 것으로 대제각(大提閣)에서 영인한 바 있으며, 다른 하나는 연세대학에 소장되어 있는 것으로 한국고전번역원에서 문집총간에 포함시켜 영인하였으며, 나머지는 모당의 14대손 홍기홍(洪起弘) 님이 소장하고 있는 또 다른 필사본의 『모당집』이 그것이다.

현재 이처럼 3종의 이본이 전하는데, 그 내용은 약간의 출입이 있기는 하지만 대동소이하다고 할 수 있다. 이들 책은 모두 모당의 시가 중심이 되고 약간의 산문이 포함되어 있는데, 이들 모두에는 부록이 있으며 만사와 제문이 약간 수록이 되어 있다.

하지만, 모당의 장자인 지계(芝溪) 홍방(洪雱)의 사파종손으로 모당의 14대손인 홍기홍 님이 소장하고 있는 『만사 · 제문(輓詞祭文)』이란 책에는 모당에 대한 만사가 71제 83수가 수록되었고, 제문이 13편 수록되었다. 여기에 수록된 만사와 제문은 모두 홍기홍 님의 증조부인 운초(雲樵) 홍승경(洪承敬)이 엮은 『풍산세승(豊山世乘)』이라는 책에 고스란히 실려 있다.

『만사 · 제문』에는 모당에 대한 만사뿐만 아니라, 그 앞에 모당의 어머니인 문경 백씨(聞慶白氏)에 대한 만사가 실려 있으며, 그 뒤에는 모당의 부인인 안동

김씨(安東金氏)에 대한 만사가 수록되어 있다. 『만사・제문』이란 책이 언제 누구에 의해 편집이 되었는지는 정확히 알 수 없다. 다만 이 책의 앞뒤에 정명공주(貞明公主)의 인장이 찍혀 있고, 정명공주가 지은 것으로 보이는 시가 씌어져 있는 것으로 보아 정명공주 때에 편집하여 보관하고 있던 것이 아닌가 생각된다.

이 책에 수록된 모당에 대한 만사는 『모당선생시문집(慕堂先生詩文集)』 추보편(追補編)에 번역하여 수록이 되었다. 이 책은 고양시의 씨족협회(氏族協會)에서 2014년 올해의 고양을 대표하는 인물로 모당 홍이상을 선정하면서, 풍산 홍씨 문중과 열상고전연구회와 힘을 합하여 모당에 대한 학술대회를 준비하면서, 본인이 모당의 시문집 가운데 빠진 것과 만사와 제문 가운데 만사를 합하여 출간한 것이다.

말하자면, 『만사・제문』 가운데 모당에 대한 만사는 이미 번역되어 소개된 바 있다. 그러나 『만사・제문』이란 책에는 그 어머니 문경 백씨와 그 부인인 안동 김씨에 대한 만사가 있을 뿐만 아니라, 이 책 자체의 독립적인 가치가 크기 때문에 새로 전부를 번역하기로 하였고, 제문도 문집 가운데 있는 것을 포함하여 모두 번역하여 넣었다. 아울러 문집에 넣었던 모당의 행장과 간략한 연보를 후대인이나 후손들이 참고하기 좋도록 추가하여 넣었다.

이 책을 번역하는 과정에서 자료를 제공하여 준 홍기홍 님을 비롯하여, 풍산 홍씨 문중의 여러분들과 모당공파종회 홍철희(洪哲熙) 회장님께도 감사드린다. 특히 이 책의 출판을 맡아 멋진 책으로 꾸며주신 탐구당(探究堂)의 홍정수(洪鉦洙) 사장님께도 고마운 마음을 전한다. 아마도 여러 가지 잘못된 부분이 많을 것으로 생각된다. 독자 제현(諸賢)의 질정(叱正)을 바란다.

2015년 10월 10일

남명학연구소 천왕실에서

윤호진 삼가 씀

간사

풍산홍씨 모당공파종회장
홍 철 희

우리 문중(門中)이 그 동안에 모당공(慕堂公)의 산소를 정비(整備)하고 신도비각(神道碑閣)을 건립(建立)하고 학술대회(學術大會) 등 위선사업(爲先事業)을 지속적으로 진행해오면서 또 다시 모당공의 발자취를 돌아보기 위해 노력하던 중 정명공주(貞明公主)께서 필사해 놓으신 『만사(輓詞) · 제문(祭文)』을 발간하기로 결정한 것은 지난해에 이어 저의 칠십 여년 생의 발자취 중 가장 의미있는 일을 하게 된 것 같아 무한한 영광입니다.

우리 풍홍(豐洪)이 있기에는 모당공(慕堂公)을 으뜸으로 받들지 아니 할 수 없는 것이 모당공(慕堂公)으로부터 문중(門中)의 기틀이 마련되었다고 볼 수 있기 때문입니다.

수원화성박물관에서 <혜경궁홍씨(惠慶宮洪氏)와 풍산홍씨(豐山洪氏)>란 주제로 근 두 달간의 전시를 통해 정조(正祖) 임금의 부모에 대한 효성(孝誠)을 너무나 감명깊이 보았기에, 모당공(慕堂公)의 임금에 대한 충성(忠誠)과 부모에 대한 효성(孝誠), 자식들에 대한 훈계(訓戒) 등 결국은 모당공(慕堂公)의 몸에 배어있는 실천사상(實踐思想)이 정명공주(貞明公主)와 혜경궁홍씨(惠慶宮洪氏) 그리고 정조(正祖) 임금에게 전해진 것 같아 가슴 뿌듯한 마음 금 할 길 없었습니다. 정명공주(貞明公主)께서는 서궁(西宮)에 유폐(幽閉) 되시는 어려운 시련(試鍊)을 겪으면서도 꿋꿋하게 이겨 내시고 결국에는 영안위(永安慰)께 하가(下嫁)하셔서 우리 홍문(洪門)과 자식들을 위해 열심히 사셨던 훌륭한 분이셨고, 나라에서도 인정하는 둘도 없는 공주셨습니다.

정명공주(貞明公主)께서 시댁의 어른이셨던 모당공(慕堂公)과 모당공(慕堂公)의 어머니, 또 모당공(慕堂公)의 부인, 이 세분이 돌아가시고 난 후 당대(當代)의 명신(名臣)들이 상례(喪禮) 시 보내온 만사(輓詞)와 제문(祭文)을 모아 한권으로 엮어서 필사해 놓은 이 『만사(輓詞) · 제문(祭文)』은 모당문집(慕堂文集)에서는 볼 수 없는 자료를 잘 정리하여 후대에 전해주신 것은 가문의 영광이요 나라에 귀중한 자료라 할 것입니다.

이런 귀중한 책을 발간하는 것은 우리 풍산(豐山) 홍문(洪門)의 위상(位相)을 다시 한 번 더 드높이고, 또 모당공(慕堂公)의 발자취를 찾아 당시의 시대상과 정치적 역량을 돌이켜 볼 수 있는 좋은 시간이라 생각됩니다. 오늘 우리 豐洪뿐만 아니라 모든 분들이 선조(先祖)님들의 얼을 되새기는 의미 있는 책이 되었으면 합니다.

끝으로 이 『만사(輓詞) · 제문(祭文)』 책의 발간을 위해 힘써주시고 역주하여 주신 경상대학교 한문학과 윤호진 교수님, 선대로부터 자료를 간직한 부회장 겸 총무 기홍씨, 출판을 맡아준 모당공 종손 정수씨, 그리고 전 종원님들께 감사의 말씀 드립니다.

2015년 10월

발간 축사

풍산홍씨 모당공파종회 전회장
홍석희

시대가 흘러도 변하지 않는 것은 결국 역사일 것입니다.

오늘 우리가 조상의 얼을 되새길 수 있다는 것은 우리 후손들을 위해서도 바람직한 일이라 생각 됩니다.

우리 풍홍(豊洪)은 고려 후기 문과에 장원 급제하신 휘(諱) '之'자 '慶'자 시조 이래 10세조 모당공에 이르러 명문거족(名門巨族)으로 발돋움 하였고 또 모당공의 자제분들이 등과한 이 후로는 더욱 더 번성하였습니다.

선조대왕(宣祖大王)의 공주로 태어나신 정명공주(貞明公主)께서 모당공의 손자인 영안위(永安尉) 홍주원(洪柱元)에게 하가(下嫁)하니, 우리 풍산(豊山) 홍가(洪家)는 이로써 왕실의 척족이 되었으며 이후 혜경궁홍씨(헌경의황후) 등 다섯 번의 국혼(國婚)으로 조선의 명문가로 공고히 부상하게 되었습니다.

정명공주(貞明公主)께서는 선조와 인목왕후 사이에 태어난 유일한 공주셨는데, 1637년 병자호란 때(35세) 강화도로 피난 당시의 유명한 일화로 당시 갑곶나루를 건너려 할 때 미리 공주의 보화를 실은 배가 기다리고 있자 "재화들을 다 내리고 백성들을 먼저 배에 태우라!"고 하여 피난 나온 백성들을 먼저 돌보았다고 합니다. 이를 본 사람들이 "과연 정명공주로다. 공주의 마음 씀씀이 저러하니, 그 아래 후손들이 반드시 번창할 것이다."라고 말했다 합니다. 이런 백성들을 사랑하신 공주의 마음이 4남 1녀의 많은 자손으로 이어져 다복번창(多福繁昌)하게 되었습니다.

공주(公主)께서는 여인으로 조선에서 가장 글씨를 잘 쓰신 분으로 평가되는 대단한 서예가(書藝家)이시기도 하신데 아마 공주의 서예 실력 때문에 『만사·제문』 책이 전해질 수 있었던 연유였지 않았나 봅니다.

모당공(慕堂公)의 어머님이신 문경백씨(聞慶白氏), 모당공(慕堂公), 모당공의 부인이신 안동김씨(安東金氏). 이 세 분의 만사와 제문은 당시 중앙 정부의 역사를 보는 듯합니다.

재상(宰相)들을 비롯한 중앙의 많은 관료들이 상례(喪禮) 시 마다 빠짐없이 참석하여 애도(哀悼)하시는 것을 보며 또 한 번 우리 풍홍을 생각하게 되었습니다.

오늘을 살아가는 우리는 미래도 중요하지만 과거를 거울삼아 현재와 미래를 같이 공유하는 것이 현명하다 볼 것이며, 모당공파종회(慕堂公派宗會)의 유구한 발전을 위해 힘쓰시고 『만사·제문』을 발간 할 수 있도록 노력하신 모당공파종회 회장을 비롯한 임원과 종원 여러분들께 감사의 인사를 드립니다.

특히 『만사·제문』 원본을 긴 세월의 시간에도 정성껏 잘 보관하였다 세상에 번역본으로 빛을 보게 하고 종회 발전을 위해 헌신하는 모당공파종회 기홍 부회장께 칭찬을 아끼지 않으며, 출판을 맡아주신 종손 정수씨께도 감사드리고 『만사·제문』 발간을 진심으로 축하드립니다.

발간을 기리며

풍산홍씨 모당공파종회 부회장
홍기홍

이책이 발간되기까지는 모당공(慕堂公)의 현손이신 지평공(持平公) 홍중명(洪重明, 1654~1725)과 한국천주교최초수덕자(韓國天主教最初修德者)이자 유학자(儒學者)이신 농은공(隴隱公) 홍유한(洪儒漢, 1726~1785)을 말씀 드리지 않을 수 없습니다.

지평공은 모당공의 현손으로 서울 서부(西部) 반송방(盤松坊)(지금의 아현동)에 사셨는데 『輓詞・祭文』 책을 지계공(芝溪公)으로 부터 물려받아 소장하셨던 것 같습니다.

이것을 손자이신 농은공이 충청도 예산으로 이거하고 또 경상도 순흥부(지금의 영주시)로 이거하실 때 조부이신 지평공의 효자(孝子) 정려문(旌閭門) 현판(懸板)과 천 여 권의 서책을 가지고 오시었는데, 그 책들 중에 모당공(慕堂公)의 어머니 문경백씨(聞慶白氏), 모당공(慕堂公), 모당공의 부인 안동김씨(安東金氏) 이 세 분의 『輓詞・祭文』 책도 함께 가지고 오시어서 대대로 소중히 보관하여 내려오던 것을 모당공파종회(慕堂公派宗會) 선양사업의 일환으로 발간하게 되었습니다.

이 책은 정명공주(貞明公主, 1603~1685)께서 필사 하신 것으로 앞 첫 장에 정명공주의 큰 인장(印章)이 찍혀 있으며 마지막 장에도 직접 지으신 시 아래에 인장을 찍어 두셨습니다.

인장(印章)은 정명공주(貞明公主)라는 붉은 글씨의 네모 인장인데 이는 공주의 공식인장으로 보입니다.

정명공주께서는 선조대왕(宣祖大王)과 인목왕후(仁穆王后) 사이에 태어난 유일한 공주이시며, 광해군 5년 계축옥사로 인목대비께서 서궁(西宮)에 유폐되실 때 11세의 나이로 함께 유폐되시어 만 10년을 갇혀 계시다가 인조반정으로 풀려 나셨습니다.

그 10년 동안 명필이던 한석봉의 필체를 모후에게 따라 배워서 서도(書道) 수련에 매진하여 한석봉체의 대가가 되었으니 책의 마지막 장에 쓰신 친필 시에서 그 면모를 볼 수 있다 하겠으며, 영안위(永安尉) 홍주원(洪柱元)에게 하가(下家)하신 후에 직접 엮어 놓은 책『만사·제문』을 오늘 이렇게 발간함은 바로 정명공주의 은덕이 아닌가 싶습니다.

우리 풍홍이 명문거족으로 발돋움한 것은 모당공(慕堂公)에 이르러 였으며, 다섯 번의 국혼(國婚)[영안위 홍주원에게 하가하신 정명공주, 사도세자(장조의 황제)의 세자빈 혜경궁홍씨(헌경의 황후), 정조의 비 원빈홍씨, 영명위 홍현주에게 하가하신 숙선옹주, 고종황제의 형인 흥친왕의 왕비], 호당(湖堂) 9명, 문형(文衡) 8명, 청백리(淸白吏) 6명, 정승(政丞) 5명 등으로 조선 명문대가(名門大家)로 성장하였습니다.

모당공의 어머니 문경백씨(聞慶白氏)는 의서습독관 승수(承秀)의 따님으로 고려 판전농사사 돈(敦)의 후예로 정경부인(貞敬夫人)에 증직되셨습니다.

모당공 배위 안동김씨(安東金氏)는 명망 있는 집안으로 고려 때 시중을 지낸 김방경(金方慶)의 현손 문온공 김구용(金九容)의 후손인데, 증조는 지평 김응상(金應商), 조부는 무주현감 김춘(金春), 아버지는 김고언(金顧言), 어머니는 장흥부사 류충정(柳忠貞) 따님으로 명종 9년(1554) 갑인년에 나셨습니다.

부인은 성품이 유순하고 아름다우며 현숙하고 명철하여 어려서부터 재능과 식견이 남보다 뛰어났으며 여자의 일과 부녀자의 직분을 배우지 않고도 능하였답니다. 공의 집안에 시집와서 예법에 따라 일을 받들어 행하였고, 공의 집이 본래 가난하니 직접 다듬이질과 부엌일을 하며 몸소 기름지고 부드러운 음식을 장만하면서도 빈궁한 내색을 드러낸 적이 없으셨습니다.

처음에 시집온 이후 늙어 귀하게 될 때까지 신분에 따른 명복(命服 : 외명부의 지위)이 있었고 여러 후손을 많이 두고도 부녀자의 도리를 지키기를 한결같이 하였으며 친척을 돌보고 노비를 부리는데 모두 법도가 있어서 집안이 조정과 같이 엄숙하게 되었습니다. 이에 복을 누리고 많은 자식을 두니 세상에서 어진 부인이라고 일컬었으며 공이 돌아가시자 슬픔이 법도에 지나쳐 몸을 상하더니 겨우 1년을 지나서 졸(卒)하시어 공의 묘에 장사(葬事)지냈습니다.

문경백씨 제문을 지으신 분들의 면모를 보면 당시 삼정승과 중앙의 많은 명사들이 조의를 표하였고, 모당공 민사와 제문, 인동김씨 제문에도 당대의 거유명신들께서 조의를 표하심을 보았습니다.

모당공(慕堂公)께서 대사헌직(大司憲職)에 있을 때 영의정에 오리 이원익(李元翼), 좌의정에 백사 이항복(李恒福), 우의정에 일송 심희수(沈喜壽), 영중추부사 한음 이덕형(李德馨), 병조판서에 월사 이정구(李廷龜) 등 당시 중추적(中樞的)인 인물들과 어깨를 나란히 하였고, 또 이분들과 영의정 기자헌(奇自獻), 우의정 정창연(鄭昌衍), 우의정을 지낸 김상용(金尙容), 영의정을 지낸 윤방(尹昉), 해평부원군 윤근수(尹根壽), 여흥부원군 이상의(李尙毅)와 그의 아들 여성군 이지완(李志完), 연원부원군 이광정(李光庭), 당흥부원군 홍진(洪進), 의령군 송순(宋諄), 이조판서를 지낸 이준(李準), 복천군 오백령(吳百齡) 등 당대의 명신들이 공의 서거를 애도 하였습니다.

모당공(慕堂公)께서는 문과에 급제하여 40여 년간 관직에 있으면서 청요직(淸要職)을 두루 거친 관료로 나라에서는 공의 큰 공훈을 칭송하여 "대광보국숭록대부 의정부 영의정 겸 영 경연홍문관 예문관 춘추관 관상감가 세자사"를 추증(追贈)하고, 문경(文敬)이라 사시(賜諡)하고, 축판(祝板)을 불패(不牌)하라고 명(命)하셨습니다.

저서로는 『모당유고(慕堂遺稿)』가 있으며, 고양(高陽)의 문봉서원(文峯書院)과 충주 하강서원(荷江書院)에 배향 되셨습니다.

정명공주(貞明公主)께서 이 한권의 서책을 남겨 주신 것은 우리 가문 뿐 아니라 역사적으로도 아주 귀중한 자료입니다.

이 책의 내용이 모당문집(慕堂文集)에는 거의 수록되지 아니하여 모당공의 사후 평가는 찾아 볼 수 없을 정도였으나, 이 책으로 인해 양대(兩代)의 사후 평가를 엿 볼 수 있는 아주 귀중(貴重)한 자료(資料)이며, 또한 정명공주의 친필(親筆)과 인장(印章)이 책의 앞과 뒤로 찍힌 것은 현재 화정(華政)이란 글씨에 찍혀 있는 것 외에는 없는 것으로 그 가치(價值)는 아주 크다 할 것입니다.

이런 귀중한 자료를 남겨주신 정명공주의 은덕(恩德)을 이 책의 발간으로나마 길이 보전하고자 합니다.

정명공주(貞明公主)와 영안위(永安尉) 산소를 분단된 조국의 현실 때문에 지금은 볼 수 없으나, 정명공주께서 우리 풍홍(豊洪)에 크게 이바지 한 것을 생각하며 다시 한 번 공주님을 기립니다.

이 책의 역주(譯註)를 맡아주신 경상대학교 한문학과 윤호진(尹浩鎭) 교수님과 출판을 맡아주신 종손 정수씨 노고에 깊이 감사드립니다.

또한 모당공파종회 전종원과 원로님들과 임원님들 홍철희 종회장님의 노고에도 깊이 감사드리며 발간을 축하합니다

慕堂公 14代孫 起弘 謹識

차 례

모당慕堂 홍이상洪履祥 선생의 모친 문경聞慶 백씨白氏에 대한 만사

輓詞

의정부 영의정議政府領議政 이덕형李德馨[1]

일찍이 들으니 규범(閨範)[2]이 명문 가운데에서도 으뜸이어서,
한 덕[3]으로 삼종(三從)[4]을 하여 여든 살 높이 되었네.
벼슬에 봉해진 큰 영화는 봉고(鳳誥)[5]에 남아 있고,
성을 오로지하여[6] 융숭하게 어헌(魚軒)[7]으로 봉양하였네.
난초 같은 자손이 가득 있어 여경을 징험할 수 있고,
계수나무 열매 같은 형제들은 성은을 받고 있네.
진검(津劍)을 즐거이 찾아[8] 효도하는 마음[9]을 어겼고,

1 이덕형(李德馨) : 1561~1613. 조선 중기의 문신. 자는 명보(明甫). 호는 한음(漢陰) 쌍송(雙松). 선조 25년(1592년)에 예조 참판에 올라 대제학을 겸임하였다. 임진왜란이 일어나자 동지 중추부사로서 일본 사신 겐소(玄蘇)와 화의를 교섭하였으나 실패했다. 그 후 왕을 정주까지 호송하였고, 청원사(請援使)로 명나라에 파견되어, 원병을 요청하여 성공을 거두었다. 광해군 즉위 후에 영의정에 올랐다. 저서에 『한음문고(漢陰文稿)』가 있다.

2 규범(閨範) : 부인이 지켜야 할 법도를 말한다.

3 한 덕 : 일덕(一德). 순일(純一)한 덕으로, 곧 마음을 뜻한다. 『서경』「함유일덕(咸有一德)」에 이윤(伊尹)이 "저는 몸소 탕왕(湯王)과 더불어 모두 일덕을 소유하여 능히 천심(天心)에 합당하여 하늘의 밝은 명(命)을 받아서 구주(九州)의 무리를 소유하여 이에 하(夏)나라의 정삭(正朔)을 바꾸었습니다.[惟尹躬暨湯 咸有一德 克享天心 受天明命 以有九有之師 爰革夏正]" 하였다. (고전번역원)

4 삼종(三從) : 삼종지도(三從之道)를 말함. 삼종지도는 옛날에 여자가 시집가기 전에는 부친을 하늘처럼 모시면서 따르고, 시집을 가서는 남편을 하늘처럼 받들면서 따르고, 남편이 죽은 뒤에는 아들을 따르던 도리를 말한다. 『儀禮』「喪服」

5 봉고(鳳誥) : .임금이 내린 글을 말함.

6 성을 오로지하여 : 원문의 '전성(專城)'은 지방 태수의 자리에 있는 것을 뜻하는 말이다.

7 어헌(魚軒) : 어피(魚皮)로 장식한 부인의 수레를 말하는데, 옛날에 특히 귀족 부인들이 이 수레를 탔다고 한다.

8 진검(津劍)을 … 찾아 : 연진의 칼이란 뜻으로, 부부가 죽은 뒤에 합장하는 것을 비유하는 말이다. 진(晉)나라 때 뇌환(雷煥)이 용천(龍泉)과 태아(太阿)라는 두 보검을 얻어 그중 하나를 장화(張華)

노래자(老萊子)[10] 옷을 보관하며 줄줄 눈물을 흘리네.

曾聞閨範冠名門, 一德三從八袠尊.
封爵疏榮留鳳誥, 專城隆養奉魚軒.
蘭芽滿列徵餘慶, 桂實聯芳荷聖恩.
津劍歡尋違愛日, 老萊衣鎖漲啼痕.

에게 주었는데, 후에 장화가 주살(誅殺)당하자 그 칼의 소재를 알 수 없게 되었다. 뇌환이 죽은 뒤 그 아들이 칼을 가지고 연평진(延平津)을 지날 때 칼이 갑자기 손에서 벗어나 물에 떨어져 사람을 시켜 물속을 찾게 하였더니, 두 마리 용이 서리어 있을 뿐이고 보검은 보이지 않았다고 한다. 이것을 '연진검합(延津劍合)' 또는 '연진지합(延津之合)'이라고도 한다. 『晉書』 卷36 「張華傳」(한국고전번역원). 여기서는 부인이 먼저 돌아간 남편을 따라 별세하였음을 말한다.

9 효도하는 마음 : 원문의 '애일(愛日)'은 어버이를 섬길 시일이 얼마 남지 않았음을 안타까워하는 효자의 마음을 뜻한다. 한나라 양웅(揚雄)의 『법언(法言)』에 "부모를 섬기되 스스로 부족한 줄 아는 이는 순(舜)이로다. 오래 할 수 없는 것이란 어버이를 섬기는 것을 이르니, 효자는 부모를 모실 시일이 적음을 안타까워한다." 하였다. (한국고전번역원)

10 노래자(老萊子) : 옛날의 지극한 효자. 『소학』 「계고(稽古)」에 "춘추 시대 초나라의 노래자(老萊子)가 효성으로 어버이를 받들어 일흔의 나이에 색동옷을 입고 어린아이의 놀이를 하여 어버이를 기쁘게 하였다." 하였다.

又

의정부 좌의정議政府左議政 이항복李恒福[1]

욕되게 도씨(陶氏) 집안의 나그네 되어,
머리를 잘라 대접하는 은혜를 입었네.[2]
빛나는 위의는 곤칙(壼則)[3]을 이루었고,
곧은 덕은 종인(宗姻)[4]을 이루었네.
길이 어진이 오래 살라 축수했는데,
금방 약도 소용 없음에 놀랐네.
짙은 그늘이 서전(西甸)에 가득하니,
명정이 추운 새벽에 슬퍼 보이네.

忝作陶家客, 常叨剪髮恩.
徽儀成壼則, 貞德式宗姻.
永祝仁能壽, 俄驚藥不神.
窮陰滿西甸, 旟旐慘寒晨.

---

1 이항복(李恒福) : 1556~1618. 조선 선조 때의 문신. 자는 자상(子常). 호는 동강(東岡) 백사(白沙) 필운(弼雲). 임진왜란 때 병조 판서로 활약했으며, 뒤에 벼슬이 영의정에 이르렀다. 광해군 때에 인목 대비 폐모론에 반대하다 북청(北青)으로 유배되어 죽었다. 저서에 『백사집(白沙集)』, 『북천일기(北遷日記)』, 『사례훈몽(四禮訓蒙)』 등이 있다.

2 욕되게 … 입었네 : 여기에서 도씨의 집안이란 진(晉) 나라 도간(陶侃)의 집을 가리킨다. 범규(范逵)가 그 집을 방문했을 때 대접할 것이 없자 도간의 어미가 머리칼을 잘라 주효(酒殽)를 마련해 주었던 고사가 전해 온다. 『晉書』 卷66.

3 곤칙(壼則) : 여자의 범절을 말함. 곧 내법(內法).

4 종인(宗姻) : 왕가와 인척 관계를 맺는 것을 말함. 증손자 홍주원(洪柱元)이 선조의 딸인 정명공주와 혼인하였다.

又

의정부 우의정議政府右議政 심희수沈喜壽[1]

1

유가(柔嘉)[2]하고 숙신(淑愼)한 규의(閨儀)를 우러러 보니,
선을 쌓아 경사가 남아돌면 종래로 귀한 아이가 있도다.
몸은 근면하여 사만(紗幔)의 가르침[3]을 기다릴 것도 없고,
도리어 계림(桂林)의 가지를 첫머리에 꺾도록 하였네.[4]
삼생(三牲)[5]으로 봉양하던 것은 이름이 번성하던 날이고,
일세의 슬픔과 영화[6]는 크게 나이 들었을 때라네.

---

1 심희수(沈喜壽) : 1548~1622. 조선 중기의 문신. 본관은 청송(靑松). 자는 백구(伯懼), 호는 일송(一松) 혹은 수뢰루인(水雷累人). 1572년 별시문과에 병과로 급제하여 승문원(承文院)에 보임되고, 1599년 예문관제학・예조판서를 거쳐 이조판서가 되고, 홍문관・예문관의 대제학을 겸하고서 안으로는 사명(辭命)을 장악하고 밖으로는 접빈(接賓)에 힘썼다. 좌찬성・우찬성 등을 거쳐 우의정에 올랐으며, 청백리(淸白吏)에 뽑혔다. 저서로는 『일송집』이 있다.

2 유가(柔嘉) : 성품이 유순하고 선량함을 이른 말이다.

3 사만(紗幔)의 가르침 : 사만(紗幔)은 여자들이 거처하는 곳에 치는 비단 장막을 가리키는데, 대개 어머니를 지칭하는 말로 쓰인다. 진(晉) 나라 위영(韋逞)의 모친 송씨(宋氏)가 아무도 모르는 주관(周官)의 의례(儀禮)에 밝았기 때문에, 나라에서 그의 집에 학당을 세우고 붉은 비단 장막[絳帳] 너머로 가르치게 했던 고사가 『열녀전(列女傳)』에 실려 있다. (한국고전번역원)

4 계림(桂林)의 … 하였네 : 계림의 가지는 과거에 급제하는 것을 뜻하고, 첫머리에 꺾는다는 것은 장원을 의미하는데, 아들 홍이상이 장원급제한 것을 말한다.

5 삼생(三牲)으로 봉양하던 것 : 삼생은 희생으로 쓰는 세 가지 가축 즉 소, 양, 돼지를 말하는데, 매일 이들 세 가지 고기를 갖추어 풍요롭게 부모를 봉양하는 것을 말한다.

6 슬픔과 영화 : 살았을 때나 죽은 후에도 모두 영총(榮寵)을 받는다는 뜻이다. 『논어』 「자장(子張)」에 "살아 계시면 영광스럽게 여기고 돌아가시면 슬퍼한다.[其生也榮 其死也哀]" 하였다. (한국고전번역원)

마루에 올라 술잔을 올리던 일을 생각하니,
흰머리 되어 오늘 저녁 두 줄기 눈물이 흐르네.

柔嘉淑慎仰閨儀，善慶從來有貴兒.
不待身勤紗幔誨，還教首折桂林枝.
三牲奉養名藩日，一世哀榮大耋時.
憶得升堂獻金斝，白頭今夕淚双垂.

2

비파의 줄이 끊어진 일[7]은 중년에 있었는데,
마름풀을 남쪽 시냇가에서 캐고 또 캐었네.
죽기(竹器)와 도분(陶盆)은 검소한 덕을 드러내어 밝히고,
금장(金章)[8]과 화고(花誥)[9]는 빛나는 잔치자리에서 드러났네.
사가(謝家)의 보배스런 나무[10]가 가지들이 무성하고,
우씨(于氏)의 높은 문[11]에는 기둥돌이 견고하네.

---

7 비파의 … 일 : 남편을 잃은 것을 비유적으로 말한 것이다.

8 금장(金章) : 금인 자수(金印紫綬)를 찬 고관대작들을 말한다.

9 화고(花誥) : 임금이 내려준 글이나 서류들을 일컬은 말이다.

10 사가(謝家)의 보배스런 나무 : 진(晉)나라 때 큰 문벌을 이루었던 사안(謝安)이 자질(子姪)들에게 "어찌하여 사람들은 자기 자제가 출중하기를 바라는가?" 하고 묻자, 조카 사현(謝玄)이 "비유하자면 마치 지란(芝蘭)과 옥수(玉樹)가 자기 집 뜰에 자라기를 바라는 것과 같습니다." 한 데서 유래한 말로, 훌륭한 자제가 많음을 뜻한다. 성어로는 사가보수(謝家寶樹) 또는 사가지란(謝家芝蘭)이라 한다. (한국고전번역원)

자춘(子春)이 모름지기 후회한 것[12]을 범하지 아니하니,
한평생의 충효를 곧 온전히 할 수 있었네.

瑟琴絃斷在中年, 采采蘋蘩南澗邊,
竹器陶盆昭儉德, 金章花誥敞華筵.
謝家寶樹枝條盛, 于氏高門柱石堅,
不食子春須早悔, 一生忠孝乃能全.

11 우씨(于氏)의 높은 문 : 한(漢) 나라 우공(于公)이 지방 관리로 옥송(獄訟)을 공평하게 처리하면서 그 음덕(陰德)으로 집안을 일으킬 자손이 나올 것을 기대하고 대문을 높이 만들어 달았는데, 과연 그의 아들 우정국(于定國)이 승상의 지위에 올랐던 고사가 있다. 『漢書』 「于定國傳」 (한국고전번역원)

12 자춘(子春)이 후회한 것 : 몸을 잘 간수하지 못하여 다치게 됐다는 말이다. 『예기(禮記)』 「제의(祭義)」에 "악정자춘(樂正子春)이 당(堂)을 내려오다 발을 다쳤다.[樂正子春 下堂而傷其足]"는 내용이 있다. (한국고전번역원)

又

청평부원군淸平府院君 한응인韓應寅[1]

팔순에 이르러 전성(專城)으로 봉양되니[2],
인간의 수명과 복록이 온전하였네.
힘쓰고 수고하신 은혜를 갚고자 하였으나,
풍수지탄(風樹之嘆)[3]의 아픔이 온몸을 감싸게 했네.
세상에서는 집안의 덕을 마땅히 했다 하고,
당시에서는 자식을 어질게 가르쳤다고 일컫네.
아손(兒孫)들 가운데에는 뛰어난 사람 많으니,
넘치는 경사가 더욱 면면히 이어지리라.

八袠專城養, 人間壽福全.
劬勞恩欲報, 風樹痛還纏.

1 한응인(韓應寅) : 조선 중기의 문신(1554~1614). 자는 춘경(春卿). 호는 백졸재(百拙齋) 유촌(柳村). 임진왜란 때 팔도 순찰사가 되어 공을 세워 호조 판서로 임명되었다. 뒤에 선조가 위독할 때 유교칠신의 한 사람으로 영창 대군의 보호를 부탁받았다가 광해군 때 계축옥사에 연루되어 관직을 삭탈당하였다.

2 전성(專城)으로 봉양되니 : 고을 수령이 되어 녹봉으로 부모를 봉양하는 것을 전성지양(專城之養)이라 하여 매우 영화롭게 여겼다. (한국고전번역원)

3 풍수지탄(風樹之嘆) : 어버이가 세상을 떠나 다시는 봉양할 수 없는 자식의 슬픔을 말한다. 공자(孔子)가 주(周)나라 구오자(丘吾子)에게 슬피 통곡하는 이유를 묻자, "나무가 조용하고자 하나 바람이 그치지 않고, 자식이 봉양하고자 하나 어버이가 기다려 주시지 않는다. 한번 가면 오지 않는 것은 세월이요, 다시 뵐 수 없는 것은 어버이이다.[夫樹欲靜而風不停, 子欲養而親不待, 往而不來者年也, 不可再見者親也.]"라고 대답하고는 강물에 몸을 던져 죽었다는 '풍수지탄(風樹之歎)'의 고사가 있다. 『孔子家語』「致思」 (한국고전번역원)

世說宜家德, 時稱敎子賢.

兒孫多駿逸, 餘慶更綿綿.

又

해평부원군海平府院君 윤근수尹根壽[1]

완만(婉娩)하게[2] 선조의 가르침을 따랐고,
여성의 의범을 더욱 몸소 신칙하였네.
장군(長君)[3]은 높은 벼슬자리를 밟고 있고,
수역(壽域)에서는 새로 봉해진 것을 축하하네.
몇 군데 큰 고을에서 봉양을 하였던가?
많은 나이가 오늘로 끝이 났구나.
습지(習池)[4]에서 흰 깃발을 펄럭이니,
쌍검(双劍)[5]이 서로 만나게 되었구나.

1 윤근수(尹根壽) : 본관 해평(海平). 자 자고(子固). 호 월정(月汀)・외암(畏菴). 시호 문정(文貞). 군자감정 변(忭)의 아들이며 두수(斗壽)의 아우이다. 1558년(명종 13) 별시문과에 병과로 급제, 주서(注書)・봉상시주부(奉常寺主簿)・연천현감을 지내고 1562년 부수찬으로 재직시 조광조(趙光祖)의 신원을 상소하였다가 과천현감으로 좌천, 이듬해 검교・병조좌랑・교리를 역임하고 1567년(명종 22) 호당(湖堂)에 사가독서(賜暇讀書)하였다. 형조판서・이조판서를 역임하고 이듬해 종계변무(宗系辨誣)의 공으로 광국공신 1등에 책록되고 해평부원군에 봉해졌다. 저서에 『월정집(月汀集)』『월정만필(月汀漫筆)』『조천록(朝天錄)』『사서토석(四書吐釋)』 등이 있다. (두산백과)

2 완만(婉娩)하게 : 『예기』「내칙(內則)」에 "여자 아이는 열 살이 되면 규문 밖에 나가지 아니하며, 여자 교사로부터 상냥한 말씨와 유순한 태도와 어른의 말을 듣고 순종하는 법을 가르침 받는다.[女子十年不出 *姆教婉娩聽從*]"는 말이 나온다. (한국고전번역원)

3 장군(長君) : 나이 많은 공자(公子)를 이는 말인데, 여기에서는 아들 홍이상을 가리킨다.

4 습지(習池) : 습가지(習家池)의 준말로, 습씨(習氏)들의 양어지(養魚池)를 말한다. 진(晉)나라 산간(山簡)이 양양(襄陽)에 있을 적에 항상 경치가 좋은 그곳에 찾아가 만취(滿醉)했던 고사에서 유래하여, 흥겨운 주연(酒宴)을 비유할 때의 표현으로 쓰게 되었다. 『世說新語』「任誕」(한국고전번역원)

5 쌍검(雙劍)이 … 되었구나 : 부부가 죽어서 합장(合葬)된 것을 가리킨다. 진(晉) 나라 뇌환(雷煥)이 용천(龍泉)과 태아(太阿) 두 명검을 얻어 하나는 자기가 차고 하나는 장화(張華)에게 주었는데,

婉娩承先訓，閨儀更飭躬.

長君躋堎秩，壽域慶新封.

幾處雄州養，遐齡此日窮.

習池翩素旐，双劍得相從.

그 뒤에 장화가 복주(伏誅)되면서 그 칼도 없어졌다. 그런데 뇌환의 칼을 아들이 차고 다니다가 복건성(福建省) 연평진(延平津)에 이르렀을 때, 차고 있던 칼이 갑자기 물속으로 뛰어들면서, 없어졌던 장화의 칼과 합하여 두 마리의 용으로 변한 뒤 사라졌다는 고사가 전한다.『晉書』「張華傳」(한국고전번역원)

又

진원부원군晉原府院君 유근柳根[1]

옛날 당에 올라 기거(起居)를 물었던 일을 생각하니,
색동옷[2] 입고 다투어 춤추니 금어(金魚)[3]가 빛났네.
인생에서 팔순까지 편안히 사는 일 드무니,
슬하의 여러 자손들은 육십여 명이나 되네.
난고의 은혜와 영광은 응당 후대에 빛날 것이고,
웅환(熊丸)의 교훈[4]은 실로 처음으로 말미암았네.
큰 비석[5]이 경기도 고양리에 높이 섰으니,
바야흐로 장림(張林)[6]이 특별히 지은 것이 있겠구나.

---

1 유근(柳根) : 조선 중기의 문신(1549~1627). 자는 회부(晦夫). 호는 서경(西坰). 1578년 문장으로 겐소(玄蘇)라는 일본 중을 놀라게 했고, 임진왜란과 정유재란 때 임금을 모신 공으로 부원군이 되었으며, 벼슬은 대제학과 좌찬성에 올랐다. 저서에 『서경집』이 있다.

2 색동옷 : 춘추(春秋) 시대 초(楚)나라의 은사(隱士)인 노래자(老萊子)가 어버이를 기쁘게 해 드리기 위하여 입었다는 색동옷으로, 노친을 극진히 모시는 효자를 비유할 때 쓰는 표현이다. 『初學記』 卷17

3 금어(金魚) : 임금에게 하사받은 자금어대(紫金魚袋)를 말함.

4 웅환(熊丸)의 교훈 : 웅환은 곰의 쓸개로 만든 환약(丸藥)인 듯 하다. 아마도 매우 맛이 써서 자제들이 공부할 적에 졸음을 쫓는데 사용한 것으로 생각된다.

5 큰 비석 : 원문의 '풍비(豐碑)'는 공적을 기록한 거대한 석비(石碑)를 말한다.

6 장림(張林) : 당(唐) 나라 때에 한림학사(翰林學士)를 지낸 장열(張說)을 가리킨다. 장열은 자가 도제(道濟)이며, 범양(范陽) 사람이다. 현종(玄宗) 개원(開元) 19년에 여러 학사(學士)들과 함께 『개원례(開元禮)』를 찬집(撰輯)하였으며, 특히 비문(碑文)을 잘 지어서 「봉선단송(封禪壇頌)」을 지어 황제의 덕을 기록하였는데, 명문으로 이름이 높다. 그가 지은 부친의 비문인 「증단주자사척비문(贈丹州刺史隲碑文)」을 현종이 보고는 직접 비액(碑額)을 써서 하사하기까지 하였다. 부인의 덕을 칭송한 장림부덕비(張林婦德碑)도 있다고 한다. 『舊唐書』 卷97 「張說列傳」 (한국고전번역원)

憶昨升堂問起居, 斑衣競舞映金魚.
人生八袠康寧罕, 膝下諸孫六十餘,
鸞誥恩榮應照後, 熊丸教訓實由初,
豊碑屹立高陽里, 定有張林爲特書.

又

행병조판서行兵曹判書 박홍구朴弘耈[1]

난자옥질(蘭姿玉質)이 시골 이웃에 환히 빛나는데,
주궤(主饋)[2]하던 당년에는 채빈(采蘋)을 노래했네.[3]
정연한 규의(閨儀)에는 옛 예법이 담겨 있고,
세 번 택리(宅里)를 옮겨[4] 어진 곳에 처하였네.[5]
세상에 빛나는 영광은 주문(朱門)을 빛나게 하고,
기한을 넘겨 오래 살아 백발이 새롭도다.
송덕은 바야흐로 천 자의 뇌사(誄詞)[6]에 있을 것이니,

---

1 박홍구(朴弘耈) : 1552~1624. 초명은 박홍로(朴弘老)이다. 24세 때인 1576년(선조 9)에 진사 시에 합격하고, 30세 1582년(선조 15) 식년시(式年試) 갑과2(甲科2)에 합격하였다. 42세 때인 1594년(선조 27) 각도 군사 훈련을 권장하고 수령의 폐단을 막기 위해 암행 어사로 하삼도에 파견되었다. (문화콘텐츠닷컴 (문화원형 용어사전), 2012, 한국콘텐츠진흥원)

2 주궤(主饋) : 음식을 주관하는 일을 말한다. 『주역(周易)』 「가인괘(家人卦)」에 "육이는 이루는 바가 없고 안에 있으면서 음식을 장만하면 정하여 길하리라.[六二 無攸遂 在中饋 貞吉]"고 한 데서 온 말인데, 이는 곧 부인의 도리는 오직 집안에서 음식 장만하고 제사 받드는 일만을 주관할 뿐이라는 뜻으로, 전하여 음식을 주관한다는 것은 곧 부인의 직무를 가리킨다. (한국고전번역원)

3 채빈(采蘋)을 노래했네 : 법도에 따라 선조의 제사를 경건히 지냄을 말한다. 『시경』 소남(召南) 「채빈(采蘋)」에 "이에 마름을 뜯기를 남쪽 시내에서 하도다. 이에 마름을 뜯기를 저 흘러가는 도랑에서 하도다.[于以采蘋 南澗之濱 于以采藻 于彼行潦]" 하였다. (한국고전번역원)

4 세 번 택리(宅里)를 옮겨 : 맹자의 어머니가 맹자의 교육을 위해 세 번 집을 옮겼다는 맹모삼천의 고사를 인용하여, 자제들의 교육에 힘썼다는 뜻을 드러낸 것이다.

5 인한 곳에 처하였네 : 공자(孔子)가, "마을에 인후한 풍속이 있는 것이 아름다우니, 인후한 마을을 가려 살지 않는다면 어찌 지혜롭다 하리오.[里仁爲美 擇不處仁 焉得知]"(『論語』 「里仁」)라고 하여 인후한 풍속을 지닌 마을을 골라 살겠다는 의지를 드러낸 것처럼 고인도 어진 마을을 택하여 살았다는 뜻이다.

6 뇌사(誄詞) : 뇌사는 고인의 덕을 칭송하는 글이다.

당에 오르며 어찌 반드시 눈물이 수건을 적시랴?

蘭姿玉質照鄉隣, 主饋當年咏采蘋.
一整閨儀存古禮, 三遷宅里處於仁.
榮光奕世朱門煥, 壽考逾期白髮新.
頌德正須千字誄, 升堂豈必淚沾巾.

又

의정부우찬성議政府右贊成 정창연鄭昌衍[1]

일찍이 내교(內敎)가 돈독하다고 듣게 되었는데,
동료가 되어 곤의(壼儀)가 높았음을 자주 알게 되었네.
추은(推恩)을 일찍 내리시니 난고(鸞誥)가 날아왔고,
경사가 높이 쌓여서 사마(駟馬)가 문에 이르렀네.
삼부(三府)에서 수레를 받드니 즐거웠던 날이고,
팔순의 잔치자리에서 아손(兒孫)들이 큰 절을 하네.
장림(張林)의 건필로 응당 비석에 새길 것이니,
우거진 서산(西山)이 곧 돌아갈 구원(九原)이라네.

有見曾聞內敎敦, 爲寮慣識壼儀尊.
推恩早降翔鸞誥, 積慶增高駟馬門.
三府奉輿愉色日, 八旬瑤席點頭孫.
張林健筆應題石, 鬱鬱西山是九原.

1 정창연(鄭昌衍) : 1552(명종 7)~1636(인조 14). 조선 중·후기의 문신. 본관은 동래(東萊). 자는 경진(景眞), 호는 수죽(水竹). 광필(光弼)의 증손으로, 할아버지는 복겸(福謙)이고, 아버지는 좌의정 유길(惟吉)이며, 어머니는 원계채(元繼蔡)의 딸이다. 1579년(선조 12) 식년문과에 을과로 급제하여 독서당(讀書堂)에 들어갔고, 이조좌랑을 거쳐 동부승지 등의 관직을 두루 역임하였다. 1614년(광해군 6) 우의정이 되고 이어 좌의정이 되어 기사(耆社)에 들고 궤장(几杖)을 받았다. (한국민족문화대백과, 한국학중앙연구원)

又[1]

행예조판서대제학行禮曹判書大提學 이정구李廷龜[2]

1

일찍부터 청빈과 검약으로 가업을 지켜왔고,
만년에는 여든의 나이 되도록 영화를 누리었지.
아녀자의 직분을 황발로 인해 게을리 하지 않았고,
어머니의 범절은 백미를 보면 어짊을 알 수 있느니,
거듭 봉해진 정숙한 그 덕 성은으로 명정 바꾸었고,
일함(一頷)[3]이라 고손 증손에 경사가 이어지리라.
세상에서 누린 복록은 유감이 없는 줄 아노니,
그저 상제들 앞에 눈물을 뿌릴 뿐이라오.

早將清約守家傳, 晚享榮華八十年.
女職不因黃髮懈, 母儀端視白眉賢.

---

1 이 시는 李廷龜, 『月沙集』 권 16 「倦應錄」上 「挽洪君瑞大夫人 二首」라는 제목으로 실려 있다. 『모당집』 부록에도 수록되어 있다. (번역은 한국고전번역원, 이상하 (역), 2001)

2 이정구(李廷龜) : 조선 시대의 문신 한학자(1564~1635). 자는 성징(聖徵). 호는 월사(月沙) 보만당(保晩堂). 벼슬은 우의정, 좌의정에 이르렀다. 한문학의 대가로 글씨에도 뛰어났으며, 조선 중기의 4대 문장가 가운데 한 사람이다. 저서에 『월사집』, 『서연강의(書筵講義)』, 『대학강의(大學講義)』가 있다.

3 일함(一頷) : 당(唐)나라 때 분양왕(汾陽王) 곽자의(郭子儀)가 오래 살고 자손이 많아 자손들이 인사를 올리면 누구인지 잘 알지 못하고 그저 턱을 끄덕거렸다는 고사에서 온 말로, 곽함(郭頷)이라고도 한다.

重封貞淑恩旌煥, 一領高曾善慶綿.
福祿世間知不憾, 只應沾灑棘人前.

2

해마다 생신이 되면 찾아가서 뵈었나니,
몇 번이나 자리에서 축하의 술잔 올렸던가.
반평생 의지한 것은 내 부모와도 같았고,
만년에 흉금은 자제분들 형제처럼 여겼지.
금초(金貂)[4]가 슬하를 둘러 사람들 다투어 부러워했고,
난옥(蘭玉)[5]이 뜰에 가득해 세상에서 영광으로 여겼지.
다시는 술동이 앞에서 색동옷 재롱[6] 못 보리니,
숲에서 밤에 우는 까마귀 소리[7]에 마음이 놀란다오.

4 금초(金貂) : 임금을 측근에서 모시는 시신(侍臣)의 관에 붙이는 장식으로, 근신(近臣)을 뜻한다.

5 난옥(蘭玉) : 지란(芝蘭)과 옥수(玉樹)를 아울러 말한 것으로 훌륭한 자제를 뜻한다. 진(晉)나라 사안(謝安)이 자질(子姪)들에게 "어찌하여 사람들은 자기 자제가 출중하기를 바라는가?" 하고 묻자, 조카 사현(謝玄)이 "비유하자면 마치 지란(芝蘭)과 옥수(玉樹)가 자기 집 뜰에 자라기를 바라는 것과 같습니다." 한 데서 유래하였다.

6 색동옷 재롱 : 춘추 시대 초(楚)나라 사람 노래자(老萊子)가 효성으로 어버이를 봉양하여 일흔의 나이에도 색동옷을 입고 어린아이처럼 재롱을 부림으로써 어버이를 기쁘게 해 드렸다 한다. 『小學』 「稽古」

7 숲에서 … 소리 : 백거이(白居易)의 「자오야제(慈烏夜啼)」 시에 까마귀의 효성을 노래하여 "자애로운 까마귀가 그 어미 잃고, 까악까악 구슬피 우누나. 밤낮으로 날아가지 않고, 해가 지나도록 옛 숲을 지키네. 밤이면 밤마다 한밤중에 우니, 듣는 이 눈물로 옷깃을 적시네.……자애로운 까마귀여 자애로운 까마귀여, 새 가운데 증삼이로다.[慈烏失其母 啞啞吐哀音 晝夜不飛去 經年守故林 夜夜夜半啼 聞者爲沾襟……慈烏彼慈烏 鳥中之曾參]" 하였다. 『古文眞寶』 前集

年年壽節[8]忝升堂, 幾度華筵獻賀觥.[9]

倚戴半生猶我母, 襟期末路托諸兄.

金貂繞膝人爭慕, 蘭玉盈庭世共榮.

無復樽前看綵戲, 驚心林下夜烏鳴.[10]

---

8 『月沙集』에는 '節'이 '日'로 되어 있다.

9 『月沙集』에는 '觥'이 '觴'으로 되어 있다.

10 『月沙集』에는 '鳴'이 '聲'으로 되어 있다.

又

행이조판서行吏曹判書 이상의李尙毅[1]

명가의 복덕이 지금 이 분과 누가 비슷하랴?
정대부인(貞大夫人)의 경사가 쌓인 집안이라네.
네 고을로 봉양을 하여 즐거운 빛이 있고,
나이는 팔순을 넘어 수성도 높이 여기네.
혼정신성을 자손들이 고조모 증조모께 하니,
안팎으로 칭호를 갖고 있는 60명 손자라네.
옛날 당에 올라 술잔을 올리던 일 생각하니,
슬픈 눈물을 서촌(西村)에 뿌리는 일 금할 수 없네.

名家福德今誰似, 貞大夫人積慶門.
養極四州愉色有, 年踰八袠壽星尊.
晨昏定省高曾母, 內外攀號六十孫,
却憶升堂奉觴日, 不禁哀淚洒西村.

1 이상의(李尙毅) : 1560~1624. 조선의 문신. 자는 이원(而遠), 호는 소릉(少陵) · 오호(五湖) · 서산(西山) · 파릉(巴陵), 시호는 익헌(翼獻). 본관은 여주(驪州). 사재감 첨정(司宰監僉正) 우인(友仁)의 아들. 한성(漢城) 출생. 1585년(선조 18) 사마시(司馬試)에 합격, 이듬해 문과(文科)에 급제한 이래 여러 벼슬을 거쳐 1608년(선조 41) 이조판서에 올랐다. 이해 광해군이 즉위하자 형조 판서에 전임, 공조판서 · 세자이사(世子貳師) · 판의금부사(判義禁府使)를 지내고 1613년 앞서 임진왜란 때 광해군을 호위한 공으로 위성 공신(衛聖功臣)이 되어 여흥 부원군(驪興府院君)에 봉해졌으며, 1618년(광해군 10) 좌찬성(左贊成)에 이르렀다. 1623년 인조반정(仁祖反正)으로 훈공이 삭탈되고 1품계가 강등, 지중추 부사(知中樞府事)가 되었으며 글씨에도 뛰어났다. (인명사전, 2002.1.10, 민중서관)

又

의정부좌참찬議政府左參贊 이준李準[1]

신선의 밭과 구름 수레는 아득하여 잡을 수 없고,
변함없이 교목은 붉은 문을 둘러싸고 있네.
한평생의 훌륭한 범절은 삼종에 갖추어져 있고,
한 시대의 영화는 팔좌(八座)[2]의 높음에 드러났네.
주춧돌에서 훌륭한 아들을 낳았음을 볼 수 있고,
흠의(廞衣)가 끝내 여러 자손들에게 부쳐짐을 보네.
성글고 게으른 사람 일찍이 욕되게 당에 올랐고,
상엿줄을 잡고 어쩔 줄 몰라 눈물을 훔친다.

仙圃雲軿杳莫攀, 依然喬木擁朱門.
百年懿範三從備, 一代榮華八座尊.
柱石正看生令子, 廞衣終見付諸孫.
踈慵夙忝升堂分, 執紼難堪拭淚痕.

---

1 이준(李準) : 1545~1624. 본관 전주(全州). 자 평숙(平叔). 호 뇌진자(懶眞子)·서파(西坡). 시호 숙헌(肅憲). 1568년(선조 1) 증광문과에 병과로 급제, 주서(注書)·정언(正言)·헌납(獻納)·의주목사(義州牧使) 등을 거쳐 1589년 정여립(鄭汝立)의 모반을 다스리는 데 공을 세워 1590년 평난공신(平難功臣) 2등으로 전성군(全城君)에 봉해졌다. 한성부좌윤(漢城府左尹)·춘천부사(春川府使)·예조참판·병조참판을 거쳐 1600년 대사간 때 홍여순(洪汝諄) 일파라 하여 한때 파직되었다. 후에 안동부사(安東府使)·경주부윤(慶州府尹) 등을 거쳐 광해군 때 좌참찬·형조판서·공조판서를 지내고 1615년(광해군 7) 개성부유수(開城府留守), 이조판서에 올랐으나 대북(大北)의 난정(亂政)으로 은퇴했다. (두산백과)

2 팔좌(八座) : 한대(漢代)에 육조(六曹)의 상서(尙書)와 일령(一令)·일복(一僕)을 합해서 일컫는 말로, 조선에서는 판서(判書)의 지위를 뜻한다. (한국고전번역원)

又

의정부우참찬議政府右參贊 강신姜紳[1]

생신을 맞아 다투어 대부인께 축하를 드렸는데,
계(契)를 핑계로 서로 늙은 부모께 축수를 하였네.[2]
이품에 봉해진 것[3]은 총명에 응한 것이고,
팔순의 많은 나이는 향린에서 으뜸이라네.
당에 올랐던 성대한 일은 모두 꿈만 같은데,
채색옷으로 즐겁게 한 것 묵은 자취가 되었네.
보잘것없는 여생도 지금 흰머리 노인되었는데,
술잔을 올리자니 눈물이 수건을 적시네.

壽辰爭賀大夫人, 托契相將壽老親.
二品徽封膺寵命, 八旬遐算冠鄉隣.
升堂盛事渾如夢, 戲綵歡悰跡已陳.
草土餘生今白髮, 奠杯惟有淚沾巾.

1 강신(姜紳) : 조선 시대의 문신(1543~ 1615). 자는 원경(遠卿) 면경(勉卿). 호는 동고(東皐). 정여립의 난을 평정하고, 임진왜란 때는 함경도 순찰사 등을 지내면서 큰 공을 세웠다. 저서에 『진흥군일기(晋興君日記)』가 있다.

2 계(契)를 … 하였네 : 계회 때 함께 당에 올라가 술잔을 올리며 축수를 하였던 일을 말한다. 강신의 모친도 포함되었음.

3 이품에 봉해진 것 : 아들 홍이상(洪履祥)이 비교적 높은 벼슬을 하였기 때문에 어머니인 고인의 내명부 품계도 2품에 올랐던 사실을 말한 것이다.

又

공조판서工曹判書 서성徐渻[1]

남극성(南極星)[2]이 나뉘어 무녀성(婺女星)[3]이 되니,
조선에 뛰어난 여성이 강생하였네.
집을 잘 다스리던 일은 양홍의 처와 같고,
아들을 잘 가르친 일은 사씨의 집안과 같네.
60여 명의 여러 손자들이 모두 드러나니,
팔순의 높은 나이가 도리어 적은 것 같네.
당에 올라 욕되게 줄지어 술잔을 올렸었는데,
상엿줄을 잡고 들로 가는 상여를 어찌 보내나?

南極星分婺女星, 降生東土鍾坤靈.

1 서성(徐渻) : 조선 중기의 문신(1558~1631). 본관은 대구(大丘). 자는 현기(玄紀), 호는 약봉(藥峯). 언양현감(彦陽縣監) 서거광(徐居廣)의 현손이며, 사헌부장령(司憲府掌令) 서팽소(徐彭召)의 증손으로, 할아버지는 예조참의 서고(徐固)이고, 아버지는 서해(徐嶰)이다. 이이(李珥)·송익필(宋翼弼)의 문인으로 1586년(선조 19) 알성문과에 을과로 급제하고 경상우도감사·평안감사·도승지·형조판서·병조판서·지중추부사를 거쳐 함경감사로 다시 호조판서로 지의금부사를 겸하다가 경기감사가 되고, 그 뒤 우참찬을 거쳐 개성유수가 되었다. 이어 형조판서·대사헌·경연성균관사를 겸하고, 1624년 이괄(李适)의 난 때 왕을 호종하고 판중추부사·병조판서 등을 역임. 1627년(인조 5) 정묘호란 때도 왕을 강화도까지 호종했고, 숭록대부(崇祿大夫)로 승격하였다. 학문을 즐겨 이인기(李麟奇)·이호민(李好閔)·이귀(李貴) 등과 역학(易學)을 토론했고, 서화(書畫)에도 뛰어났다. 영의정에 추증되고, 대구구암서원(龜巖書院)에 제향되었다. 문집에 『약봉집(藥峯集)』이 있다. 시호는 충숙(忠肅)이다.

2 남극성(南極星) : 노인성(老人星)이라고도 한다. 낭성 근처에 있는 큰 별로, 그것이 나타나면 그 고장의 군주가 장수하고 그 나라가 잘 다스려진다는 전설이 있다. 『史記』 卷27 「天官書」

3 무녀성(婺女星) : 직녀성(織女星) 남쪽의 여수(女宿)로서 포백(布帛)을 관장하는 별이다.

宜家主饋齊梁案, 教子揚名比謝庭.

六十諸孫猶盡辨, 八旬遐壽尚餘零.

升堂曾忝稱觴列, 挽紼那堪送至坰.

又

행사직行司直 허성許筬[1]

팔순의 높은 나이에 이품에 봉해졌으니,
인간의 복록이 누가 이보다 융성하랴?
삼천의 수레를 탄 손이 문에 가득하고,
60여 명의 아손은 눈에 가득 용이로다.
가르침에 삼환[2]을 징험하여 집이 비로소 크고,
비석에 부덕을 새김에 공교롭게 말하기 어렵네.
병중에 당에 올라 춤추던 일 기억하니,
슬퍼 눈물을 흘리며 닦을 길이 없네.

八袠高年二品封, 人間福履更誰隆.
三千車乘盈門客, 六十兒孫滿眼龍.
教驗參丸家始大, 碑成婦德語難工.
病中却憶升堂舞, 悲涕無從拭未窮.

1 허성(許筬) : 조선 선조 때의 문신(1548~1612). 자는 공언(功彦). 호는 악록(岳麓) 산전(山前). 임진왜란 직전인 1590년 서장관으로 일본에 다녀와 일본의 침략 가능성을 바른대로 고하였다.
2 삼환 : 미상.

又

동지중추부사同知中樞府事 오억령吳億齡[1]

익숙하게 당에 오르는 반열에 끼어서,
깊이 적선(積善)의 집안에 대해서 알았네.
눈 속에는 백벽(白璧)[2]이 연이어 보이고,
몸 위에는 황마(黃麻)[3]로 빛나게 꾸몄네.
봉양을 함에 삼생(三牲)으로 극진히 하였고,
나이는 아득하게 팔순(八旬)이 넘었네.
다른 때에 『내훈(內訓)』[4]을 열어 본다면,
부덕(婦德)이 더욱 자랑스러울 텐데.

熟厠升堂列, 深知積善家.
眼中聯白璧, 身上賁黃麻.

1 오억령(吳億齡) : 조선 중기의 문신(1552~1618). 자는 대년(大年). 호는 만취(晩翠). 임진왜란을 예언하였으며, 광해군 때에 폐모론(廢母論)에 반대하다가 탄핵을 받고 낙향하여 대죄(待罪) 중에 죽었다. 문장이 뛰어났으며 서예에도 능하였다. 저서에 『만취문집』이 있다.

2 백벽(白璧) : 중국 고대 전국(戰國) 때에 우경(虞卿)이 조왕(趙王)을 보았더니 한 번 보자 조왕이 백벽(白璧) 한 쌍을 주었다. 여기에서는 백벽처럼 뛰어난 사람들을 가리킨다.

3 황마(黃麻) : 당나라 때에 조칙을 황마지(黃麻紙)에 쓰는 것과 백마지(白麻紙)에 쓰는 것으로써 사건의 경중(輕重)을 구별하였는데, 황마는 한림원(翰林院)에서 발행하였다.

4 『내훈(內訓)』 : 덕종비(德宗妃) 소혜 왕후(昭惠王后) 한씨(韓氏)가 지은 책으로 7장으로 되어 있는데, 언행(言行)·효친(孝親)·혼례(昏禮)·부부(夫婦)·모의(母儀)·돈목(敦睦)·염검(廉儉)이 그것이다. 서문에서는 이 책을 지은 동기에 대해 "『소학』·『열녀전(烈女傳)』·『여교명감(女敎明鑑)』은 권질이 너무 많아 알기가 어려우므로 이에 사서(四書) 가운데 긴요한 말을 추려 『내훈』 7장을 지었다."라고 하였다.

養到三牲極, 年踰八袠遐.
他時閱內訓, 婦德更堪誇.

又

사헌부대사헌司憲府大司憲 정사호鄭賜湖[1]

훌륭하시도다! 대부인이여.
어질고 자애로운 것 천성에서 나왔네.
마을에서는 맑은 덕을 칭송하고,
집안에서는 떳떳한 행실을 밝혔네.
자식을 가르치는 법도는 엄격하였고,
아낙에게 신칙하는 가법은 반듯하였네.
덕을 쌓은 것이 크고도 깊어서,
복록이 우루루 쏟아져 들어오네.
집안의 자손들이 일찍 빛을 내어[2],
온 조정에 이름과 지위가 성하였네.
색양(色養)[3]에 겸하여 영화를 더하였으니,

---

1 정사호(鄭賜湖) : 1553~?. 본관 광주(光州). 자 몽여(夢輿). 호 화곡(禾谷). 시호 충민(忠敏). 1573년(선조 6) 사마시에 합격하고 1577년 별시문과에 급제하였다.1597년 안동부사가 되고 1599년 호조참의로 구관당상(句管堂上)을 겸직하고 이어 대사헌으로 사은사(謝恩使)가 되어 명(明)나라에 다녀온 뒤 이조참의・중추부동지사 등을 역임하였다. 1607년 황해도관찰사로 나갔고, 선조가 승하하자 이조참판으로 춘추관동지사가 되어 『선조실록』 편찬에 참여하였다. 한성부우윤을 거쳐 1611년(광해군 3) 대사헌・의금부지사(義禁府知事), 이듬해 평안도관찰사를 지내고 1612년 김직재(金直哉)의 무옥(誣獄)에 연루, 파직되었으나 혐의가 풀려 이듬해 경기도관찰사에 등용, 1614년 형조판서를 지냈다. (두산백과)

2 빛을 내어 : 원문의 '비영(蜚英)'은 비영등무(蜚英騰茂)의 준말로, 명성과 실제가 훌륭하게 서로 부합되는 것을 말한다. 『漢書』「司馬相如傳」下

3 색양(色養) : 자식이 낯빛을 화기롭게 하여 부모를 봉양하는 것, 혹은 자식이 부모의 안색을 살피면서 봉양하는 것을 말한다. 자하(子夏)가 효(孝)에 대해서 물었을 때, 공자가 '색난(色難)'이라고 대답한 데에서 나온 말로, 자식이 즐거운 얼굴색으로 부모를 봉양하는 것이 어렵다는 해설과

문벌이 휘황하게 번쩍번쩍 빛나네.
봉해진 벼슬은 이미 숭품에 이르렀고,
전성으로 하고 또 열정으로 봉양하였네.
어머니는 어질고 아들은 또 효성스러워,
나라 사람들이 모두 흠모하며 존경하였네.
누린 나이가 팔순으로 장수하였고,
인간의 오복(五福)[4]이 아울러 갖추어졌네.
슬하에는 슬프고 마음 아픈 일이 적고,
눈앞에는 즐거운 경사가 넘쳐났다.
여러 자손들이 모두 60여 명이 되고,
죽 늘어서서 함령(頷領)[5]을 부지런히 하네.
그 가운데 금규(金閨)[6]의 선비가 있어서,
높은 벼슬길로 바야흐로 달려나가네.
영화로움은 살았던 당세를 뒤덮었고,
제일이라는 임금의 칭찬을 받았네.
차고 비는 것은 운수가 있음이 슬프니,
서산에 문득 햇빛이 가려지는구나.

부모의 안색을 잘 살펴서 봉양을 잘 하는 것이 어렵다는 해설이 있다. 『論語』「爲政」(한국고전번역원)

4 오복(五福) : 오복은 장수[壽], 부(富), 강녕(康寧), 덕을 좋아함[攸好德], 올바르게 명을 다함[考終命]을 말한다. 『書經』「洪範」

5 함령(頷領) : 턱으로 헤아린다는 뜻이다. 당(唐)나라 때 분양왕(汾陽王) 곽자의(郭子儀)가 오래 살고 자손이 많아 자손들이 인사를 올리면 누구인지 잘 알지 못하고 그저 턱을 끄덕거렸다는 고사에서 온 말로, 곽함(郭頷)이라고도 한다. (한국고전번역원)

6 금규(金閨) : 임금과 가까운 곳에 있음을 말한다. 중국 한나라 때 궁궐에 금마문(金馬門)이 있었는데, 금문(金門)이나 금규로도 약칭하였다. 『文選』「別賦」

높은 영정이 옛 언덕으로 향하니,
달은 길하고 날도 또한 아름답네.
슬픔과 영화 두 가지 모두 유감이 없으니,
천년동안 영원히 봉해져 심으리.

猗歟大夫人, 仁慈出天性.
鄕閭稱淑德, 閨庭昭懿行.
敎子規矩嚴, 飭婦家法正.
種德碩且深, 福祿來宜迸.
胤嗣早蜚英, 傾朝名位盛.
色養兼以榮, 門闌煥暉暎.
封爵旣崇品, 專城又列鼎.
母賢子且孝, 國人咸歆敬.
仍享八袠壽, 人間五福倂.
膝下少悲傷, 眼前溢喜慶.
諸孫餘六十, 羅列勤頷領.
中有金閨彦, 雲途正馳騁.
榮華盖當世, 第一推歸命.
盈虛慨有數, 西山忽掩景.
高旐向故原, 月吉辰又令.
哀榮兩無憾, 封植千年永.

又

동지중추부사同知中樞府事 신식申湜[1]

적선(積善)의 문중에서 경사를 길이 길러서,
노인성이 이 집 북당(北堂)[2]만을 길이 비치네.
난회(鸞回)의 자고(紫誥)[3]는 은혜를 받음이 무겁고,
용이 주륜(朱輪)[4]을 끼니 빛나는 잎새가 번창하리라.
서왕모(西王母)의 선도(仙桃)[5]가 다시 익기를 기다리고,
도가(陶家)의 조문하던 학[6]이 문득 쌍으로 날아오른다.

---

1 신식(申湜) : 1551~1623. 조선 중기의 문신. 본관은 고령(高靈). 자는 숙지(叔止), 호는 용졸재(用拙齋). 이황(李滉)의 문인으로, 1576년(선조 9) 별시문과에 병과로 급제하였다. 사헌부집의(司憲府執義)로 있을 때 정여립(鄭汝立)의 일파로 탄핵되어 유배당하였다가 1592년 다시 집의가 되었다. 임진왜란 때에는 경상도안무어사(慶尙道按撫御史)로 활약하였다. 그 뒤 동부승지·좌부승지·좌승지 등을 역임하고 대사간과 부제학을 거쳐 도승지·동지중추부사·공조참판 등을 지냈다. 1599년에 사은사(謝恩使)로 명나라에 다녀와서 호조참판·대사헌이 되었다. 광해군이 즉위하고는 충청도관찰사·동지중추부사·강원도관찰사를 역임하다가 또 다시 사은사로 명에 가서 왜의 실정을 알렸다. (한국학중앙연구원, 『한국민족문화대백과』)

2 북당(北堂) : 어머니가 거처하는 곳으로 어머니를 지칭하는 말이다. 『시경』 위풍(衛風) 「백혜(伯兮)」에 "어찌하면 원추리를 얻어서 북당에 심어 볼까. 떠난 사람 생각에 내 마음만 병드누나.[焉得諼草 言樹之背 願言思伯 使我心痗]" 하였다. (한국고전번역원)

3 난회(鸞回)의 자고(紫誥) : 대궐에서 내린 외명부(外命婦)의 높은 직함의 교지(敎旨)를 말함. 난회(鸞回)는 교지의 서체가 그지없이 아름다운 것을 뜻한다. 두보(杜甫)의 시에 "난회의 종이로 모친에게 고명이 내려지자, 맑은 조정에 제비도 찾아와 축하를 하네.[紫誥鸞迴紙 淸朝燕賀人]"라는 구절이 있다. 『杜少陵詩集』 卷21 「奉賀陽城郡王太夫人恩命加鄧國太夫人」 (한국고전번역원)

4 주륜(朱輪) : 바퀴에 붉은 칠을 한 수레로 한(漢)나라 때 존귀한 사람들이 타던 것이다.

5 서왕모(西王母)의 선도(仙桃) : 서왕모(西王母)는 곤륜산(崑崙山)의 요지(瑤池)에 사는 선녀의 이름인데, 신선들이 먹는 선도를 관리하는 책임을 맡는다고 한다.

6 도가(陶家)의 조문하던 학 : 『세설신어(世說新語)』 「현원(賢媛)」에 "도간(陶侃)이 어머니 상을 당하여 묘소의 아래에 있었다. 어떤 두 사람이 찾아와 조문하고 곡(哭)하지 않은 채 떠났는데, 그

슬프고 영화로운 것 세상에서 유감이 없으니,
구름 수레로 회오리 바람 타고 제향에 이르리.

積善門中毓慶長[7], 老星偏向北堂光.
鸞回紫誥啣恩重, 龍挾朱輪赫業昌.
王母仙桃期再熟, 陶家弔鶴忽双翔.
哀榮於世無遺憾, 飇馭雲駢至帝鄕.

사람의 의복이 특이하여 보통 사람이 아니라는 것을 알 수 있었다. 도간이 사람을 보내어 뒤따라가 보도록 하였더니, 두 마리 학이 하늘로 날아가는 것만 보였다."라는 내용이 있다.

7 원문에는 '長慶'으로 되어 있으나, '慶長'으로 해야 한다고 위치바꿈 표시가 되어 있다.

又

공조참판工曹參判 허진許晉[1]

은혜로 봉작을 더하여 휘음(徽音)[2]이 빛나고,
덕이 잇따라 문중에 비추어 일찍부터 흠모했네.
학발(鶴髮)의 높은 나이 인간세상에서 드물고,
훤당(萱堂)[3]의 긴 해에 축수하는 술잔은 깊도다.
여러 자손들이 자리에 가득한 모두 옥과 같고,
효자가 집안을 이어 금처럼 반짝인다.
삼종(三從)의 부도를 모두 갖추어 부끄러움이 없고,
비명(碑銘)을 장림(張林)에 부탁하기에 딱 맞는다네.

恩加封爵賁徽音, 德照連門夙所欽.

---

1 허진(許晉) : 1536~1616. 본관은 양천(陽川). 자는 경소(景昭), 호는 서교(西橋). 1561년 식년문과에 병과로 급제하여 1566년(명종 21) 정언을 거쳐, 장령이 되었으나 병으로 물러나 여주목사로 나갔다. 임진왜란이 일어나자 1594년 동지사로 중국에 들어가서 왜적의 동태를 알리고, 1604년(선조 37) 한성부좌윤을 거쳐, 이듬해 공조참판이 되었다. 1616년(광해군 8) 나이 81세로 품계가 자헌(資憲)에 올라 지중추부사에 제수되었으며, 이 해 기로소에 들어갔다. (한국민족문화대백과, 한국학중앙연구원)

2 휘음(徽音) : 본래는 후비(后妃)의 아름다운 덕을 표현할 때 쓰는 말로 『시경(詩經)』 대아(大雅) 「사제(思齊)」의 "태사께서 태임(太任)의 아름다운 덕을 이어 받으셨다.[太姒嗣徽音]"는 구절에서 나왔다. 여기서는 모당 홍이상의 모부인인 고인을 가리켜 한 말이다.

3 훤당(萱堂) : 모친의 거처를 뜻한다. 북당(北堂)이라고도 한다. 『시경』 「백혜(伯兮)」의 "어떡하면 훤초를 얻어서 북당에 심어 볼까. 떠난 사람 생각에 내 마음만 병드누나.[焉得諼草 言樹之背 願言思伯 使我心痗]"라는 말에서 나온 것이다. 이 시는 출정한 남편을 걱정하는 아내의 심정을 노래한 것이다. 훤초(諼草)는 원추리라는 망우초(忘憂草)로, 훤초(萱草)라고도 한다. (한국고전번역원)

鶴髮高年人世罕, 萱堂[4]長日壽杯深.

諸孫滿座溫如玉, 孝子承家煥有金.

婦道三從俱不愧, 碑銘端合託張林.

4 원문에는 '堂'이 누락되어 있으나, 해당 자리에 글자가 빠졌다는 표시와 함께 시의 맨 뒤에 '堂' 자를 써놓았다.

又

동지중추부사同知中樞府事 한술韓述[1]

맑고 조심하는 규의는 실로 군자의 좋은 짝[2]이고,
군자에게 순승한 세월이 그 얼마이던가?
즐겁고 화려한 것 눈에 가득하니 삼생이 아름답고,
꽃다운 은택 집에 마땅하니 백록이 굳세도다.
연진의 쌍검에 물결이 이니 신이 만남이 있고,
밤에 까마귀가 울어 피를 토하니 원망이 어찌 그리도 깊은가?
고화(誥花)[3]로 효자라 부르니[4] 존귀함과 영화로움이 우뚝하여,
장림을 기다리지 않고 글 짓는 사람의 손에 남으리라.

淑愼閨儀寔好逑, 順承君子幾春秋.

---

1 한술(韓述) : 1541~1616. 조선 중기의 문신. 본관은 청주(淸州). 자는 자선(子善), 호는 도곡(陶谷). 1570년(선조 3) 진사시에 1등으로 합격하고, 1580년에 알성문과에 2등으로 급제하였으며, 1596년에는 중시에 급제하기도 하였다. 1592년 예조정랑이 되었다가 삼척부사로 나갔으나 곧 다시 예조정랑이 되었다. 1597년 임진왜란 초기에 서천군수로 있었고, 1599년 해주목사가 되었으며, 이듬해 정주목사를 거쳐 영흥부사가 되었으나, 70세 이상의 부모를 둔 수령은 300리 밖에 임명될 수 없다는 규정에 따라 파직되었다. 1605년 중추부사가 되었다.

2 군자의 좋은 짝 : 『시경(詩經)』 국풍(國風) 주남(周南) 「관저(關雎)」에 "요조숙녀는 군자의 좋은 짝[窈窕淑女 君子好逑]"이라는 구절이 있다. 여기서는 고인이 군자의 배필이 되기에 적합한 요조숙녀(窈窕淑女)였다는 말이다.

3 고화(誥花) : 오화관고(五花官誥)의 준말로, 옛날 증직(贈職)에 봉(封)하는 조서(詔書)를 오색의 금화(金花) 무늬가 있는 비단으로 쌌다고 하여 붙여진 이름이다.

4 효자라 부르니 : 원문의 '號錫'에서 석은 '錫類'의 뜻이다. 석류는 길이 복을 받을 사람이라는 뜻으로 효자를 가리키는데, 『시경』 대아(大雅) 「기취(旣醉)」의 "효자의 효도 다함이 없는지라, 영원히 복을 받으리로다.[孝子不匱 永錫爾類]"라는 말에서 나온 것이다.

歡華滿眼三牲美, 芳澤宜家百祿遒.
津劍躍波神有會, 夜烏啼血怨何幽,
誥花號錫尊榮邁, 不待張林撰手留.

又

행호군行護軍 이상신李尙信[1]

인간세상에서 복을 누린 지 80여 년인데,
수성(壽星)이 전날 밤에 고양(高陽)에 떨어졌네.
동종들이 모두 말하기 은혜를 갚기 어렵다고 하고,
이웃 마을에서도 응당 덕을 잊지 못하네.
지는 해도 정이 있어 반조(半照)를 남기지만,
반의(斑衣)로 다시는 훤당(萱堂)에서 춤을 출 수 없네.
깊은 겨울 병을 안고 부질없이 만사를 지으려니,
성 서쪽으로 머리 돌리지만 아픈 마음 달랠 길 없네.

享福人間八十霜, 壽星前夜隕高陽.
同宗摠說恩難報, 隣里還應德未忘.
落日有情留半照, 斑衣無復舞萱堂.
深冬抱病空題挽, 回首城西不盡傷.

1 이상신(李尙信) : 1564~1610. 조선 중기의 문신. 본관은 여흥(驪興). 자는 이립(而立), 호는 청은(淸隱). 1588년(선조 21) 사마시를 거쳐, 이듬해 증광 문과에 을과로 급제, 예문관봉교를 거쳐 1592년 예조좌랑 · 병조좌랑 · 사간원정언이 되었다. 1594년 함경도순안어사(咸鏡道巡按御史)가 되어 민정을 살피고 돌아왔고, 1599년 홍문관응교에 임명되었으며, 그 뒤 승정원부승지 · 우승지를 거쳐 1603년 성균관대사성, 이 해 대사간, 이어 상호군을 역임하였다. 1605년 동지사 겸 주청사(冬至使兼奏請使)에 임명되어 명나라에 갔고, 1606년 동지중추부사가 되고, 이듬 해 경상도관찰사가 되었다.

又

이조참판吏曹參判 송순宋諄[1]

여러 형제들이 오육십 명은 되고,
팔순에 삼생(三牲)의 봉양을 누리셨네.
작질(爵秩)은 아들을 좇아 귀하게 되었고,
봉작의 칭호는 아낙의 굳음을 드러낸다.
가벼운 가마에서는 반모(潘母)가 즐겁고,[2]
채색 옷은 노래자(老萊子)의 마음이로다.
다시는 당에 올라 절할 수 없으니,
두 들보에 곡하는 일[3]을 어찌 견디랴?

諸昆五六十, 八袠享三牲.

---

1 송순(宋諄) : 1538~1616. 본관은 진천(鎭川)이며 자는 혼원(渾元), 호는 망촌(忘村)이다. 생부는 계임(繼任)인데 진사 미복(眉福)에게 입양되었다. 1582년(선조 15) 식년문과에 급제하였다. 1587년 사헌부지평을 지낸 뒤 1596년 세자시강원보덕·사헌부집의를 거쳐 이듬해 동부승지·전라도관찰사·호조참의 등을 역임하였다. 1598년 병조참의·우부승지를 역임한 뒤 대사성·이조참의·예조참의·좌부승지를 지냈다. 1608년 광해군이 즉위하자 병조참판·대사간·대사헌 등을 지내면서 자주 사직을 건의하였으나 받아들여지지 않았다. 1615년 형조판서·호조판서·지의금부사를 거쳐 이듬해 정헌대부로 대사헌에 다시 임명되어 의령군(義靈君)에 봉해졌다. 사후 1623년(인조 1) 인조반정이 일어나자 관직을 삭탈당하였다. (두산백과)

2 가마에서는 … 즐겁고 : 원문의 '반모(潘母)'는 반악(潘岳)의 어머니를 말한다. 진(晉)나라 반악의 「한거부(閑居賦)」에 "모친을 판여(板輿)에 모시고 가벼운 수레에 태워 드린 다음, 멀게는 경기 지방을 유람하고 가까이는 집안 뜰을 소요한다.[太夫人乃御板輿 升輕軒 遠覽王畿 近周家園]"라는 구절이 나온다. 여기서는 어머니를 푹신한 가마에 편히 모시고 구경한다는 뜻이다.

3 두 들보에 곡하는 일 : 훌륭한 사람의 죽음을 가리킨다. 공자가 "두 기둥 사이에 앉아 제수를 받는 꿈을 꾸고[夢坐奠於兩楹之間]" 얼마 뒤에 죽은 고사에서 유래한다. 『禮記』「檀弓」上

爵秩從男貴, 封稱表婦貞.

輕軒潘母樂, 彩服老萊情.

無復升堂拜, 何堪哭兩楹.

又

행호군行護軍 박이장朴而章[1]

우공(于公)이 옛날 이미 높은 문을 세운 것[2]처럼 했고,
덕을 심은 유래는 복록에 남아 있다네.
자색 인끈과 금장을 한 어진 사손은 드러났고,
어헌을 탄 학발의 노모는 행의가 높도다.
재롱떠는 손자로 인해 슬하에서 즐거움을 머금고,
사랑스런 아들은 당 가운데에서 색동옷입고 춤추네.
즐겁고 기뻤던 일 지금에 한 꿈이 되었으니,
반호(攀號)[3]하며 이연(二連)[4]의 혼을 꺾으려 한다.

---

1 박이장(朴而章) : 1540~1622. 본관 순천(順天). 자 숙빈(叔彬). 호 용담(龍潭)·도천(道川). 노수신(盧守愼)의 문하에서 수학하였다. 1573년(선조 6) 생원으로 성균관(成均館)의 추천을 받아 참봉(參奉)을 지내고 1586년 친시문과에 급제하여 승문원·예문관에 보직되었다. 1592년 임진왜란 때는 김성일(金誠一)의 제청으로 도사(都事)가 되었다. 이듬해 지평(持平)·지제교(知製敎)를 역임하고, 이어 이조정랑·대사헌·이조참판·부제학(副提學) 등을 지냈다. 1608년 광해군이 즉위하자 정인홍(鄭仁弘)의 배척으로 청송부사(靑松府使)로 밀려났다가 이듬해 대사간이 되고 이어 춘추관동지사(春秋館同知事)·대사성을 거쳐 대사관에 재임명되었다. 1615년 폐모론(廢母論)에 반대하다가 관직이 삭탈되어 성주(星州)로 내려가 후진 양성으로 여생을 보냈다. 시문(詩文)에 뛰어났다. 성주의 청천서원(晴川書院)에 제향되었다. 문집『용담집(龍潭集)』이 있다. (두산백과)

2 우공(于公)이 … 것 : 선조의 음덕(陰德)에 힘입어 대대로 현달(顯達)한 가문이라는 뜻이다. 한(漢)나라 우공(于公)이 옥사(獄事)를 공정하게 처리하여 억울한 사람들을 많이 구제하였으므로 사람들에 의해 생사(生祠)가 세워지기까지 하였는데, "우리 자손 중에 고관이 많이 나올 테니 좁은 문을 개조하여 사마(駟馬)의 수레가 드나들 수 있도록[令容駟馬高蓋車] 크게 만들어야 하겠다."라는 그의 말대로, 그의 아들인 우정국(于定國)이 승상이 된 뒤를 이어 대대로 자손들이 봉후(封侯)되었던 고사가 있다.『漢書』卷71「于定國傳」(한국고전번역원)

3 반호(攀號) : 반호는 용의 수염을 부여잡고 울부짖는 것으로, 용은 군주를 상징하는바, 군주 또는 부모의 상사를 당하여 매우 슬피 울며 가슴을 두드림을 이른다.

于公昔者已高門, 種德由來福祿存.

紫綬金章賢嗣顯, 魚軒鶴髮母儀尊.

弄孫膝下含飴樂, 愛子堂中舞綵飜.

歡慶至今成一夢, 攀號欲折二連魂.

4 이련(二連) : 대련(大連)과 소련(小連)을 말하는데, 이들은 모두 동이(東夷)의 효자들이라고 한다. 『禮記』「檀弓」下 雜記 下

又

홍문관부제학弘文館副提學 최관崔瓘[1]

부덕과 규의는 한 때에 이름을 떨쳤고,
뜰에 가득한 난옥(蘭玉)[2]은 집의 아이라 하네.
인간의 수복은 유감이 없음을 알겠으니,
지하에서 만나는 일은 약속이 되었네.
아들딸이 상에 가득하여 여경이 쌓이고,
붉은 영정을 길에 실으니 매우 슬프다.
가성(佳城)[3]은 울창하게 고봉(高峯)[4]의 가에 있으니,
상엿줄을 잡고 서쪽 교외에서 눈물을 흘린다.

1 최관(崔瓘) : 1563~?. 본관은 강화(江華), 개명(改名)은 최수(崔琇), 자는 형중(瑩仲), 호는 미옹(迷翁)이다. 1563년(명종 18)에 태어났으며 최승세(崔承世)의 아들이다. 1590년(선조 23) 증광시 문과에 갑과로 급제하였고 여러 벼슬을 지낸 후 정2품 호조판서에 올랐다. 묘는 경기도 이천시 모가면 송곡리 뒷산 기슭에 있으며, 부인 정부인(貞夫人) 광주 이씨(廣州李氏)와 합장묘로 조성되어 있다. 그의 후손들이 대대로 송곡리에 모여 살아왔다. (두산백과)

2 난옥(蘭玉) : 훌륭한 자제를 뜻한다. 진(晉)나라 사안(謝安)이 자질(子姪)들에게 "어찌하여 사람들은 자기 자제가 출중하기를 바라는가?" 하고 묻자, 조카 사현(謝玄)이 "비유하자면 마치 지란(芝蘭)과 옥수(玉樹)가 자기 집 뜰에 자라기를 바라는 것과 같습니다." 한 데서 유래하였다. (한국고전번역원)

3 가성(佳城) : 무덤을 뜻한다. 한나라 등공(滕公)이 말을 타고 가다가 동도문(東都門) 밖에 이르자 말이 울면서 앞으로 나아가지 않은 채 발로 오랫동안 땅을 구르기에 사졸(士卒)을 시켜 땅을 파 보니, 깊이 석 자쯤 들어간 곳에 석곽(石槨)이 있고 거기에 "가성(佳城)이 울울(鬱鬱)하니, 3천 년 만에 해를 보도다. 아! 등공이여, 이 실(室)에 거처하리라."라는 글이 새겨져 있었다 한다. 『西京雜記』 卷4 (한국고전번역원)

4 고봉(高峯) : 경기도 고양시에 있는 산 이름.

婦德閨儀擅一時, 盈庭蘭玉稱家兒.
人間壽福知無憾, 地下逢迎會有期.
粉笏滿床餘積慶, 丹旐載路結深悲.
佳城鬱鬱高峯畔, 執紼西郊涕泗垂.

又

성균관대사성成均館大司成 정엽鄭曄[1]

난회(鸞回)[2]의 종이로 자고(紫誥)를 내리는 총애를 자주 받았고,
등국(鄧國)에서 부모를 보위하던 것 부끄러워 한다[3].
이미 형아(馨兒)[4]가 성대한 직질(職秩)을 날림을 보았고,
이어서 수모(壽母)가 장춘(長春)을 향유하는 것을 알았네.
강어(姜魚)[5]는 뛰어 올라 진실로 느낌이 있었고,

1 정엽(鄭曄) : 1563년~1625. 1563(명종 18)~1625(인조3). 조선 중기의 문신. 본관은 초계(草溪). 자는 시회(時晦), 호는 수몽(守夢). 1583년(선조 16) 별시문과에 병과로 급제, 승문원을 거쳐 홍문관의 문한직(文翰職)을 맡았다. 1587년 감찰·형조좌랑이 되었으며, 1593년 황주판관으로 왜군을 격퇴, 그 공으로 중화부사가 되었다. 1605년에 풀려나 이듬해 성주·홍주의 외직을 차례로 맡았다. 1608년(광해군 즉위년)에 예조참의가 되었다가 이듬해에 대사성을 거쳐, 1610년에는 충청감사가 되었다. 이후 곧 대사간에 제수되어 대사헌을 다섯 번 겸하고, 한꺼번에 네 가지 직임을 겸하기까지 하여 격무로 병을 얻어 63세에 죽었다. 저서로 『근사록석의 近思錄釋疑』와 『수몽집』이 있다. (한국민족문화대백과, 한국학중앙연구원)

2 난회(鸞回)의 종이 : 교지의 서체가 그지없이 아름다운 것을 뜻한다. 두보(杜甫)의 시에 "난회의 종이로 모친에게 고명이 내려지자, 맑은 조정에 제비도 찾아와 축하를 하네.[紫誥鸞廻紙 清朝燕賀人]"라는 구절이 있다. 『杜少陵詩集』 卷21 「奉賀陽城郡王太夫人恩命加鄧國太夫人」 (한국고전번역원)

3 등국(鄧國)에서 … 한다 : 미상.

4 형아(馨兒) : 영형아(寧馨兒)를 말하는데, 이는 진송(晉宋) 시대의 속어로, '이러한 아이'라는 감탄사로 쓰이는 말이다. 진(晉) 나라 때 왕연(王衍)이 어려서 매우 총명하고 풍채가 뛰어났는데, 일찍이 그가 총각이었을 때 산도(山濤)를 방문하자 산도는 그를 보고 한참 동안 감탄하더니, 떠나려 하자 또 눈여겨보면서 말하기를 "그 어떤 아낙네가 이러한 아이를 낳았단 말인가.[何物老嫗生寧馨兒]"라고 했던 데서 온 말이다. (한국고전번역원)

5 강어(姜魚) : 이십사효자(二十四孝子)의 한 사람인 강시(姜詩)의 고사를 말함. 강시의 어머니가 병이 들어 한 겨울에 잉어를 먹고 싶다고 하여, 강에 나아가 얼음 위에서 우니 잉어가 얼음 위로 뛰어 올라 어머니에게 드렸더니 병이 나았다는 고사이다.

도학(陶鶴)[6]도 또한 날아오니 효 또한 순수하였다.
한 묶음의 생추(生蒭)[7]를 내가 감히 올리랴?
맑은 영령은 정민(貞珉)[8]에 예쁘게 합하네.

鸞回紫誥寵光頻, 鄧國還應愧衛親.
已見馨兒揚盛秩, 從知壽母享長春.
姜魚躍出誠曾感, 陶鶴飛來孝亦純.
一束生蒭吾豈敢, 淑靈端合入貞珉.

6 도학(陶鶴) : 도간(陶侃)의 학이란 뜻으로 모친이 돌아간 것을 말한다. 『세설신어(世說新語)』「현원(賢媛)」에 "도간(陶侃)이 어머니 상을 당하여 묘소의 아래에 있었다. 어떤 두 사람이 찾아와 조문하고 곡(哭)하지 않은 채 떠났는데, 그 사람의 의복이 특이하여 보통 사람이 아니라는 것을 알 수 있었다. 도간이 사람을 보내어 뒤따라가 보도록 하였더니, 두 마리 학이 하늘로 날아가는 것만 보였다."라고 하였다. (한국고전번역원)

7 생추(生蒭) : 생추나 추생(蒭生)은 말먹이 꼴을 말함. 『시경』 소아(小雅) 「백구(白駒)」에 "흰 망아지 한 필 깊은 골짜기에 있는데 싱싱한 꼴 한 다발 먹이는 그 사람 구슬처럼 예쁘게 생겼구나." 하였는데, 어진 선비를 잘 대우한다는 말이다. (한국고전번역원)

8 정민(貞珉) : 굳고 고운 돌인데, 비석을 가리킨다.

又

행호군行護軍 이수광李睟光[1]

훌륭한 아들은 맑은 조정의 시종하는 신하요,
더욱 난옥들은 모두 잠신이 되었음을 본다.
살아있는 현인이 고양리에 있다고 세상에서 말하고,
덕을 쌓은 것은 맹모와 같다고 사람들이 일컫는다.
선도(仙桃)의 열매가 삼천 년에 한 번 익는다 하고,
훤위(萱闈)[2]는 나이 80에 세월은 길이 봄이네.
마음 아파하는 이날 성 서쪽의 길에는,
차가운 들에 눈물이 말라 눈 속의 새벽이로다.

令子清朝侍從臣, 更看蘭玉摠簪紳.
生賢世號高陽里, 積德人稱孟母隣.
桃實三千年始熟, 萱闈八十歲長春.
傷心此日城西路, 淚盡寒原雪裏晨.

1 이수광(李睟光) : 조선 중기의 문신 학자(1563~1628). 자는 윤경(潤卿). 호는 지봉(芝峯). 이조 판서를 지냈으며, 사신으로 여러 차례 명나라에 다녀오면서 천주교 지식과 서양 문물을 소개하여 실학 발전의 선구자가 되었다. 저서에 『지봉유설』, 『채신잡록(采薪雜錄)』 등이 있다.
2 훤위(萱闈) : 어머니가 계신 곳을 가리키는 말이는데, 어기서는 어머니를 뜻함.

又

행영천군수行榮川郡守 강연姜綖[1]

어려서부터 집안 끼리 통해온 지 오래되어,
당에 올라 축수하는 잔을 올렸었지.
무마해 주시는 것이 자신의 아들과 같이하고,
가르침을 받으니 마치 우리 어머니 같네.
두텁게 누림에 앞의 복은 없었고,
얼마 있다 격세의 슬픔에 한숨짓는다.
뜰에 마련한 빈소가 지금 적막하니,
슬피 울며 부르짖으며 상여를 보낸다.

自少通家久, 升堂奉壽巵.
撫磨猶己子, 承訓若吾慈.
厚享無前福, 俄嗟隔世悲.
庭闈今寂寞, 號痛送靈輀.

1 강연(姜綖) : 1552~1614. 조선 중기의 문신. 본관은 진주(晉州). 자는 정경(正卿), 호는 청천(菁川). 영숙(永叔)의 증손으로, 할아버지는 온(溫)이고, 아버지는 사필(士弼)이며, 어머니는 정윤수(鄭允壽)의 딸이다. 1590년(선조 23)에 증광문과에 병과로 급제, 1593년 봉교(奉敎)가 되었고, 그 뒤 정언·병조좌랑을 역임하였다. 1594년에 지평·헌납·필선(弼善), 1595년에 장령·겸문학(兼文學), 1599년에 사성(司成)·군기시정(軍器寺正)을 거쳐 집의(執義)가 되었다. 임진왜란 후 복구작업의 시급함을 들어 외방 수령직 가운데 비어 있는 곳은 경관(京官)으로써 우선해서 충원시킬 것을 건의하였다. 그뒤 사간·부교리·보덕(輔德)·좌부승지·우승지·좌승지를 거쳐 1603년에 공조참의가 되었다. 이듬해 인천부사, 1606년에 첨지중추부사, 1609년에 한성부판윤을 역임하였다.

又

호조참의戶曹參議 홍경신洪慶臣[1]

구구에 영을 더하는 것[2]은 세상에서 영화롭게 여기는데,
성은은 자주 전성으로 봉양하는 것을 허락하셨네.
가문이 창대한 것은 규범으로 말미암았고,
종사의 좋은 향내는 아낙의 정성이로다.
60여 명의 아손은 한 턱[3]으로 돌아가고,
두 세 명의 남자는 여러 영웅 가운데 으뜸이라.
무슨 연유로 장림의 손을 빌어다가,
돌에 새겨 천년토록 옛 산소를 빛낼까?

九九加零世所榮, 聖恩頻許養專城.

---

1 홍경신(洪慶臣) : 1557~1623. 조선 중기의 문신. 본관은 남양(南陽). 자는 덕공(德公), 호는 녹문(鹿門). 1589년(선조 22) 사마양시에 합격하고, 내수사별제로 재직중 1594년(선조 27) 별시문과에 병과로 급제, 이듬해 정자·예문관검열·부수찬·세자시강원 겸 사서·전적 등을 차례로 역임하였다. 1596년 정언이 된 뒤 부교리·교리·이조좌랑·지평·이조정랑을 거쳐, 1598년 응교가 되었다. 1600년 직강이 되었으며, 이어서 사인·필선·보덕을 거쳐 1603년 종부시정(宗簿寺正)·직제학·부제학이 되었고, 이듬해 부호군·상호군을 차례로 역임한 뒤 1605년에는 병조참의가 되었으며, 이듬해 천추사(千秋使)로 명나라에 다녀왔다. 1607년 좌부승지가 되었고, 1609년(광해군 1) 호조참의가 되었고, 이어 우승지·대사성·부평부사(富平府使)·병조참의 등을 거쳐, 1621년 좌승지·첨지중추부사에 이르렀다.

2 구구에 … 것 : 구구는 9×9로 82세를 말하고, 여기에 영을 더하는 것은 더 이상 좋은 것은 없다는 뜻으로 보인다.

3 한 턱 : 당(唐)나라 때 분양왕(汾陽王) 곽자의(郭子儀)가 오래 살고 자손이 많아 자손들이 인사를 올리면 누구인지 잘 알지 못하고 그저 턱을 끄덕거렸다는 고사에서 온 말로, 곽함(郭頷)이라고도 한다. (한국고전번역원)

家門昌大緣閨範, 宗祀馨香瞉婦誠,
六十兒孫歸一領, 二三男子冠諸英.
何由借得張林手, 銘石千秋耀古塋.

又

사헌부집의司憲府執義 이정혐李廷馦[1]

부드럽고 아름다운 맑은 덕은 세상에서 다투어 추중하고,
상을 들어 받들던 당년에 이미 아내의 도리를 다하였네.
슬하에 여러 봉황 같은 자제들을 길러 내었고,
뜰 앞에는 지란(芝蘭)[2]과 같은 뛰어난 자제들이 가득하네.
눈으로 세 솥[三釜][3]을 보니 영화로운 효를 드렸고,
마음으로 중천(重泉)을 그리워 하니 한이 맺혔네.
증손과 현손의 자녀들은 반백이 넘으니,
면면히 이어지는 경사는 더욱 기한이 없네.

柔嘉淑德世爭推, 擧案當年盡婦儀.
膝下養成群鸑鷟, 庭前秀茂滿蘭芝.
眼看三釜輸榮孝, 心戀重泉結恨悲.
子女曾玄過半百, 綿綿流慶益無期.

---

1 이정혐(李廷馦) : 1562년(명종 17)~미상. 본관은 경주(慶州). 자는 사훈(士薰), 호는 석천(石泉)이다. 증조부는 이거(李筥)이고, 조부는 이달준(李達遵)이고, 부친은 통훈대부(通訓大夫) 행 사직서령(行社稷署令) 이탕(李宕)이다. 1588년(선조 21) 무자(戊子) 식년시(式年試) 진사(進士) 3등 3위로 합격하였고, 1594년(선조 27) 갑오(甲午) 별시(別試) 병과(丙科) 6위로 합격하였다. 벼슬은 이조참판(吏曹參判)을 역임하였다.

2 난옥(蘭玉) : 훌륭한 자제를 뜻한다. 진(晉)나라 사안(謝安)이 자질(子姪)들에게 "어찌하여 사람들은 자기 자제가 출중하기를 바라는가?" 하고 묻자, 조카 사현(謝玄)이 "마치 지란(芝蘭)과 옥수(玉樹)가 자기 집 뜰에 자라기를 바라는 것과 같습니다." 한 데서 유래하였다. (한국고전번역원)

3 세 솥[三釜] : 삼정(삼정)과 같은 말로 밥을 먹을 때 고기를 요리하는 세 솥을 놓고 먹었다는 것으로 매우 부귀영화를 누리는 것을 뜻한다.

又

봉상시첨정奉常寺僉正 곽열郭說[1]

한 덕을 온전히 하는 것[2]의 기틀이니,
집안이 환히 빛남에 이기(頤期)[3]의 수명을 기약한다.
곤의는 이미 집안을 잘 다스릴 날이 드러났고,
태교는 비단을 끊을 때에 끝내 이루어졌네.
명복(命服)[4]은 환히 빛나는데 봉고를 받들고,
여러 아손들은 화목하여 종사(螽斯)[5]에 비교되네.
이생에서는 다시 당에 올라 절할 일 없으니,
만사를 지으며 난감하여 눈물만 흘리네.

一德能全五福基, 門闌燀赫壽頤期.
壼儀已著宜家日, 胎敎終成斷織時.

1 곽열(郭說) : 1548~1630. 본관은 청주(淸州)이고, 자(字)는 몽득(夢得)이며, 호(號)는 서포이다. 1601년(선조 34) 식년문과에 갑과로 급제하여 전적(典籍)을 지냈다. 외숙(外叔)인 김자점(金自點)이 권세를 남용하여 간(諫)하였으나 받아들이지 않자, 병을 핑계로 원주(原州)로 은퇴하였다. 이조판서에 추증되었다. (두산백과)

2 한 덕 … 하는 것 : 인(仁)을 말함. 인을 '전심덕(全心德)'이라 함.

3 이기(頤期) : 백 년의 수명을 누리면서 자손의 봉양을 받는 것을 뜻한다. 이기(頤期)는 기이(期頤)와 같다. 『예기(禮記)』 「곡례 상(曲禮上)」에 "백 년은 인간이 살 수 있는 최고의 수명이니, 자손들은 최대한으로 봉양해야 마땅하다.[百年曰期 頤]"라는 말이 나온다. (한국고전번역원)

4 명복(命服) : 높은 벼슬아치의 관복.

5 종사(螽斯) : 자손의 번창을 비유할 때 쓰는 표현이다. 『시경』 주남(周南) 「종사(螽斯)」에 "수많은 베짱이들 화목하게 모여들듯, 그대의 자손 또한 번성하리라.[螽斯羽 詵詵兮 宜爾子孫 振振兮]"라는 말이 나온다. 참고로 베짱이는 한 번에 99개의 알을 낳는다고 한다. (한국고전번역원)

命服煌煌承鳳誥, 諸孫緝緝比螽斯.

此生無復升堂拜, 題挽難堪涕自垂.

又

이조정랑吏曹正郞 채경선蔡慶先[1]

맑고 삼가는 아름다운 덕 멀리까지 전해져,
규방의 의범이 한 시대에 우뚝 높았네.
높은 풍도는 머리카락을 잘랐던 것과 같고,
뛰어난 범절은 돼지를 맛보는 것[2] 이었네.
오래사시는 것은 누구의 복을 받아서인가?
높이 봉해진 것은 나라의 은혜를 입었다네.
경사가 넘치는 것 하늘이라야 할 수 있으니,
훌륭한 자제들이 문안에 가득가득 하도다.

淑愼流徽遠, 閨儀一代尊.
高風邁截髮, 懿範繼嘗豚.
壽考膺疇福, 崇封戴國恩.
慶餘天可必, 蘭玉般盈門.

---

1 채경선(蔡慶先) : 1559~1610. 조선 중기의 문신. 본관은 평강(平康). 자는 자장(子長), 호는 죽촌(竹村). 1588년(선조 21) 진사시에 합격하였고, 1601년(선조 34) 식년문과에 병과로 급제하였다. 이조좌랑을 역임할 때 「명종실록」 편찬시 편수관을 맡았으며, 선조대에는 호조좌랑, 홍문관부수찬, 사헌부지평, 평안도 수검어사(搜檢御使), 사헌부지평, 이조좌랑, 홍문관교리, 이조정랑, 호조좌랑 등의 여러 요직을 역임하였다. 묘는 경기도 양주(楊州)에 있다. '號竹村'이란 원주가 있다.

2 돼지를 … 것 : 미상.

又

홍문관부수찬弘文館副修撰 목대흠睦大欽[1]

나무에 바람불어 흔들흔들 불기를 그치지 않으니,
무단히 슬픈 소식이 남쪽 바다에 이르렀네.
뛰어난 덕은 보통의 일이라는 것을 알지만,
귀한 것은 나이 80살이 넘도록 산 것이라네.
효자의 깊은 정성으로 더 바랄 것이 있겠지만,
저승에서는 꿈꾸는 것이 깨어있는 것 같다네.
인간의 경복은 응당 아울러 누리기 어려운데,
훌륭한 아들 집안에 가득가득 실컷 보이네.

風樹搖搖吹不停, 無端凶問到南溟.
從知懿德尋常事, 所貴平生八十齡.
孝子深誠如有望, 重泉爲夢若爲醒.
人間慶福應難並, 剩見芝蘭滿戶庭.

---

1 목대흠(睦大欽) : 1575～1638. 조선 중기의 문신. 본관은 사천(泗川). 자는 탕경(湯卿), 호는 다산(茶山) 또는 죽오(竹塢). 1601년(선조 34) 진사가 되고, 1605년 별시문과에 병과로 급제하였다. 1607년 성균관직강(成均館直講)·세자시강원(世子侍講院)을 거쳐 사가독서(賜暇讀書)하였다. 이어 부응교(副應敎)·집의(執義)를 거쳐, 1612년 광주목사(廣州牧使)를 지내고 공조참판·부승지 등을 역임하였다. 1624년(인조 2)이괄(李适)의 난이 일어나자 영의정 이원익(李元翼)의 종사관으로 종군하여 난을 평정하는 데 공을 세웠다. 1632년 예조참의가 되고 이듬해 강릉부사가 되었는데, 민심을 얻어 나중에 유애비(遺愛碑)가 세워졌다. 저서로는 『다산집(茶山集)』이 있다.

又

성균관전적成均館典籍 곽지선郭止善[1]

부자손으로 삼 세동안 친한 사귐 이어가니,
정이 깊어 사모하는 마음 더욱 이어지네.
당에 올랐던 일 어찌 집안끼리 알기 때문일까?
머리를 깎았던 어머니 은혜[2]를 보는 것 같았네.
증자와 만자건 같은 효성 사람들 이간질하지 못하고,
어질고 뛰어난 사람들 후손 중에 넉넉하네.
높은 벼슬과 좋은 관직 말해서 무엇하랴?
팔순이 넘은 나이에 몇이나 생존해 있나?

三世交親父子孫, 情深孾慕更連門.
升堂奚啻通家好, 剪髮常如視母恩,
曾閔孝恭人不[3]間, 雲仍賢俊裕後昆.
高官美爵何須說, 八袠餘年有幾存.

---

1 곽지선(郭止善) : 1553~? 자는 거이(居易)이며, 본관은 현풍(玄風)이다. 아버지는 곽율(郭慄)이고, 조부는 곽순충(郭純忠)이다. 1582년 (선조 15) 임오(壬午)년 식년시(式年試) 진사(進士) 3등(三等) 27위로 합격하였고, 1588년(선조 21) 무자(戊子)년 36세로 식년시(式年試)에서 병과(丙科) 6위로 합격하였다. 관직은 정랑(正郎) 등을 거쳤다.
2 머리를 … 은혜 : 도간의 어미가 머리칼을 잘라 주효(酒殽)를 마련해 주었던 고사를 말한다.
3 원래는 '不人'으로 되어 있으나 앞뒤 글자를 바꾸라는 표시가 되어 있다.

모당慕堂 홍이상洪履祥 선생에 대한

만사輓詞와 제문祭文

輓詞[1]

오성부원군鰲城府院君 이항복李恒福[2]

쇠년에 겨우 육순을 억지로 지났는데,
옛 친구 지금처럼 반쯤은 세상을 떠났네.
나는 한가함을 만나 도리어 위로하는 뜻을 갖는데,
그대가 먼저 세상을 떠나가니 더욱 슬프다.
동서로 나뉘어 강호의 흥을 차지했고,
풍월을 모두 읊조리는 젊은이가 되었네.
이 일은 인간세상에서 겸하여 아름답기 어려우니,
하늘이 두 마리가 나란히 날아가는 것을 싫어한다네.

衰年纔過六旬强, 舊友如今半在亡.
我偶得閑差慰意, 公[3]先去世益摧腸.
東西分点[4]江湖興, 風月俱爲嘯傲郞.
此事人間[5]難幷美, 天憎雙鳥對[6]翺翔.

---

1 여기에 수록된 모당에 대한 만사는 『풍산세승』에도 실려 있는데, 이것은 『만사 · 제문』에 수록된 것을 옮겨 적은 것으로 보인다.

2 이항복(李恒福) : 1556~1618. 조선 선조 때의 문신. 자는 자상(子常). 호는 동강(東岡), 백사(白沙), 필운(弼雲). 임진왜란 때 병조 판서로 활약했으며, 뒤에 벼슬이 영의정에 이르렀다. 광해군 때에 인목 대비 폐모론에 반대하다 북청(北靑)으로 유배되어 죽었다. 저서에 『백사집(白沙集)』, 『북천일기(北遷日記)』, 『사례훈몽(四禮訓蒙)』 따위가 있다.

3 『풍산세승(豊山世乘)』에는 '君'으로 되어 있다.

4 『풍산세승(豊山世乘)』에는 '占'으로 되어 있다.

5 원전에는 '間'으로 되어 있으나 『풍산세승』을 따라 '間'으로 고쳤다.

6 『풍산세승』에는 '雙'으로 되어 있다.

又

의정부영의정議政府領議政 기자헌奇自獻[1]

나이는 70에 가깝고 벼슬은 아경에 이르렀는데,
난파(鑾坡)와 봉액(鳳掖)[2]에서 일찍부터 재주를 드날렸네.
벼슬을 그만두고 만년에 은퇴하려는 뜻 이루고,
늙어 고향으로 돌아갔지만 대궐을 그리워하는 마음이 컸네.
향려에서 어른으로 높은 대접을 받는다고 이야기되더니,
문득 세상을 떠나 가성(佳城)[3]을 닫았다고 들었네.
전부터 덕을 쌓은 집안이라 경사가 넘쳐나고,
옥수(玉樹)와 지란(芝蘭) 같은 자제들이 더욱 이름을 떨치네.

壽近稀年秩亞卿, 鑾坡鳳掖早蜚英.
休官晩遂懸車志, 歸老猶多戀闕情.
見說鄕閭尊杖屨, 忽聞泉路閉佳城.
從來積德流餘慶, 玉樹芝蘭更擅名.

1 기자헌(奇自獻) : 조선 시대의 문신(1562~1624). 자는 사정(士靖). 호는 만전(晩全). 부제학 대사헌 영의정을 지냈고, 광해군을 즉위시키는 데 공헌하였으나, 영창 대군의 살해를 반대하다가 제주로 귀양을 갔다. 이괄(李 适)의 난 때 무고한 혐의를 받아 사사(賜死)되었다.

2 난파(鑾坡)와 봉액(鳳掖) : 난파는 곧 한림원 즉 예문관을 말하고, 봉액은 태자궁 즉 세자시강원을 말함.

3 가성(佳城) : 묘지의 별칭. 『西京雜記』 卷4에 옛날 등공(滕公)이 땅속에서 "답답했던 가성이 3천 년 만에 밝은 해를 본다.[佳城鬱鬱, 三千年見白日]"는 명문(銘文)이 새겨진 석곽(石槨)을 발견했다는 일화가 실려 있다.

又

영돈령부사領敦寧府事 심희수沈喜壽[1]

1

문장文章과 경술(經術)이 뛰어난 녹명(鹿鳴)의 손님,[2]
갑과 합격할 제 궁궐은 봄이 한창 이었네.
어느 곳에서 단아한 선비를 얻어 왔던가?
조정에 있는 사람들 훌륭한 사람이라 기뻐하였네.
오랫동안 대각에 올랐지만 도모한 것 바르고,
뒤늦게 방주(方洲)를 본받아 정화(政化)는 어질도다.[3]
순씨(荀氏)의 팔룡(八龍)에서 겨우 둘 모자라니,[4]

---

1 심희수(沈喜壽) : 1548~1622. 조선 중기의 문신. 본관은 청송(青松). 자는 백구(伯懼), 호는 일송(一松) 혹은 수뢰루인(水雷累人). 1572년 별시문과에 병과로 급제하여 승문원(承文院)에 보임되고, 1599년 예문관제학 · 예조판서를 거쳐 이조판서가 되고, 홍문관 · 예문관의 대제학을 겸하고서 안으로는 사명(辭命)을 장악하고 밖으로는 접빈(接賓)에 힘썼다. 좌찬성 · 우찬성 등을 거쳐 우의정에 올랐으며, 청백리(淸白吏)에 뽑혔다. 저서로는 『일송집』이 있다.

2 녹명(鹿鳴) : 본래는 『시경(詩經)』 소아(小雅)의 편명이다. 향시(鄕試) 창방 뒤에 지방관이 시관(試官)과 급제자들을 불러 연회를 베풀고 녹명(鹿鳴)의 시를 노래 부르게 하는 풍습이 있었는데, 이를 녹명연(鹿鳴宴)이라 하였다 한다. 여기에서는 홍이상이 생원, 진사시에 장원하여 임금이 불러보고 궁궐에서 잔치를 베풀어주었던 것을 말한다.

3 뒤늦게 …… 어질도다 : 방주(方洲)는 명나라 장녕(張寧)의 호. 그는 『방주집』 『方洲雜錄』이 있다. 그는 어진 정치를 하여 백성을 잘 교화하였는데, 여기에서는 홍이상이 뒤늦게 지방관으로 나갔지만 장녕처럼 어진 정치를 하였다는 말이다.

4 순씨(荀氏)의 …… 모자라니 : 여기서 순씨는 후한 때의 사람 순숙(荀淑)을 가리킨다. 자는 계화(季和). 행실이 뛰어났고 박학다식하였으며, 아들 여덟을 두었는데, 모두 재명(才名)이 있어서 당시

슬픔과 영화는 앞 뒤의 선비들 가운데 으뜸이로다.

詞章經術鹿鳴賓, 黃甲魁星玉殿春.
何處得來端雅士, 同朝甚喜善良人.
久登臺館[5]謨猷正, 晩躡[6]方洲[7]政化仁.
荀氏八龍纔減二, 衰榮前後[8]冠簪紳.

2

밝은 때를 만나 학사의 종장(宗匠)이 되었고,
경연에서 아룀에 기색이 조용조용하였네.
앞의 조정에서 총애를 받아 임금이 기쁜 얼굴로 맞이하고,
당대에서도 칭찬하여 써주신 임금의 글씨가 진하네.
봉상시에서 잠시 취하여 술을 맛보는 줄 알았는데,
도리어 건너편 성에서 즐겁게 종소리 울리는 것을 듣는다.
은혜가 깊어 선물을 보내어 온전해 생을 마쳤는데,
고양의 새로운 무덤은 의정 벼슬에 봉해졌네.

'순씨팔룡(荀氏八龍)'이라 불렸다고 한다. 여기에서는 홍이상의 여섯 아들이 모두 훌륭하다는 뜻으로 말하였다.

5 『풍산세승』에는 '閣'으로 되어 있다.

6 원전에는 '攝'으로 되어 있으나 『풍산세승』을 따라 '躡'으로 고쳤다.

7 원전에는 '州'로 되어 있으나 『풍산세승』을 따라 '洲'로 고쳤다.

8 『풍산세승』에는 '沒'로 되어 있다.

遭際明時學士宗, 講筵敷奏氣雍容.
先朝眷注[9]天顔悅, 當代褒嘉御墨濃.
暫醉奉常知味酒, 還聞長樂隔城鐘.
恩深歸賵全終始, 新壟高陽議政封.

3

행촌(杏村)[10]의 당일에 문생이 몇이나 되었던가?
성품이 민첩해도 배우기를 좋아하는 것 겸하기 어렵다네.
박약하는 공부는 깊지만 엽등하지 않았으니,
성현의 우뚝한 계단이 앞 길에 있었다네.
상평(尙平)처럼 시집 장가보내는 일 최근에 마쳤고,[11]
중장통(仲長統)의 원림(園林)은 앓은 뒤에 이루어졌네.[12]
달이 소미성(少微星)[13]을 범하니 조야가 통곡하고,

---

9 『풍산세승』에는 '遇'로 되어 있다.
10 행존(行村) : 홍이상의 스승인 민순(閔純)의 호.
11 상평(尙平)처럼 …… 마쳤고 : 상평은 후한(後漢) 때의 은사로 자가 자평(子平)인 상장(尙長)을 말하는데, 상장은 벼슬하지 않고 은거하면서 『노자』와 『주역』에 정통하였고, 늙어서 자녀들의 남혼 여가를 마치고 나서는 집안 일을 전혀 관여하지 않고 오악(五嶽)의 명산들을 두루 유람하였던 고사에서 온 말이다. 여기에서는 홍이상이 죽기 전에 자녀들의 혼사를 모두 마친 것을 말함.
12 중장통(仲長統)처럼 …… 깊었도다 : 본문의 중통(仲統)은 후한(後漢) 말의 명사 중장통(仲長統)을 말함. 그는 유명한 「낙지론(樂志論)」을 지었는데 벼슬로 부를 때마다 병을 핑계대곤 하였는데, 일찍이 그의 뜻을 밝히기를 "뒤에는 산이 있고 앞에는 시내를 굽어보는 곳, 도랑을 파 주위를 두르고 대숲이 에워싼 그곳이면 사체(四體)를 편히 쉬면서 우주 밖으로 나가 노닐 수가 있으니, 어찌 제왕의 문에 들어가는 것을 부러워하랴." 하였다. 여기에서는 홍이상이 벼슬길에서 물러나 고양의 산수를 즐기며 살았던 일을 가리킨다.

뜰에 가득한 훌륭한 자제들은 집안 이름을 떨쳤네.

杏村當日幾門生, 性敏難兼好學誠.
博約功[14]深無躐等, 聖賢堦堎有前程.
尙平婚嫁年來畢, 仲統園林病後[15]成.
月犯少微朝野慟,[16] 滿庭蘭玉振家聲.

4

성예(聲譽)에 대해 현관(賢關)[17]에서부터 실컷 들었고,
소매를 잡고 옥순반(玉筍班)[18] 때부터 종유하였네.
나보다 한 살 적지만 모두 백발이 되었는데,
그대와 헤어진 지 삼년에 또 청산으로 가네.
줄이 끊어져서[19] 성 밖으로 달려갈 길이 없는데,
현검(懸劍)[20]은 무슨 마음으로 인간세상에 있는가?

---

13 소미성(少微星) : 처사(處士)를 상징하는 성좌(星座) 이름이다.
14 『풍산세승』에는 '工'으로 되어 있다.
15 『풍산세승』에는 '沒'로 되어 있다.
16 『풍산세승』에는 '痛'으로 되어 있다.
17 현관(賢關) : 어진 이를 기르는 곳. 여기서는 성균관을 가리키는 듯하다.
18 옥순반(玉筍班) : 뛰어난 인물들이 많이 함께 모여 있는 것을 가리킨다.
19 줄이 끊어져서 : 거문고 줄이 끊어진 것을 말하는데, 친구가 죽은 것을 말함. 종자기가 백아가 죽은 뒤 거문고 줄을 끊은 데서 유래하였다.
20 현검(懸劍) : 옛날 오(吳)나라 계찰(季札)과 서군(徐君) 사이에 있었던 일이다. 계찰이 사신으로 가다가 서군에게 들렀는데, 서군이 계찰의 보검(寶劍)을 보고 갖고 싶어 하는 기색이 있었으므로,

생추(生芻)[21]를 대신 올림은 올리지 않은 것 같으니,
하물며 투암(投暗)[22]하였는데 제문이 돌아옴에랴?

飽聞聲譽自賢關, 執袂遊從玉筍班.
少我一年俱白髮, 別君三載又青山.
斷絃無路趨城外, 懸劒何心在世間.
替奠生芻如不奠, 況聞投暗祭文還.

돌아오는 길에 주려고 하니 이미 죽었다. 이에 계찰은 자신이 마음속에 했던 약속을 스스로 지키기 위해 그 칼을 서군의 무덤가에 걸어 놓았다. 한번 허락한 약속은 꼭 지키는 마음을 말한다. 『史記 卷31 吳太伯世家』

21 생추(生芻) : 베어낸 지 얼마 되지 않은 싱싱한 꼴. 『시경(詩經)』 소아(小雅) 「백구(白駒)」에 "생추 일속을 바치노니, 그 사람 옥 같도다." 한 데서 나온 말이다. 원래는 현인(賢人)을 떠나지 못하게 하기 위해 그가 타고 온 망아지에게 꼴을 먹인다는 뜻에서, 미박한 예물의 뜻으로 쓰였다. 후한(後漢) 때 곽태(郭太)의 모친상에 서치(徐穉)가 생추 일속을 부의한 일이 있었던 뒤로부터 미박한 부의의 뜻으로 전용되었다. ≪後漢書 徐穉傳≫(한국고전번역원, 임정기)

22 투암(投暗) : 밤에 길 가는 행인의 앞에다 명월주(明月珠)나 야광주(夜光珠)를 몰래 던져 주면 모두 칼에 손을 대면서 좌우를 두리번거릴 것이라는 '명주암투(明珠暗投)'의 고사가 있다. ≪史記 卷83 鄒陽列傳≫

又

해평부원군海平府院君 윤근수尹根壽[1]

궁전계단에서 여전(臚傳)[2]하여 장원임을 알리니,
붕새의 길 구만리를 드높이 내어달렸네.
이른 나이에는 가까이서 모시며 신하의 절개를 다하였고,
중년에는 날아올라 임금의 은혜를 입었도다.
고도(古都)에서 한가함을 빌려 바야흐로 청하였다가,
고향에서 병을 치료하다 문득 죽은 몸이 되었네.
아경에 화갑의 나이를 산 것 모두 적으니,
과거에 합격하는 일을 자손들에게 전하여 주네.

殿階臚傳報壯元, 鵬程九萬藹高騫.
早年昵侍輸臣節, 中歲飛騰荷主恩.
舊國丐閑方得請, 故園治疾遽游魂.
亞卿花甲俱嫌少, 科第相傳子若孫.

1 윤근수(尹根壽) : 본관 해평(海平). 자 자고(子固). 호 월정(月汀)·외암(畏菴). 시호 문정(文貞). 군자감정 변(忭)의 아들이며 두수(斗壽)의 아우이다. 1558년(명종 13) 별시문과에 병과로 급제, 주서(注書)·봉상시주부(奉常寺主簿)·연천현감을 지내고 1562년 부수찬으로 재직시 조광조(趙光祖)의 신원을 상소하였다가 과천현감으로 좌천, 이듬해 검교·병조좌랑·교리를 역임하고 1567년(명종 22) 호당(湖堂)에 사가독서(賜暇讀書)하였다. 형조판서·이조판서를 역임하고 이듬해 종계변무(宗系辨誣)의 공으로 광국공신 1등에 책록되고 해평부원군에 봉해졌다. 저서에 『월정집(月汀集)』『월정만필(月汀漫筆)』『조천록(朝天錄)』『사서토석(四書吐釋)』 등이 있다. (두산백과)

2 여전(臚傳) : 윗사람의 말을 전하는 일을 말하는데, 여창(臚唱)이라고도 한다. 참고로 홍려(鴻臚)는 중국 조정의 조하(朝賀)나 경조(慶弔)의 의식 때 그 의식의 진행을 맡은 관직이다.

又

의정부우의정議政府右議政 정창연鄭昌衍[1]

글 잘하는 아름다운 명망 세상에서 다투어 전하고,
임금께서 사랑하신 지가 지금 40년이 되었네.
과거에서 장원하실 때에 나도 그 아래를 차지하고,
이조에서 이름을 날릴 때 내가 그 앞에서 지냈네.
호당에서의 옛 자취가 모두 어제 일과 같은데,
송악에서 떠난 뒤로 영원히 생사가 나뉘었네.
흰머리로 슬퍼하는 마음 어디에서 위로를 받을까?
뜰 가득히 높은 벼슬아치 있어 가업을 빛내네.

圭章令望世爭傳, 親愛今垂四十年.
擢冠龍頭驚忝下, 歷敭銓席秕居前.
湖堂舊迹渾如昨, 松嶽行旌永隔泉.
白首悲懷何處慰, 滿庭簪笏耀青氈.

1 정창연(鄭昌衍) : 1552(명종 7)~1636(인조 14). 조선 중・후기의 문신. 본관은 동래(東萊). 자는 경진(景眞), 호는 수죽(水竹). 광필(光弼)의 증손으로, 할아버지는 복겸(福謙)이고, 아버지는 좌의정 유길(惟吉)이며, 어머니는 원계채(元繼蔡)의 딸이다. 1579년(선조 12) 식년문과에 을과로 급제하여 독서당(讀書堂)에 들어갔고, 이조좌랑을 거쳐 동부승지 등의 관직을 두루 역임하였다. 1614년(광해군 6) 우의정이 되고 이어 좌의정이 되어 기사(耆社)에 들고 궤장(几杖)을 받았다. (한국민족문화대백과, 한국학중앙연구원)

又

당흥부원군唐興府院君 홍진洪進[1]

빼어난 우리 공은 원래 짝이 없고,
인간세상에서 지냄에 부끄러움이 없네.
벼슬은 재상의 반열에 올라 이품과 나란하고,
나이는 70을 바라봄에 세 살이 모자라네.
서울의 검은 먼지가 어찌 오염시키겠는가?
전원의 즐거움이 탐구하기에 족하다네.
슬프다! 병들고 쇠하여 사립을 닫은 것,
상여를 맞이하지도 않아 눈물이 흐르네.

天挺吾公元不偶, 人間[2]俯仰可無慙.
官陞宰列齊儀兩, 壽望稀年缺畫三.
京洛緇塵那得染, 田園行樂足供探.
自憐疾衰柴門掩, 未逆靈輀有淚含.

1 홍진(洪進) : 1541(중종 36)~1616(광해군 8). 조선 중기의 문신. 본관은 남양(南陽). 자는 희고(希古). 호는 인재(訒齋)·퇴촌(退村). 1564년(명종 19) 사마시에 합격하고, 1570년(선조 3) 식년문과에 병과로 급제한 뒤, 정자가 되고 검열을 역임하였다. 1592년 임진왜란이 일어나자 호군으로 어가(御駕)를 호종하였다. 그리고 좌부승지에 오른 뒤 우승지·좌승지로 선조의 측근에서 뒷바라지를 하였다. 이후 동지중추부사·지춘추관사 겸 이조판서·예조판서·우참찬·지중추부사 등을 역임하였다. 저서로는 『퇴촌유고』가 있다. 시호는 단민(端敏)이다. (한국민족문화대백과, 한국학중앙연구원)

2 원전에는 '閒'으로 되어 있으나 『풍산세승』을 따라 '間'으로 고쳤다.

又

연원부원군延原府院君 이광정李光庭[1]

서울에서 최근에 원로들이 세상을 떠났는데,
우리 공도 돌아가시니 더욱 소매를 적시네.
풍류와 문아가 두 조정에서 가장 뛰어났고,
풀에 맺힌 이슬같은 생애는 꿈인양 허무하다.
세상에 빛나는 공명으로 영화가 열정에 이르고,
집안을 이은 아들은 경사가 마을에 자자하네.
흥겹게 가무를 하는 것[2] 지금 누가 관장하는가?
연기 낀 달도 처량하여 스스로 지나가는구나.

京國年來耆舊逝, 我公之去更沾裾.
風流文雅兩朝最, 薤露生涯一夢虛.
赫世功名榮列鼎, 持家胄胤慶充閭,
習池歌舞今誰管, 烟月凄凉只自如.

---

1 이광정(李光庭) : 조선 중기의 문신으로 본관은 연안(延安), 자는 덕휘(德輝), 호는 해고(海皐)이다. 정언을 지낸 이주(李澍)의 아들이다. 1573년(선조 6) 진사시에 합격하고 1590년(선조 23) 교관(教官)으로 있으면서 증광문과에 응시하여 병과로 급제하였다. 이후 정언(正言)·예조좌랑(禮曹佐郎)·병조좌랑·동부승지·이조참의·예조참의·병조참의·좌승지 등 정부의 요직을 두루 역임하고 대사성이 되었다.(두산백과)

2 습지(習池) : 습가지(習家池)의 준말이다. 진(晉)나라 산간(山簡)이 양양(襄陽)에 있을 때, 항상 그곳에 찾아가 만취(滿醉)했던 고사에서 유래하였다. 흥겨운 주연(酒宴)을 비유할 때의 표현으로 쓰게 되었다. (『世說新語』「任誕」)

又

진원부원군晉原府院君 유근柳根[1]

일찍이 유수가 되었을 적에 내 글을 구하며,
우리들이 모두 똑같은 장원이라고 말하였네.
벼슬이 차서 전원에 돌아간 것 오랜 계획이나,
몸이 한가함에 병이 든 것은 또 어떻게 말할까?
지란(芝蘭)과 옥수(玉樹) 같은 아손들 넘치는 경사가 이어지니,
관각(館閣)과 은대(銀臺)[2]에서 임금의 두터운 은혜를 입었다네.
함께 공부하던 친구들 가운데 지금 홀로 남아있어,
삭막한 거처에서 쓸쓸한 바람부니 마음 더욱 상하네.

曾爲留守索吾文, 謂是吾儕共狀元.
官滿歸田應宿計, 身閑嬰疾又何言.
芝蘭玉樹緜餘慶, 館閣銀臺被聖恩.
同學故人今獨在, 索居蕭颯倍傷魂.

---

1 유근(柳根) : 조선 중기의 문신(1549~1627). 자는 회부(晦夫). 호는 서경(西坰). 1578년 문장으로 겐소(玄蘇)라는 일본 중을 놀라게 했고, 임진왜란과 정유재란 때 임금을 모신 공으로 부원군이 되었으며, 벼슬은 대제학과 좌찬성에 올랐다. 저서에 『서경집』이 있다.

2 은대(銀臺) : 승정원의 별칭.

又

행병조판서行兵曹判書 박승종朴承宗[1]

1

울울한 고양(高陽)의 마을을,
당시에서 효제문이라 일컫네.
앞 시대에 훌륭한 선비가 많았는데,
금일에 몇 사람이나 남아 있는가?
삼사(三事)[2]를 끝내기를 기다리다가,
도리어 구원(九原)을 격하게 되니 마음 아프네.
사화(詞華)는 진실로 전아하였고,
학문은 연원(淵源)을 얻었도다.

鬱鬱高陽里, 時稱孝悌門,
先朝多士美, 今日幾人存.
佇待終三事, 翻傷隔九原.
詞華眞典雅, 學問得淵源.

1 박승종(朴承宗) : 조선 광해군 때의 문신(1562~1623). 자는 효백(孝伯). 호는 퇴우당(退憂堂). 벼슬이 좌의정, 영의정에 이르렀으며 1612년에 이이첨 일당이 인목 대비를 시해하려는 것을 제지하고 광해군 5년(1613)에 폐모론이 제기되자 이를 극력으로 반대하였다. 인조반정 후 손녀가 세자빈이 된 뒤 그의 일족이 권세를 누린 사실을 자책하여 자살하였다.

2 삼사(三事) : 여러 가지 의미로 쓰이는데, 여기서는 임금, 부친, 스승을 섬기는 일을 말하는 것으로 보임.

2

대각(臺閣)에서는 풍재(風裁)를 지녔었고,
경연(經筵)에서는 격언(格言)을 올렸었네.
대장기를 나누어 옥절(玉節)을 세웠고,
나라를 걱정하고 백성을 사랑했네.
조그마한 병에 일흔 살도 못살았지만,
슬픔과 영화 속에 2품의 존귀한 몸이 되었다.
생추(生蒭)[3]를 받았으니 슬프지는 않겠지만,
한 번 통곡함에 눈물이 두 줄기 흐르네.

臺閣持風裁, 經筵進格言.
分麾杖玉節, 憂國愛黎元.
微恙稀齡減, 哀榮二品尊,
生蒭不盡慟, 一慟淚双痕.

3 생추(生蒭) : 금방 벤 싱싱한 꼴을 말하는데, 현인에게 공양하는 예물에 비유한 말로 쓰인다. 『시경』 소아(小雅) 「백구(白駒)」에 "흰 망아지 한 필 깊은 골짜기에 있는데 싱싱한 꼴 한 다발 먹이는 그 사람 구슬처럼 예쁘게 생겼구나." 하였는데, 어진 선비를 잘 대우한다는 말이다.

又

문창부원군文昌府院君 유희분柳希奮[1]

높은 벼슬길에서 붕새가 날개치듯 우의(羽儀)를 이루었고,
두 조정의 성가(聲價)는 시구(蓍龜)[2]처럼 믿을 만하였네.
평생의 전아한 덕망은 사람들이 허물하지 못하고,
만년의 절개를 보인 속마음은 내가 홀로 아노라.
낭묘(廊廟)[3]에서 진언하지 않아 격식에 있는 의를 먼저 드리고,
강호에서 자주 얼굴 찡그리지만 근심스런 눈썹은 물리친다.
집에 전하는 훌륭한 자제들은 보고보아도 아름다워,
여경이 끝없이 이어져 영원히 칭송하는 말이 있으리.

雲路鵬摶作羽儀, 兩朝聲價愜蓍龜.
平生雅望人無間, 晩節襟期我獨知.
廊廟未陳先格義, 江湖頻蹙退憂眉.
傳家寶樹看看美, 餘慶緜緜永有辭.

---

1 유희분(柳希奮) : 조선 광해군 때의 권신(1564~1623). 자는 형백(亨伯). 호는 화남(華南). 선조 30년(1597)에 별시 문과에 급제한 후, 춘추관 편수관이 되어 임진왜란 때 소실된 역대 실록을 재간하였다. 그 후 인목 대비를 폐위하자는 주장이 관철되어 권력을 잡았으나 인조 반정으로 참형되었다.
2 시구(蓍龜) : 국가의 운명을 점칠 때 쓰이는 시초(蓍草)와 거북이 등껍질인 귀갑(龜甲)을 말함.
3 낭묘(廊廟) : 조정을 말함.

又

의정부좌찬성議政府左贊成 박홍구朴弘耈[1]

재주 있다는 이름이 장원방(壯元坊)에 크게 났는데,
이십년 전에 함께 옥당에 들어가 일했네.
같은 세상에서 사귀는 정 늘그막을 기약했는데,
마음 아프게 사람의 일이 존망으로 나뉘었네.
한평생 유아(儒雅)로 지내니 전배들의 칭찬을 들었고,
천재일우(千載一遇)의 만남 총애 받는 영광을 입었네.
슬프다! 옛날 놀던 일은 다시 잇기 어려우니,
송도에서 봄날 상을 맞대고 얘기하던 것 생각나네.

才名籍甚壯元坊, 二十年前共玉堂,
並世交情期晩暮, 傷心人事有存亡.
一生儒雅推前輩, 千載遭逢荷寵光.
惆悵舊遊難更續, 松都春日憶連床.

1 박홍구(朴弘耈) : 1552~1624. 초명은 박홍로(朴弘老)이다. 24세 때인 1576년(선조 9)에 진사 시에 합격하고, 30세 1582년(선조 15) 식년시(式年試) 갑과2(甲科2)에 합격하였다. 42세 때인 1594년(선조 27) 각도 군사 훈련을 권장하고 수령의 폐단을 막기 위해 암행 어사로 하삼도에 파견되었다. (문화콘텐츠닷컴 (문화원형 용어사전), 2012, 한국콘텐츠진흥원)

又

행이조판서行吏曹判書 한효순韓孝純[1]

함께 서울에서 노닐고 또 마음을 알았는데,
소리가 아양(峨洋)[2]에 들어 깊이 마음에 맞았네.
젊은 시절 뛰어난 재주 남들이 미치기 어려워,
늘그막에 돌아가 사니 다투어 흠모하였네.
벼슬은 높은 지위에 올라 금빛 휘장이 번적이고,
가업은 어진 아들에게 전하여 옥수가 우뚝하네.
슬프다! 내가 저승의 사람은 되기 어렵고,
이승에서도 좇아가 따를 길이 없구나.

同遊京輦又知心, 聲入峨洋托契深.
妙歲蜚英人莫及, 暮年歸老世爭欽.
官登峻秩金章煥, 業授賢郎玉樹森.
惆悵九原難可作, 此生無路更追尋.

1 한효순(韓孝純) : 조선 중기의 문신(1543~1621). 자는 면숙(勉叔). 호는 월탄(月灘). 임진왜란 때 왜군을 격파하고 경상좌도 관찰사에 올라 군량미를 조달하는 데 공을 세웠다. 광해군 때 인목대비의 폐모론(廢母論)을 발의하고 이를 반대하는 무리들을 유배시켰다.

2 아양(峨洋) : 지음(知音)과 같은 말. 거문고의 명인인 백아(伯牙)가 높은 고산(高山)을 염두에 두고 연주하자 종자기(鍾子期)가 "아아(峩峩)하여 태산과 같다."고 하였고, 유수(流水)에 뜻을 두고 연주하자 다시 "양양(洋洋)하여 강하와 같다."고 했다는 고사에서 유래한 것이다. 『列子 湯問』

又[1]

행호조판서行戶曹判書 이정구李廷龜

1

모범스런 높은 이름은 포의 때부터 있었고,
장원의 성가는 대궐을 진동시켰었지.
아량이 이험에 있어 같다는 것을 진작 알았다면,[2]
바야흐로 위험한 길에서도 시비를 면할 줄 믿겠다.[3]
두 대[4]에서 만난 것 나라 역사에 남아 있고,
모년의 심사는 교외의 문에 가려지네.
인생 백세에 누군들 죽지 않으랴?
우리 친구 돌아갈 바로 간 것을 매우 부러워한다.

模範高名自布衣, 壯元聲價動宸闈.
早知雅量同夷險, 方信危途免是非.
兩代遭逢留國乘, 暮年心事掩郊扉.

1 이 시는 李廷龜의 『月沙集』 권17 倦應錄 中에 「挽洪留守君瑞二首」라는 제목으로 수록되어 있다. 원전에는 첫 번째 시만 있고, 그 끝에 또 한 수는 아래에 있다는 주가 있으며, 다른 시가 모두 끝나는 지점에 한 수 더 수록해 놓았다.
2 이험(夷險)에 …… 알았고 : 이험은 편안할 때와 험난할 때이다. 국가가 어려울 때에도 지조를 바꾸지 않고 국사(國事)에 진력하였음을 뜻한다.
3 위태로운 …… 믿겠소 : 이제 죽음으로써 비로소 환로(宦路)의 시비에서 벗어날 수 있게 되었다는 뜻이다.
4 양대(兩代) : 선조(宣祖)와 광해군 두 임금을 가리킨다.

人生百歲誰無死, 深羡吾君得所歸.

2

경술과 문장으로 일찍부터 출세하였고,
조용한 풍도는 벼슬아치 가운데에서도 빛났다.
당시의 진퇴는 맑은 의론에 관계있으니,
다른 날의 논사는 옛 신하를 그리워하네.
경기에서 보좌하여 삼년의 교화를 남기고,
강호에서는 겨우 일년의 봄을 지냈네.[5]
새벽별 묵은 풀[6]에서 교유를 다하니,
눈 속 외로운 집에서 눈물이 수건을 적시네.

經術詞華早致身, 雍容風裁映簪紳.
當時進退關淸議, 他日論思憶舊臣.
畿輔謾留三載化, 江湖纔卜一年春.
晨星宿草交遊盡, 雪裏孤齋淚滿巾.

5 기보(畿輔)에서 …… 보냈어라 : 홍이상(洪履祥)이 개성 유수로 3년 있다가 벼슬길에서 물러난 지 한 해 만에 죽었으므로 한 말이다.

6 새벽 별 묵은 풀 : 새벽 별은 당(唐)나라 유우석(劉禹錫)의 「송장관부거 서(送張盥赴擧序)」에 "내가 불행하여 예전에 이른바 동년(同年)의 벗들이 한창 시절에는 말고삐를 나란히 잡고 큰 거리를 병풍처럼 막고 다녔는데 지금은 드문드문하여 마치 새벽 별이 서로 바라보는 것과 같다." 한 데서 온 말이고, 묵은 풀은 『예기(禮記)』「단궁 상(檀弓上)」에 "붕우의 무덤에 해묵은 풀이 있으면 곡(哭)하지 않는다." 한 데서 온 말이다.

又

행공조판서行工曹判書 이상의李尙毅[1]

경월(卿月)[2]은 차가운 채색 속으로 가라 앉았고,
문성은 새벽 노을 가운데 숨어버렸네.
이 사람이 이 지경에 이르렀으니,
우리 도는 이제 어떻게 하여야 하나?
만년의 절개는 높은 풍도 우뚝하고,
맑은 때에 아름다운 평가 많이 들린다.
뜰의 난초가 넉넉하게 향기를 풍기니,
그 집안 대대로 빛내기에 족하다네.

卿月沈寒彩, 文星隱曉霞.

1 이상의(李尙毅) : 1560~1624. 조선의 문신. 자는 이원(而遠), 호는 소릉(少陵)·오호(五湖)·서산(西山)·파릉(巴陵), 시호는 익헌(翼獻). 본관은 여주(驪州). 사재감 첨정(司宰監僉正) 우인(友仁)의 아들. 한성(漢城) 출생. 1585년(선조 18) 사마시(司馬試)에 합격, 이듬해 문과(文科)에 급제한 이래 여러 벼슬을 거쳐 1608년(선조 41) 이조판서에 올랐다. 이해 광해군이 즉위하자 형조 판서에 전임, 공조판서·세자이사(世子貳師)·판의금부사(判義禁府使)를 지내고 1613년 앞서 임진왜란 때 광해군을 호위한 공으로 위성 공신(衛聖功臣)이 되어 여흥 부원군(驪興府院君)에 봉해졌으며, 1618년(광해군 10) 좌찬성(左贊成)에 이르렀다. 1623년 인조반정(仁祖反正)으로 훈공이 삭탈되고 1품계가 강등, 지중추 부사(知中樞府事)가 되었으며 글씨에도 뛰어났다. (인명사전, 2002.1.10, 민중서관)

2 경월(卿月) : 관경(官卿)의 달을 말함. 『서경』「주관」에 의하면, 육경(六卿)의 분직(分職)이 천관경(天官卿) 총재(冢宰), 지관경(地官卿) 사도(司徒), 춘관경(春官卿) 종백(宗伯), 하관경(夏官卿) 사마(司馬), 추관경(秋官卿) 사구(司寇), 동관경(冬官卿) 사공(司空)으로 이루어져 있다고 하였다. 여기에서는 홍이상이 판서의 벼슬을 하였음을 말한 것이다.

斯人至於此, 吾道竟如何.

晩節高風遠, 淸時令聞多.

庭蘭餘馥郁, 足以世其家.

又

행한성부판윤行漢城府判尹 이준李準[1]

광악을 오롯이 품부받아 밝은 때에 응하니,
일찍이 섬궁의 첫 번째 가지를 꺾었다네.
사우들이 당년에 따라 배우는 것 일삼고,
공명은 만년에 이정에 새길 만하였네.
송도에 사랑을 쏟아 백성들 살게 되었고,
세상에 빛나는 기틀을 마련하고 복록을 드리웠네.
큰 집이 지금부터 기둥을 잃게 되었으니,
그대를 위해 울지 않으면 누구를 위해 울리?

稟專光岳應明時，曾折蟾宮第一枝.
師友當年事從學，功名晩歲可銘彛.
舊都遺愛黔黎活，奕世貽基福祿垂.
大廈從今失棟梁，哭君非爲哭吾私.[2]

---

1 이준(李準) : 1545~1624. 본관 전주(全州). 자 평숙(平叔). 호 뇌진자(懶眞子)·서파(西坡). 시호 숙헌(肅憲). 1568년(선조 1) 증광문과에 병과로 급제, 주서(注書)·정언(正言)·헌납(獻納)·의주목사(義州牧使) 등을 거쳐 1589년 정여립(鄭汝立)의 모반을 다스리는 데 공을 세워 1590년 평난공신(平難功臣) 2등으로 전성군(全城君)에 봉해졌다. 한성부좌윤(漢城府左尹)·춘천부사(春川府使)·예조참판·병조참판을 거쳐 1600년 대사간 때 홍여순(洪汝諄) 일파라 하여 한때 파직되었다. 후에 안동부사(安東府使)·경주부윤(慶州府尹) 등을 거쳐 광해군 때 좌참찬·형조판서·공조판서를 지내고 1615년(광해군 7) 개성부유수(開城府留守), 이조판서에 올랐으나 대북(大北)의 난정(亂政)으로 은퇴했다. (두산백과)

2 『소식문집(蘇軾文集)』 권63 「제구양문충공문(祭歐陽文忠公文)」에 "위로는 천하를 위해 슬퍼하고

又

판돈령부사判敦寧府事 민몽룡閔夢龍[1]

지위가 경에 이르러도 덕에 걸맞는 것이 아니니,
남은 경사가 바야흐로 지금 사람에게 머물리라.
옛 집에는 살던 사람이 떠나가고 없지만,
뜰에는 가득하게 회나무가 그림자를 드리우리라.[2]

位卿非滿德, 餘慶定留今.
故宅人雖去, 滿庭槐尙陰.

아래로는 내 사사로운 일로 곡한다.[蓋上以爲天下慟 而下以哭吾私]" 하였다.

1 민몽룡(閔夢龍) : 1550~1618. 조선 중기 선조, 광해군 때의 문신. 본관 여흥(驪興). 자 치운(致雲). 호 운와(雲窩). 1584년(선조 17) 친시문과(親試文科)에 병과로 급제하여 검열(檢閱)에 등용되고, 1593년 장령(掌令)이 되었다. 이어서 병조참지(兵曹參知)·예조참의·호조참판·대사간 등을 지내고, 1606년(선조 39)에는 예조판서로서 진주사(陳奏使)가 되어 명나라에 다녀왔다. 1611년(광해군 3) 경기도관찰사·좌참찬 등을 역임한 뒤 이조판서와 우의정 등에 임명되었으나 부임하지 않았다. 광해군의 폐모론(廢母論)에 적극 찬동하여, 인조반정(仁祖反正) 후 관직이 추삭(追削)되었다. (두산백과)

2 이 두 구절은 고인의 덕으로 자손들이 높은 벼슬을 할 것이라는 말이다. 회나무는 높은 벼슬을 가리키는 말이다.

又

행경기관찰사行京畿觀察使 노직盧稷[1]

한 번 송경에서 헤어진 뒤 오래 되어,
삼년 동안 홀로 지내면서 슬퍼하네.
돌아온 뒤 아직도 받들지 못했는데,
어찌 그리도 빨리 돌아가셨는지요?
문을 여니 걸려 있는 상탑(牀榻)[2]이 슬프니,
거문고를 안고 줄이 끊어짐[3]에 탄식하네.
모름지기 적선의 효과를 알 수 있으니,
세상에 남아 있는 여섯 아이 어질도다.

一別松京久, 三年獨悵然.
歸來猶未奉, 永逝遽何遄.
開戶悲懸榻, 抱琴嘆絶絃.
須知積善效, 在世六兒賢.

---

1 노직(盧稷) : 1545~1618. 본관은 교하(交河). 자는 사형(士馨). 1570년(선조 3) 생원(生員)이 되고, 1584년 별시문과(別試文科)에 병과로 급제, 검열(檢閱)을 지냈다. 글씨에 뛰어나 선조에게 발탁되어 승정원주서(承政院注書)로 전직하였다. 이어서 여러 청환직(淸宦職)을 역임하고, 1592년 임진왜란 때는 병조참판으로 선조를 호종하였으며, 1597년 정유재란 때는 접반부사(接伴副使)로 명(明)나라 군사를 맞아 병사(兵事)를 논의하기도 하였다. 그 후 부제학(副提學), 병조판서를 거쳐 중추부판사가 되었다. 특히 예서(隸書)와 전서(篆書) 등의 글씨를 잘 썼다. (두산백과)

2 걸려 있는 상탑(牀榻) : 진번(陳蕃)이 예장 태수(豫章太守)로 있을 적에 다른 빈객은 맞지 않고 오직 서치(徐穉)만을 위해서 특별히 전용 걸상 하나를 준비해 두고는, 서치가 와서 환담을 하고 떠나면 다시 위에 올려놓았다고 한다. (『後漢書』 권53 「徐穉列傳」)

3 줄이 끊어짐 : 벗이 죽음을 말함. 백아가 자신을 알아주는 종자기가 죽으니 거문고 줄을 끊고 다시는 연주하지 않았다고 한다.

又

길창군吉昌君 권협權悏[1]

천재일우의 만남으로 총애와 영광이 넉넉하였고,
난파(鑾坡)[2]에서의 재주와 명망은 제일가는 부류였네.
청의(淸議)를 함께 올려 부지런히 임금의 뜻을 열었더니,
임금의 마음은 바야흐로 아뢰는 바에 의지했네.
몸은 남다른 지위를 겸하여 시종을 온전히 했고,
장수하고 또 아들이 많아 욕됨과 근심이 없네.
마음 속 깊이 계를 맺은 흰머리 옛 동료[3]가 남아,
울며 차가운 산을 향하여 눈물을 거두지 못하네.

遭逢千載寵光優, 才望鑾坡第一流.
淸議共推勤啓沃, 聖心方倚告謨猷.
身兼異秩全終始. 壽又多男絶辱憂,
白首故僚深契在, 哭向寒山淚未收.

1 권협(權悏) :1553~1618. 본관 안동. 자 사성(思省). 호 석당(石塘). 시호 충정(忠貞). 동지중추부사 상(常)의 아들. 1577년(선조 10) 알성문과(謁聖文科)에 응시하여 을과로 급제, 승문원(承文院)·춘추관(春秋館)의 벼슬을 거쳐 1592년 임진왜란 때 장령(掌令)으로 서울의 사수(死守)를 주장하였다. 1597년 예문관응교(藝文館應敎)로 있을 때 정유재란이 일어나자, 고급사(告急使)로 임명되어 명나라에 가서 원병을 끌어들이는 데 성공하였다. 귀국 후 호조참의에 오르고, 1604년 선무공신(宣武功臣) 3등으로 길창군(吉昌君)에 봉해졌다. 1607년 예조판서에 임명되었으며, 광해군 때에는 관직을 버리고 두문불출하였다.

2 난파(鑾坡) : 한림원(翰林院) 학사원(學士院)의 아칭. 당 나라 때에 한림원이 금란전(金鑾殿)에 있었고, 한림학사(翰林學士)가 금란전(金鑾殿)에 거처하였으므로 한림원(翰林院)을 난파(鑾坡)라 한다. 난파를 금란파(金鑾坡) 혹은 금파(金坡)라고도 한다.

3 흰머리 옛 동료 : 작자가 자기 자신을 일컫은 말.

又

진흥군晋興君 강신姜紳[1]

조정의 끝에 고니가 선 듯 제일가는 사람이 되었고,
옥당(玉堂)과 금마문(金馬門)에서 옛날 글 짓는 신하였네.
지위가 덕에 차지 않은 것 모두 명으로 말미암았고,
나이가 칠십도 안됐으니 누가 하늘을 어질다 하랴?
술동이 놓고 웃으며 이야기하던 일 모두 꿈만 같고,
부휴(浮休)[2]한 세상일은 이미 먼지가 되어 버렸네.
순가(荀家)의 집안처럼 복록은 응당 끝이 없을 것이니,
눈에 가득한 아손들은 모두 보배를 깔고 앉았네.

鵠立朝端第一人, 玉堂金馬舊詞臣.
位非滿德皆由命, 壽欠稀年孰謂仁.
樽酒笑談渾似夢, 浮休世事已成塵.
荀家福祿應無艾, 滿眼兒孫摠席珍.

1 강신(姜紳) : 조선 시대의 문신(1543~ 1615). 자는 원경(遠卿) 면경(勉卿). 호는 동고(東皐). 정여립의 난을 평정하고, 임진왜란 때는 함경도 순찰사 등을 지내면서 큰 공을 세웠다. 저서에 『진흥군일기(晋興君日記)』가 있다.

2 부휴(浮休) : 잠시 이 세상에 왔다가 금세 떠나가야만 하는 무상한 인생을 비유한 말로, 『장자』 각의(刻意)의 "삶이란 물 위에 떠 있는 거품과 같고, 죽음이란 그 거품이 꺼지는 것과 같다.[其生若浮 其死若休]"라는 말에서 유래한 것이다. (한국고전번역원)

又[1]

행의정부우참찬行議政府右參贊 이경전李慶全[2]

선인(先人)[3]이 의로 사귄 것 어찌 아무 뜻이 없었으랴?
전사(銓司)[4]에서 붓을 잡았던 어진 이를 기억하노라.
두 조정의 경악(經幄)에서 아중(雅重)하다고 추증하고,
의론이 중년의 나이에는 가장 공의 편에 있었네.
휑하니 먼지 바람처럼 지나가니 온통 꿈만 같고,
유유히 만나고 헤어짐에 또 몇 년이나 지났던가?
슬프다! 우리 학문이 적막하게 바뀌어 버린 것,
행옹(杏翁)[5]의 문과 거리에 풀만이 우거졌도다.

---

1 이시는 이경전(李慶全)의 문집인 『石樓遺稿』 卷3에 「洪留守挽」이란 제목으로 실려 있다.

2 이경전(李慶全) : 1567~1644. 본관 한산(韓山). 자 중집(仲集). 호 석루(石樓). 1585년(선조 18) 진사(進士)가 되고 1590년 증광문과에 병과로 급제, 이듬해 사가독서(賜暇讀書)를 했다. 1596년 예조좌랑·병조좌랑을 지내고 1608년 정인홍(鄭仁弘) 등과 함께 영창대군(永昌大君)의 옹립을 꾀하는 소북(小北)의 유영경(柳永慶)을 탄핵하다가 강계(江界)에 안치되었다. 같은 해 광해군이 즉위하자 풀려나와 충청도(忠淸道)와 전라도 관찰사를 지내고 1618년(광해군 10) 좌참찬(左參贊)에 올랐다. 1623년 인조반정이 일어나자 서인(西人)들에게 아첨하여 생명을 보전하고 주청사(奏請使)로 명나라에 가서 인조의 책봉을 요청했다. 곧 한평부원군(韓平府院君)에 진봉(進封)되고 1637년(인조 15) 삼전도(三田渡)의 비문(碑文) 작성의 명을 받았으나 병을 빙자하고 거절했으며 1640년 형조판서를 지냈다. 문필에도 명성이 높았다. 문집에 『석루유고』가 있다. (두산백과)

3 선인(先人) : 작자인 이경전의 부친 아계 이산해를 말함.

4 전사(銓司) : 전조(銓曹)라고도 함. 인사를 담당하던 이조와 병조를 아울러 이르는 말.

5 행옹(杏翁) : 행촌(杏村) 민순(閔純)을 말함. 민순의 본관 여흥. 자 경초(景初). 호 행촌(杏村)·습정(習靜). 서경덕(徐敬德)의 문인. 1568년(선조 1) 효행으로 효릉참봉(孝陵參奉)을 지내고 토산현감(兎山縣監)을 거쳐 수안군수(遂安郡守) 때 사퇴, 고향에 내려가 후진양성과 학문에 힘썼다. 1575년 인순왕후(仁順王后)의 상을 당하였을 때 오모흑대(烏帽黑帶)의 상복에 반대하고, 송나라 효종의 백모삼년(白帽三年)의 제도를 선조에게 건의, 이를 따르게 하였다. 이것이 물의를 빚어, 그

先人分義豈徒然, 記得銓司秉筆賢.
經幄兩朝推雅重,[6] 議論中歲[7]最公便.
風埃草草渾如夢, 離合悠悠又幾年.
怊悵斯文轉寂寞, 杏翁門巷草芊芊.

해 6월 다시 사직하고 고향으로 돌아갔다. 그 뒤 연안·성천의 부사, 공조정랑 등이 제수되었으나 모두 사퇴하였다. 개성 화곡서원(花谷書院)에 제향되었으며, 문집 『행촌집』이 전한다. (두산백과)

6 『풍산세승(豊山世乘)』에는 '雅重'이 '第一'로 되어 있다.

7 『풍산세승』에는 '歲'가 '世'로 되어 있다.

又

해창군海昌君 윤방尹昉[1]

요즈음의 이름난 학자 습정재(習靜齋)[2]는,
학문이 조화옹의 영역을 넘본다네.
문하에는 훌륭한 사람들이 넘치니,
공은 이에 홀로 세상에서 뛰어났다네.
커다란 도를 일찍부터 들어 알았고,
조예는 실로 뛰어나고도 우뚝하였네.
현량과(賢良科)[3]에서는 장원을 차지 하였고,
옥서(玉署)[4]에서는 임금을 가까이에서 모셨네.
벼슬이 높아갈수록 마음은 점점 적어졌고,
시절이 위태했으나 도를 굽히지 않았네.
조정에서 벼슬한 지 사십년 동안에,

---

1 윤방(尹昉) : 1563~1640. 조선 중기의 문신. 본관은 해평(海平). 자는 가회(可晦), 호는 치천(稚川). 1582년(선조 15) 진사가 되고 1588년 식년문과에 병과로 급제, 승문원정자에 임명되고 이어 예문관검열 겸 춘추관기사관을 거쳐 봉교·예조좌랑이 되었다.1623년 인조반정 후 예조판서로 등용되고, 이어 우참판으로 판의금부사를 겸하다가 곧 우의정에 올랐다.다시 좌의정으로 있을 때 이괄(李适)의 난이 일어나자 이를 진압, 민심 수습에 공헌했으며, 1627년(인조 5) 영의정이 되었다. 그 해 정묘호란이 일어나자 인조의 피난을 주장해 강화에 호종했고, 영의정에서 물러나 판중추부사를 역임한 후 1631년 다시 영의정이 되었다. 시호는 문익(文翼)이다. (한국민족문화대백과, 한국학중앙연구원)

2 습정재(習靜齋) : 모당 홍이상의 스승인 민순(閔純)의 호이다.

3 현량과(賢良科) : 본래는 조광조가 새로운 인재를 등용하기 위해 실시한 과거 이름이지만, 여기서는 작자가 당대에 행해진 과거를 일컫는 말로 사용하였다.

4 옥서(玉署) : 옥당과 같은 말로 홍문관을 말한다.

기본이 되는 행실을 조금도 잃지 않았네.
명예와 명망이 한 때에 높이 드러나,
높은 벼슬아치들이 모범으로 삼았네.
어버이를 모심에 정성을 다 하여서,
늘상 부모님의 마음을 기쁘게 했네.
선비를 사랑하기를 모자란 듯이 하고,
선비를 만남에 기갈이 든 것처럼 하였네.
고향 땅으로 한 번 돌아간 뒤로는,
세상에 대한 마음 점점 없어졌다네.
고양에다 초가집을 한 채 지어놓고,
그곳에서 여생을 마치리라 맹세했다네.
어찌 알았으랴? 문득 해가 바뀌면서,
이렇게 돌아가실 날이 가까웠음을.
아손들은 뜨락에서 가득히 울부짖고,
친구들은 문에 이르러 영결을 하네.
하물며 나는 일찍부터 통혼한 집으로,
침통한 마음이 진실로 뼈에 사무치네.
공은 웃음을 머금고 구천으로 갈 것이니,
어찌 한을 안고 돌아갈 일이 있으랴?
내가 시로 어찌 더 자세히 쓸 수 있으랴?
공에 대해서는 비슷하게 쓸 수 없도다.

近時習靜齋, 學窺造化窟.
門下多其人, 公乃獨超越.
得聞大道早, 造詣實卓絶.
賢科作狀元, 玉署侍密勿.

官高心轉少, 時危道不詘.
立朝四十秋, 素行無少闕.
譽望著一時, 縉紳取爲律.
奉親極吾誠, 常得親心悅.
愛士如不及, 遇之逾饑渴.
故國一歸來, 世情漸消歇.
高陽一茅宇, 誓將餘生訖.
何知率易年, 迫此易簀月.
兒孫滿庭號, 親舊踵門訣.
況吾夙通家, 沈慟情至骨.
公應含笑歸, 寧有抱恨沒.
吾詩安能詳, 於公莫髣髴.

又[1]

지돈령부사知敦寧府事 김상용金尙容[2]

장원의 성예(聲譽)와 명망을 밝은 조정에 떨치고,
청직(淸職)과 화직(華職)을 역임하고 아경에 이르렀네.
시속(時俗)에서 어찌 큰 선비를 용납할 수 있으랴?
벼슬이 끝내 높은 이름에 걸맞지 않았네.
한평생의 세상일이 부질없이 지나가니,
만년에 전원에 살려는 계획 이루지 못했네.
친구들이 요즈음 영락하여 모두 죽으니,
늘그막에 어느 곳에서 남은 인생 의지하나?

龍頭聲望振明庭, 敭歷淸華到亞卿.
流俗豈能容大雅, 官資終不稱高名.
百年世事粱初熟, 晩歲郊扉計未成.
知舊向來零落盡, 暮途何處托餘生.

1 이 시는 김상용의 문집인 『苔泉集』 卷6에 「輓詞」라는 제하에 실려 있다.

2 김상용(金尙容) : 조선 중기의 문신(1561~1637). 자는 경택(景擇). 호는 선원(仙源). 인조반정 후에 대사헌, 형조 판서, 우의정을 지냈다. 병자호란 때 왕족을 호종하고 강화로 피난했다가 이듬해 강화성이 함락되자 자살하였다. 작품에 <오륜가(五倫歌)> 5편, <훈계자손가(訓戒子孫歌)> 9편 따위가 있다.

又

지중추부사知中樞府事 이시언李時彦[1]

벼슬은 2품에 이르고 여섯 아들이 있는데,
나이도 칠십에 이른 것은 세상에 드무네.
돌아가 천대(泉臺)에 누웠으니 족하기는 하지만,
늙은 사람이 절로 눈물 흘려 옷을 적시네.

官資二品六男兒, 七十年齡世並稀.
歸臥泉臺非不足, 老夫猶自淚沾衣.

1 이시언(李時彦) : 1535~1628. 본관은 전주(全州), 자는 군미(君美), 호는 추천(秋泉)이다. 1576년(선조 9) 식년문과에 갑과로 급제하였으며 1585년(선조 18) 사헌부 지평을 거쳐 평산부사로 부임하였다. 1607년(선조 40) 한성부 판윤에 임명되었고 1608년(광해군 원년) 대사헌이 되었으며 1611년(광해군 3) 형조판서를 지냈다. 이듬해 개성부 유수가 되었고 1618년(광해군 10) 부호군을 역임하였다. 1623년(인조 원년) 좌참찬과 우참찬을 지냈다. 이듬해 오윤겸(吳允謙)의 적극적인 추천을 받아 우찬성에 올랐고 이어서 판중추부사가 되었다. (두산백과)

又

광성군光城君 정사호鄭賜湖[1]

따듯한 호련(瑚璉)[2]의 그릇으로,
큰 재주는 넉넉하게 빛났네.
일찍부터 성리서로 드러났고,
영화(榮華)가 환하게 빛났다네.
황갑(黃甲)[3]으로 괴성(魁星)이 빛났고,
치예(馳譽)는 청구방(靑邱坊)에 드러났네.
청쇄문(靑鎖門)[4]에서 비영(蜚英)[5]을 발휘했고,
채봉(彩鳳)이 아침 햇살에 빛나네.

---

1 정사호(鄭賜湖) : 1553~?. 본관 광주(光州). 자 몽여(夢輿). 호 화곡(禾谷). 시호 충민(忠敏). 1573년(선조 6) 사마시에 합격하고 1577년 별시문과에 급제하였다.1597년 안동부사가 되고 1599년 호조참의로 구관당상(句管堂上)을 겸직하고 이어 대사헌으로 사은사(謝恩使)가 되어 명(明)나라에 다녀온 뒤 이조참의·중추부동지사 등을 역임하였다. 1607년 황해도관찰사로 나갔고, 선조가 승하하자 이조참판으로 춘추관동지사가 되어 『선조실록』 편찬에 참여하였다. 한성부우윤을 거쳐 1611년(광해군 3) 대사헌·의금부지사(義禁府知事), 이듬해 평안도관찰사를 지내고 1612년 김직재(金直哉)의 무옥(誣獄)에 연루, 파직되었으나 혐의가 풀려 이듬해 경기도관찰사에 등용, 1614년 형조판서를 지냈다. (두산백과)

2 호련(瑚璉) : 오곡(五穀)을 담아 신께 바치던 제기(祭器). 중국(中國) 고대(古代), 하(夏)나라에서는 '호(瑚)'라 하고 은(殷)나라에서는 '연(璉)'이라 했는데, 제기(祭器) 중(中)에서 귀(貴)한 것의 하나임. 인물 가운데 뛰어난 사람을 이것에 비유하여 말하였음.

3 황갑(黃甲) : 과거의 갑과(甲科)에 급제함. 갑과 급제자의 이름을 시권(試券)의 끝에 황지(黃紙)를 써서 붙인 데서 비롯됨. [네이버 지식백과] 황갑 [黃甲] (한국고전용어사전, 2001.3.30, 세종대왕기념사업회)

4 청쇄문(靑瑣門) : 한 무제(漢武帝)가 궁문을 푸르게 아로새겼으므로 청쇄문(靑瑣門)이라 한다.

5 비영(蜚英) : 비영등무(蜚英騰茂)의 준말로, 명성과 실제가 훌륭하게 서로 부합되는 것을 말한다. (『漢書』「司馬相如傳」下)

흑두(黑頭)로 아경(亞卿)에까지 이르렀고,
공보(公輔)의 마루에까지 올랐네.
홀연히 고도 개성으로 나아가니,
빈발이 문득 이미 하얗게 세었네.
만년에 임하(林下)로 물러나서,
평생을 배회하며 살려 하였네.
문득 병이 들었다고 듣기는 했지만,
어찌 철인이 돌아갈 줄 생각했으랴?
계를 맺은 지 오십 년이나 되었는데,
하물며 욕되게 동방(同榜)으로 행세함이랴?
늘그막에도 절조를 바꾸지 않았고,
주현(朱絃)[6]에서 아양곡(峨洋曲)을 들었네.[7]
늘그막에 문득 서로 영결하니,
혼과 뼈가 모두 적막하게 되었네.
변함없이 집 위에 뜬 달을 보며,
모습을 그리며 부질없이 방황하네.
여섯 아들이 있는 것에 힘입어서,
넘치는 경사가 끝이 없으리라.

---

6 주현(朱絃) : 붉은 색의 거문고 줄을 말함. 예기 악기에 "청묘를 노래할 때의 큰 거문고는 붉은 연사를 드린 줄에다 밑에 구멍을 드문드문 뚫는다.[청묘지슬, 주현이소월]"이라 하였다. 따라서 주현은 종묘제례악 등 조정의 음악을 가리키는 말로 쓰임.

7 주현에서 … 들었네 : 조정의 음악을 들으며 임금의 지음이 되었다는 뜻이다.

溫溫瑚璉器, 大才富蔚昌.
早闡性理書, 英華燁然光.
黃甲耀魁星, 馳譽靑丘方.
蜚英靑瑣闥, 彩鳳輝朝陽.
黑頭躋亞卿, 竚登公輔堂.
飄然出故都, 鬢髮忽已蒼.
晩稅林下鞅, 百年期倘徉.
纔聞一疾祟, 詎意哲人亡.
托契五十載, 况忝同榜行.
末路不變調, 朱絃聽峩洋.
遲暮奄相訣, 寂寞魂骨傷.[8]
依然屋樑月, 想像空彷徨.
賴有六驥子, 餘慶惟無疆.

8 『풍산세승』에는 '相'이 '相'으로 되어 있다.

又

의녕군義寧君 송순宋諄[1]

어려서 같은 문하에서 공부한 옛 친구이고,
뇌진(雷陳)[2]과 같은 계를 맺어 친함을 나누었네.
시를 읊조리며 항상 평상을 함께 사용하였고,
학문을 강론하며 거의 방석이 닿게 했네.
난당(蘭堂)에서 늦게까지 동이의 술을 마시고,
아름다운 거리를 봄날 헌상(軒裳)[3]으로 지나갔네.
함께 어울려 노닐던 옛날의 일들을,
그대 떠나가면 누구와 더불어 다시 하랴?

---

1 송순(宋諄) : 1538~1616. 본관은 진천(鎭川)이며 자는 혼원(渾元), 호는 망촌(忘村)이다. 생부는 계임(繼任)인데 진사 미복(眉福)에게 입양되었다. 1582년(선조 15) 식년문과에 급제하였다. 1587년 사헌부지평을 지낸 뒤 1596년 세자시강원보덕·사헌부집의를 거쳐 이듬해 동부승지·전라도관찰사·호조참의 등을 역임하였다. 1598년 병조참의·우부승지를 역임한 뒤 대사성·이조참의·예조참의·좌부승지를 지냈다. 1608년 광해군이 즉위하자 병조참판·대사간·대사헌 등을 지내면서 자주 사직을 건의하였으나 받아들여지지 않았다. 1615년 형조판서·호조판서·지의금부사를 거쳐 이듬해 정헌대부로 대사헌에 다시 임명되어 의령군(義靈君)에 봉해졌다. 사후 1623년(인조 1) 인조반정이 일어나자 관직을 삭탈당하였다. (두산백과)

2 뇌진(雷陳) : 뇌의(雷義)와 진중(陳重) 두 사람을 말한다. 『후한서(後漢書)』「뇌의전(雷義傳)」에 "뇌의를 무재(茂才)로 천거하니 의가 진중에게 사양했다. 자사(刺史)가 듣지 않자 의가 거짓으로 미친 체하며 따르지 않았다. 그러자 자사가 두 사람을 함께 불렀다. 그래서 마을 사람들이 '부레와 옻이 교착력(膠着力)이 강하다 하지만 뇌의와 진중만은 못하다.' 했다."는 고사가 전한다.

3 헌상(軒裳) : 본래는 수레와 관복을 뜻하는 말인데, 전하여 출세하여 고관대작이 되는 것을 말한다.

少小同門舊, 雷陳契分親.
吟詩常並榻, 講學幾連茵.
樽酒蘭堂晩, 軒裳綺陌春.
遊從昔年事, 君去與誰申.

又

응천군凝川君 박진원朴震元[1]

궁궐에서 장원을 한 것은 어렸을 때이고,
옥당에서 드날려서 이조(吏曹)[2]로 들어갔네.
벼슬은 오래도록 성명이 중함을 허락했고,
백발로 바야흐로 수복(壽福)이 온전함을 알겠도다.
두 조정에서 임금을 도와 늘 진력을 다하고,
하루 저녁에 벼슬을 던지니 모두 어질다 했네.
집안에 여러 아들들이 있는 것에 힘입어,
만사가 모두 구천에서도 위로가 되겠네.

射策天門在小年, 玉堂高步入東銓.
青雲久許聲名重, 白髮方知壽福全.
補袞兩朝恒盡瘁, 投簪一夕共稱賢.
傳家賴有多男子, 萬事皆堪慰九泉.

---

1 박진원(朴震元) : 1561~1626. 본관은 밀양(密陽). 자는 백선(伯善), 호는 장주(長洲). 할아버지는 찰방 관(寬)이고, 아버지는 문충(文沖)이며, 어머니는 윤종형(尹宗亨)의 딸이다. 1585년(선조 18) 진사가 되고, 1591년 별시문과에 병과로 급제하였다. 지평 · 정언 · 호조정랑 · 홍문관수찬(弘文館修撰) · 시강원문학(侍講院文學) · 사헌부장령(司憲府掌令) · 홍문관부교리(弘文館副校理) · 시독관(侍讀官) · 군기시정(軍器寺正) · 세자시강원보덕(世子侍講院輔德) · 사헌부집의(司憲府執義) 등을 지냈으며, 1603년 서장관(書狀官)으로 명나라에 다녀왔다. 1604년 사간이 되고, 다시 홍문관교리, 직강 · 홍문관의 부교리 · 부응교(副應教), 동부승지 · 병조참지 · 부호군(副護軍)을 지냈으며, 1608년 이후 대사간 · 대사헌 · 승지 등을 역임하고 예조참판을 거쳐 형조판서에 이르렀다. (한국민족문화대백과, 한국학중앙연구원)

2 이조(吏曹) : 원문의 '동전(東銓)'에서 동(東)은 이조가 방향으로 동방에 해당하고, 전(銓)은 사람을 등용하는 관청이므로 쓰는 말이다.

又

지중추부사知中樞府事 신식申湜[1]

송도의 유수를 지낸 뒤이고,
고향으로 막 돌아간 때라네.
임금과 백성이 진퇴를 걱정하고,
물고기와 새조차 세월을 즐겼네.
오고가는 구름인양 자취가 없고,
머물고 떠남도 내키는대로 했네.
맑은 의표를 어디서 다시 보랴?
가을달이 집 위에 비칠 때라네.

留守松都後, 歸來栗里初.
君民憂進退, 魚鳥樂居諸.
舒卷雲無迹, 行藏道自如.
清標那復覩, 寒月屋樑虛.

1 신식(申湜) : 1551~1623. 조선 중기의 문신. 본관은 고령(高靈). 자는 숙지(叔止), 호는 용졸재(用拙齋). 이황(李滉)의 문인으로, 1576년(선조 9) 별시문과에 병과로 급제하였다. 사헌부집의(司憲府執義)로 있을 때 정여립(鄭汝立)의 일파로 탄핵되어 유배당하였다가 1592년 다시 집의가 되었다. 임진왜란 때에는 경상도안무어사(慶尙道按撫御史)로 활약하였다. 그 뒤 동부승지·좌부승지·좌승지 등을 역임하고 대사간과 부제학을 거쳐 도승지·동지중추부사·공조참판 등을 지냈다. 1599년에 사은사(謝恩使)로 명나라에 다녀와서 호조참판·대사헌이 되었다. 광해군이 즉위하고는 충청도관찰사·동지중추부사·강원도관찰사를 역임하다가 또 다시 사은사로 명에 가서 왜의 실정을 알렸다. (한국학중앙연구원, 『한국민족문화대백과』)

又

여성군驪城君 이지완李志完[1]

나라에서는 사문을 중히 여기는데,
이 사람은 『시경』 「대아」의 시와 같네.
일찍이 호련(瑚璉)의 그릇으로 추중되고,
다투어 기둥과 들보감이라고 말하네.
빛나고 빛나는 단포(丹苞)의 새[2]와 같고,
우뚝우뚝하기는 벽수(碧樹)의 가지와 같네.
문장을 짓는 것은 여가의 일일 뿐이고,
충과 효는 집안에 절로 전하는 것이네.
어느 날 고향으로 돌아가 늙겠다더니,
운명이로다! 병이 낫지를 않는구나.
학주(壑舟)[3]가 한밤중에 떠나가 버렸으니,

1 이지완(李志完) : 1575~1617. 조선 중기의 문신. 본관은 여주(驪州). 자는 양오(養吾), 호는 두봉(斗峯). 사필(士弼)의 증손으로, 할아버지는 우인(友仁)이고, 아버지는 찬성 상의(尙毅)이며, 어머니는 윤현(尹晛)의 딸이다. 1597년(선조 30) 정시문과에 병과로 급제하여 정언 · 사서 · 형조정랑 · 이조정랑 · 홍문관부교리 · 사간 · 응교를 거쳤고, 1608년 문과중시에 병과로 급제하여 사가독서를 하였고, 광해군 초기에 승지 · 대사간을 지냈다. 1613년(광해군 5) 동지의금부사로 계축옥사를 다스려 형조판서에 오르고, 이어 우참찬 · 지경연사(知經筵事)를 지냈다. (한국민족문화대백과, 한국학중앙연구원)

2 단포(丹苞) : 단혈(丹穴)이라고도 한다. 봉황이 나는 곳으로, 훌륭한 인재가 나는 고장을 비유한다. 단포의 새는 곧 봉황을 말한다.

3 학주(壑舟) : 사람이 죽은 것을 말한다. 『장자(莊子)』 「대종사(大宗師)」에 "골짜기 속에 배를 숨겨 두고 산을 못 속에 숨겨 두면 안전하다고 여긴다. 하지만 한밤중에 힘센 자가 등에 지고 달아나도 어리석은 사람은 알아채지를 못한다.[夫藏舟於壑, 藏山於澤, 謂之固矣. 然而夜半, 有力者, 負之而走, 昧者不知也.]" 하였다.

다시 시내 건널 엄두를 내지 못하네.

國以斯文重, 人如大雅詩.
早推瑚璉器, 爭道棟樑姿.
緝緝丹苞羽, 森森碧樹枝.
文章餘事耳, 忠孝自傳之.
日者身歸老, 天乎病未醫.
壑舟中夜去, 無復濟川期.

又

호조참판戶曹參判 장만張晩[1]

이 해가 임진년이나 계사년[2]도 아닌데,
어찌하여 착한 사람을 곡하고 있는가?
지금까지 훌륭한 명망을 온전히 하고,
옛날에는 훌륭한 임금 때에 살았다네.
선비들의 논의가 선배로 추중하고,
조정에서는 늙은 신하가 있었다네.
임금과 부모를 모두 사랑하고 공경하여,
신세는 온통 환히 빛나는 일뿐이었네.
늘그막에서는 이어서 벼슬을 그만두고,
한가롭게 살며 정신을 기르고자 했네.
항상 어진 이는 오래산다고 말했는데,
흉한 소식 들리니 꿈인가 생시인가?
그 옛날 당에 오르던 날을 생각하니,
모두 몸에는 채색 옷을 입었었지.
십년의 세월이 며칠 지난 일 같아,
이 일 저일 모두 마음만 아프네.
혼백이 돌아오기에는 구천이 너무 머니,

1 장만(張晩) : 조선 중기의 문신(1566~1629). 자는 호고(好古). 호는 낙서(洛西). 시호는 충정(忠定). 인조반정으로 팔도 도원수가 되고, 이괄의 난을 평정하였다.

2 임진왜란이 일어난 해와 그 이듬해를 아울러 일컫는 말로, 전쟁이 났음을 말함.

남은 인생 흰머리만 새롭게 늘어가리.
늙은이의 생각에 위로가 되는 것은,
집안에서 즐겁게 많은 후손을 보는 일.

是歲非辰巳, 如何哭善人.
祇今全令望, 伊昔際明辰.
士論推先輩, 朝廷有老臣.
君親同愛敬, 身世渾光塵.
暮景仍投紱, 閑居要養神.
恒言仁必壽, 凶聞夢非眞.
却憶升堂日, 俱爲彩服身.
十年如宿昔, 萬事只傷神.
復魄泉臺遠, 餘生鬓雪新.
老懷持底慰, 家慶看螽蜣.

又

동지중추부사同知中樞府事 권희權憘[1]

옛날 반궁에서 함께한 것 인연이 가볍지 않은데,
오랫동안 사귀는 마음 가졌으니 세속의 정 아니네.
덕으로 쌓은 일과 빛나는 재주는 또래를 압도했고,
풍의와 언론은 높은 벼슬아치들을 감도시켰네.
유림에서는 명망을 중시하여 태산처럼 추중하였고,
조정에서의 높은 이름은 노성한 사람도 의지했네.
난옥과 같은 자손이 당에 가득하고 오복도 겸하니,
그대의 생사에 애영(哀榮)이 갖추어져 있음을 알겠도다.

昔年同泮分非輕, 久荷交情不世情.
德業才華傾輩類, 風儀言論動簪纓.

1 권희(權憘) : 1547(명종 2)~1624(인조 2). 조선 중기의 문신. 본관은 안동(安東). 자는 사열(思悅), 호는 남악(南岳). 욱(旭)의 증손으로, 할아버지는 진(振)이고, 아버지는 동지중추부사 상(常)이다. 1584년 별시 문과에 병과로 급제, 한림·주서·전적을 거쳐 각 조의 낭관 및 양사(兩司 : 사헌부와 사간원)의 벼슬을 지냈다. 이어 호조참판 겸 동지춘추관사로서 『명종실록』의 편찬에 참여. 임진왜란 때 종묘서영(宗廟署令)으로서 역대 왕들의 신주와 왕실의 어보를 안전하게 모셔 전례(典禮)를 모두 복구. 장령 · 사간 · 종부시정 · 헌납 · 집의 등을 거쳐 진위사(陳慰使)의 서장관(書狀官)으로 명나라에 다녀온 뒤 호조 · 예조 · 형조의 참판을 지냈다. 헌납 · 집의 · 동부승지 등을 거쳐, 도승지 · 병조참지 · 충청감사가 되었다. 이듬해 대사간이 됨. 1603년 주청부사(奏請副使)로서 명나라에 가서 왕비의 명복을 빌고 온 공으로 가자(加資)되고, 황해도감사 이어 충청도관찰사 · 강화유수 · 금산군수 · 광주목사 등을 지내고, 1607년 도승지가 되었다. 이듬해 인조반정으로 한성부좌윤 · 형조참판에 제수되었고, 1624년(인조 2)에는 임진왜란 때 왕실의 신주를 모신 공으로 자헌대부에 올랐다. 호성(扈聖) · 선무(宣武)의 원종공신으로 우의정에 추증되었다.

儒林望重推山斗, 朝著高名倚老成.

蘭玉滿堂兼五福, 知君生死備哀榮.

又

행사직行司直 정엽鄭曄[1]

옛날 덕있는 사람들 모두 영락했는데,
지금 공께서 또 구천(九泉)으로 향하셨네.
임금의 사랑은 앞자리에서 무거웠고,
세상의 이름은 만년에 더욱 온전해졌네.
피곤한 새가 돌아가듯 늦지 않았고,
위험한 기미를 가장 먼저 보았다네.
옛날 상 아래에서 절하던 일[2] 생각하니,
눈물과 콧물이 저절로 줄줄 흐르네.

舊德凋零盡, 公今又九泉.
眷從前席重, 名到暮年全.
倦鳥歸非晚, 危機見最先.
憶曾床下拜, 涕淚自潸然.

1 정엽(鄭曄) : 1563년~1625. 1563(명종 18)~1625(인조3). 조선 중기의 문신. 본관은 초계(草溪). 자는 시회(時晦), 호는 수몽(守夢). 1583년(선조 16) 별시문과에 병과로 급제, 승문원을 거쳐 홍문관의 문한직(文翰職)을 맡았다. 1587년 감찰·형조좌랑이 되었으며, 1593년 황주판관으로 왜군을 격퇴, 그 공으로 중화부사가 되었다. 1605년에 풀려나 이듬해 성주·홍주의 외직을 차례로 맡았다. 1608년(광해군 즉위년)에 예조참의가 되었다가 이듬해에 대사성을 거쳐, 1610년에는 충청감사가 되었다. 이후 곧 대사간에 제수되어 대사헌을 다섯 번 겸하고, 한꺼번에 네 가지 직임을 겸하기까지 하여 격무로 병을 얻어 63세에 죽었다. 저서로 『근사록석의 近思錄釋疑』와 『수몽집』이 있다. (한국민족문화대백과, 한국학중앙연구원)

2 옛날 … 절하던 일 : 선조의 명을 받아 경로잔치를 베풀었을 때 자제들이 나아가 절하였던 일을 말함.

又

행사과行司果 심돈沈惇[1]

세상에 뛰어난 높은 재주 경륜(經綸)을 마음에 쌓았는데,
문아한 모습 맑은 때에 제일 가는 사람이었네.
천 년 만에 장원에 뽑히는 은혜를 입음을 만나서,
두 조정에서의 은우는 진신 사이에서 극에 달했네.
잠간 지방관으로 지낸 것 어머니 모시기 위함이었고,
만년에 고향으로 은퇴한 것은 병든 몸을 위한 것이네.
지하에서 위로가 될 만한 것을 알려드린다면,
여섯 난옥 같은 자제들이 경상(慶祥)에 이르렀다오.

高才絶世蘊經綸, 文雅淸時第一人.
千載遭逢蒙簡擢, 兩朝恩遇極縉紳.
暫棲枳棘由便養, 晩退丘園爲病身.
施報尙堪泉下慰, 六叢蘭玉慶祥臻.

---

1 심돈(沈惇) : 1569~1646. 조선 중기의 문신. 본관은 청송(青松). 자는 학이(學而), 호는 남파(南坡). 1593년(선조 26)년 계사전주별시문과(癸巳全州別試文科)에 병과 1등으로 급제하여 벼슬길에 올랐다. 1614년(광해군 6) 안동부사(安東府使), 1615년 경상감사(慶尙監司)를 거쳐 1619년 함경감사(咸鏡監司)가 되었고, 1624년 청송부사(青松府使)가 되었다. 인조정권에서도 병자호란을 전후한 시기까지 상당기간 호조판서(戶曹判書)로 활동하면서 전란으로 피폐해진 민생문제를 해결하고, 청나라가 요구하는 공물 등을 마련하는데 수완을 발휘하였다. 우의정(右議政)·좌의정(左議政)·판중추부사(判中樞府事) 등을 두루 거치고 영의정(領議政)까지 올랐다.

又

한창군韓昌君 이경함李慶涵[1]

칠십년 동안 복을 맘껏 누렸으니,
세신의 어진 덕을 두 임금[2]이 찾았네.
휘황한 여러 옥은 모두 귀한 보배이고,
부귀한 자손들은 모두 뛰어나다네.
중외에 두루 날려서 사람들 우러러보더니,
전원으로 늘그막에 돌아가서 병이 들었네.
강단에서 편안해 하던 모습 지금 볼 수 없어,
차가운 언덕 바라보며 눈물 겨워 하노라.

七十年來福履膺, 世臣賢德兩朝徵.
輝煌群璧皆珍寶, 頷點諸孫摠俊能.
中外歷敭人共仰, 田園歸老病還仍.
怡怡壇宇今難見, 瞻望寒原淚不勝.

1 이경함(李慶涵) : 1553~1627. 조선의 문신. 자는 양원(養源), 호는 만사(晩沙). 본관은 한산(韓山). 생원에 합격, 1585년(선조 18) 문과에 급제한 뒤 장령(掌令) 등을 지내고, 광해군 때 병조참판으로 있을 당시 이항복(李恒福)이 폐모론(廢母論)을 반대한 죄로 귀양 가게 되었을 때 두둔하다가 탄핵을 받고 삭직되었다. 인조반정 뒤 다시 서용하려 하였으나 나이 70에 이르렀으므로 다시 벼슬에 나가지 못하였다. (인명사전, 2002.1.10, 민중서관)

2 선조와 광해군 두 임금을 말한다.

又

전예조참판前禮曹參判 신경진辛慶晉[1]

산악에서 영령을 내려 우뚝하게 표지가 되고,
한 번에 장원을 하여 성조(聖朝)를 빛내었네.
당봉(唐鳳)[2]을 오랫동안 오로지함이 밧줄이 중함과 같고,
조정에서 정치를 함에 국을 조리하는 것과 같네.[3]
고명은 평소에 여러 어진 사람의 오른편에 있고,
일찍 물러나 끝내 후배가 묘사하게 되었네.
남은 경사가 멀리 오는 것 모두 알 수 없고,
집안의 큰 그릇은 모두 하늘을 보고 누워있네.

1 신경진(辛慶晉) : 1554~1619. 본관 영월(寧越). 자 용석(用錫). 호 아호(丫湖). 이이(李珥)의 문하에서 수학하고, 1573년(선조 6) 진사를 거쳐 1584년 문과에 급제, 승문원(承文院) 사국(史局)을 지내고, 1591년 병조좌랑으로 진주사(陳奏使) 한응인(韓應仁)의 서장관(書狀官)이 되어 명나라에 다녀왔다. 이듬해 임진왜란이 일어나자 지평(持平)이 되어 왕을 호종, 평양에 가서 체찰사(體察使) 류성룡(柳成龍)의 종사관이 되고, 난이 끝난 뒤 강릉부사・사간(司諫)을 거쳐 이조참의를 지내고 성주(星州)・충주의 목사를 역임하였다. 1609년(광해군 1) 관찰사에 승진, 경상도에 내려갔다가 예조참판을 거쳐 대사헌(大司憲)에 올랐으나, 16112년 사돈인 황혁(黃赫)이 처형당하자 파직되고, 그 후 다시 등용되었으나 사퇴하였다. 청백리에 녹선되었다. (두산백과)

2 당봉(唐鳳) : 미상.

3 『서경』 상서(商書) 「열명(說命)」 하에 무정(武丁)이 재상인 부열(傅說)에게 "여러 가지 양념을 넣고 국을 끓일 때면, 그대가 간을 맞출 소금과 매실이 되어 주오.[若作和羹, 爾惟鹽梅]"라고 부탁하는 내용이 실려 있다. 은매(殷梅)는 은나라 조정에서 부열이 정치를 하던 것을 비유하는 말이다.

降靈維嶽挺高標, 一擧龍頭貢聖朝.
唐鳳久專如綍重, 殷梅還斬若羹調.
高名素出諸賢右, 蚤退終爲後輩描.
餘慶遠流知不盡, 房家偉器摠昂霄.

又

행부호군行副護軍 최관崔瓘[1]

1

지위가 현달하지 못할까 근심하지 않지만,
가장 어려운 것은 온전하게 돌아가는 것이다.
귀에 들리는 것이 오히려 적다고 하는데,
눈에 보이는 것은 더욱 드물다네.
슬하에는 난과 옥같은 사람 많은데,
인간 세상에서는 시비를 따지지 않네.
공에게 있어서는 곧 눈을 감은 것이지만,
나라를 위해서는 눈물이 옷을 적시네.

不患位不達, 最難全以歸.
耳聞尙云少, 目睹者尤稀.
膝下多蘭玉, 人間無是非.
於公卽瞑目, 但爲國沾衣.

1 최관(崔瓘) : 1563~?. 본관은 강화(江華), 개명(改名)은 최수(崔琇), 자는 형중(瑩仲), 호는 미옹(迷翁)이다. 1563년(명종 18)에 태어났으며 최승세(崔承世)의 아들이다. 1590년(선조 23) 증광시 문과에 갑과로 급제하였고 여러 벼슬을 지낸 후 정2품 호조판서에 올랐다. 묘는 경기도 이천시 모가면 송곡리 뒷산 기슭에 있으며, 부인 정부인(貞夫人) 광주 이씨(廣州李氏)와 합장묘로 조성되어 있다. 그의 후손들이 대대로 송곡리에 모여 살아왔다. (두산백과)

2

먼 변방에서 삼년간 이별하였더니,
외로운 등불 같은 두 곳의 마음이라.
돌아오니 은근히 뜻이 있었으니,
마음을 열고 이야기할 수 있었으리.
궁벽한 시골에서 도리어 문을 닫았고,
길이 다한 곳에 병이 더욱 침범하였네.
망설이며 또 망설이다가 영결을 함에,
눈물을 흘리니 지음의 벗에 부끄럽네.

絶塞三年別, 孤燈兩地心.
歸來竊有意, 早晩可披襟.
僻巷門還掩, 窮途病更侵.
遷延仍永訣, 將淚愧知音.

又

복천군福川君 오백령吳百齡[1]

은하수에 날아오른 지 36년 동안에,
조정을 누른 명성 누구에게 선두를 내주랴?
모두들 유아(儒雅)로는 요즘 최고라 일컬었으니,
마음의 근원이 옛 현인에 닿았음을 알았네.
만년에 벼슬하러 개성부에 가서 지내다가,
지난 봄에 병을 핑계로 「귀전부(歸田賦)」를 지었도다.
처음부터 끝까지 인간세상의 복 빠짐이 없어,
집에 가득한 훌륭한 자제들 구천에서도 위로받으리.

雲漢飛騰卅六年, 壓朝聲價許誰先.
共稱儒雅推今世, 却識心源遡古賢.
晩歲爲官臥開府, 前春謝病賦歸田.
始終無訣[2]人間福, 滿戶芝蘭慰九泉.

1 오백령(吳百齡) : 조선 중기의 문신(1560~1633). 자는 덕구(德耈). 호는 묵재(默齋). 광해군 10년(1618) 살제 폐모론(殺弟廢母論)에 반대하다 숨어 살았는데, 인조반정으로 광해군이 폐위되자 도승지, 대사간, 대사헌 따위를 지냈다.

2 訣은 원전에 缺로 수정되었다.

又

행사직行司直 허진許晉[1]

일찍부터 장원 급제하여 나라의 인재가 되었으니,
타고난 바탕이 온아하여 멀리 무리를 뛰어넘었네.
학문에 전심하며 스승과 벗을 두루 찾아다녔고,
재화(才華)는 여기(餘技)이지만 진신간에 우뚝하였네.
청반(淸班)을 두루 역임하여 명예는 흘러넘치고,
재상의 반열에 번듯하게 있으니 총장(寵章)[2]이 새롭도다.
문과 담장 안에 찾는 이 없어 가난한 선비[3] 같고,
훌륭한 자제들 뜰에 가득하니 석진(席珍)[4]과 같네.
백부(柏府)[5]에서 일찍이 삼엄하게 법을 집행하였고,
송도에서는 또한 한가하고 착하게 정신을 길렀네.
교외에 살려는 만년의 계획으로 서포로 돌아갔지만,

1 허진(許晉) : 1536~1616. 본관은 양천(陽川). 자는 경소(景昭), 호는 서교(西橋). 1561년 식년무과에 병과로 급제하여 1566년(명종 21) 정언을 거쳐, 장령이 되었으나 병으로 물러나 여주목사로 나갔다. 임진왜란이 일어나자 1594년 동지사로 중국에 들어가서 왜적의 동태를 알리고, 1604년(선조 37) 한성부좌윤을 거쳐, 이듬해 공조참판이 되었다. 1616년(광해군 8) 나이 81세로 품계가 자헌(資憲)에 올라 지중추부사에 제수되었으며, 이 해 기로소에 들어갔다. (한국민족문화대백과, 한국학중앙연구원)

2 총장(寵章) : 옛날 고관대작임을 나타내었던 장복(章服)을 말한 것이다.

3 원문의 '韋布'는 가죽띠와 베옷이라는 뜻으로 가난한 사람의 복장을 말함.

4 석진(席珍) : 석상지진(席上之珍)의 준말로, 뛰어난 인물을 가리킨다. 『예기(禮記)』「유행(儒行)」에 "선비는 훌륭한 도학(道學)을 갖추고서 임금의 초빙(招聘)을 기다린다."고 한 것에서 비롯되었다. (한국고전번역원)

5 백부(柏府) : 사헌부를 달리 이르는 말. 홍이상은 사헌부 대사헌을 지낸 바 있다.

나라를 다스리던 초심으로 임금을 그리워하였네.
홀로 창랑을 향해 갓끈을 씻을 수 있다 하며,
때때로 동이의 술을 가지고 편하게 술을 마셨네.
강가의 갈매기 가까이 온들 어찌 피할 것이랴?
시골 늙은이들 앞다퉈 스스로 친하게 대하였네.
질병이 찾아들어와 다시 서울로 돌아와서,
도규(刀圭)[6]를 조제했지만 끝내 참된 것이 아니었네.
일생의 충효는 하늘이 다시 내리기 어렵고,
반세의 비환(悲歡)은 자취가 이미 알려져 있네.
수역(壽域)에서는 크게 늙었다고 일컬을 수 없고,
집안의 명성은 청빈하다는 이름을 실컷 얻었네.
강가의 조그마한 집이 끝내 쓸쓸하게 되었으니,
다시는 흐르는 물에서 흰 마름[7]을 따지 못하네.

早捷巍科國有人, 天資溫雅逈超倫.
專心學問尋師友, 餘事才華聳縉紳.
歷遍淸班名譽洽, 端居宰列寵章新.
門墻無客如韋布, 蘭玉盈庭摠席珍.
柏府森嚴曾秉憲, 松都閑善亦頤神.
郊扉晩計歸西浦, 經國初心戀北辰.

6 도규(刀圭) : 약(藥)을 뜨는 숟가락으로, 전하여 약을 가리킴.
7 백빈(白蘋) 읊는 재질 : 시를 짓는 탁월한 능력을 말한다. 『시경(詩經)』 소남(召南)에 채빈장(采蘋章)이 있는데, 당(唐) 나라 한유(韓愈)의 '화석팔십이운(和席八十二韻)'에도 "傍砌看紅藥 巡池詠白蘋"이라는 구절이 있다.

獨向滄浪纓可濯, 時携樽酒酌無巡.

波鳬狎近何須避, 野老爭先任自親.

疾病侵尋還入洛, 刀圭調劑竟非眞.

一生忠孝天難又, 半世悲歡迹已陳.

壽域未能稱大耋, 家聲猶得飽淸貧.

江頭小築終蕭瑟, 無復秉流采白蘋.

又

행사용行司勇 김상준金尙寯[1]

1

선왕께서 40년 동안 인재를 육성하였는데,
당시 공이 방목에서 장원이 된 것을 축하했네.
재주는 임금의 지우를 받아 바야흐로 펼쳐갔고,
벼슬은 나의 즐거움이 아니라고 거두어 들였네.
두 조정에서 은혜가 넘쳐서 금대(金帶)에 머물고,
늘그막의 속 마음을 술 마시는 일에 의탁했네.
남은 경사는 집에 있고 이름은 세상에 났으니,
남은 자취 슬퍼하지 말고 천대[2]에 계시기를.

1 김상준(金尙寯) : 1561~1635. 본관 안동. 자 여수(汝秀). 호 휴암(休菴). 1582년(선조 15) 진사가 되고 1590년 증광문과에 을과로 급제한 뒤 해주목사 · 죽주부사(竹州府使)를 거쳐 형조참판에 이르렀다. 1613년(광해군 5) 계축옥사(癸丑獄事) 때 무고로 체포된 뒤 고문에 못 이겨 김제남(金悌男)과 함께 영창대군(永昌大君)을 추대하려 했다고 허위진술하여 삭출(削黜)당하고, 1623년 인조반정 후에는 계축옥사(癸丑獄事) 때 김제남을 모함한 일로 길주(吉州)에 유배당했다가 1635년에 풀려나왔다. 글씨를 잘 썼다. (두산백과)

2 천대(泉臺) : 천대는 지하의 구천을 말한다. 진(晉)나라의 명재상인 사안(謝安)이 평소에 생질인 양담(羊曇)을 애지중지하였는데, 사안이 죽자 양담이 다시는 사안이 살던 서주(西州)로 가지 않았다. 그러다가 크게 취하여 자신도 모르는 사이에 타고 있던 말이 서주의 문에 이르렀다. 따르는 사람이 "이곳은 서주의 문입니다."라고 말하자, 양담은 슬픈 감회를 이기지 못하여 말채찍으로 문을 두드리며 "살아서는 화려한 집에 거처하더니, 영락하여 언덕으로 돌아갔네.[生存華屋處零落歸山丘]"라는 조조(曹操)의 시를 외우고 통곡하였다고 한다. 『晉書 卷79 謝安列傳』

先王四紀育人材, 公榜當年賀得魁.
才遇主知方展去, 宦非吾樂却收回.
兩朝恩渥留金帶, 末路襟懷托酒杯.
餘慶在家名在世, 莫悲遺跡隔泉臺.

2

선친과는 사마방의 동년(同年)으로 계를 맺었고,
만년에는 잇따라 혼인을 맺은 외가의 성이라네.
양세 동안 일가와 정과 의가 이처럼 두터웠는데,
흰머리로 만사를 지으려니 눈물이 흘러내리네.

先君司馬同年契, 晩歲連姻外姓兒.
兩世一家情與義, 白頭題挽涕漣洏.

又

행사직行司直 한덕원韓德遠[1]

지금 시대에 누가 나를 어여삐 여겼던가?
그런 사람으로 평생 오로지 공이 있었네.
부침(浮沈)으로 오랫동안 서로 왕래가 막히었고,
살고 죽는 사이에 다시는 만나지 못하였네.
우주 사이에 남기신 글이 그대로 있는데,
강과 산 사이의 옛 집은 텅 비어 있네.
요즈음 통한의 눈물을 흘릴 일이 없더니,
양쪽 옷소매가 얼룩덜룩 눈물에 젖었네.

今代誰憐我, 平生獨有公.
浮沈久相阻, 存沒不重逢.
宇宙遺文在, 江山故宅空.
年來無痛淚, 双袖自龍鍾.

1 한덕원(韓德遠) : 1550~?. 본관 청주. 자 의백(毅伯). 호 강암(江巖). 1573년(선조 6) 진사에, 1582년에는 식년문과에 병과로 급제하고, 이듬해 예문관검열을 시작으로 장단부사(1594)·진주부윤(1595)을 역임하면서 선정을 베푼 수령으로 이름났다. 1596년에는 나주목사가 되었으며, 1597년에는 접반사(接伴使)로 명나라의 심유경(沈惟敬)을 접대하였으며, 1600년에는 동지사(冬至使)로 명나라에 다녀온 후 경기도 관찰사가 되고, 이듬해에 대사헌이 되었다. 이어 황해·강원도의 관찰사, 의주부윤을 지냈다. 1609년(광해군 1) 왕제자 책봉을 위한 사은사(謝恩使)로 명나라에 다시 다녀왔다. (두산백과)

又

동지중추부사同知中樞府事 송일宋馹[1]

1

북두성 같은 성명은 진신(縉紳) 간에 으뜸이었고,
망년우의 깊은 마음 속 진심을 쏟아내었네.
낭비(琅臂)[2]에서의 깊은 사귐은 경술년을 생각하게 하고,
황도(皇都)에서 임기가 찼던 일은 갑인년을 추억하게 한다.
녹야(綠野)[3]에서 바야흐로 한가한 사람은 배진흥(裵晉興)이고,
흰 닭이 울어 끝내 그르친 것은 사공의 몸[謝公身]이로다.[4]

---

1 송일(宋馹) : 1557~1640. 본관은 여산(礪山), 자는 덕보(德甫), 호는 반학옹(伴鶴翁)이다. 1595년(선조 28) 별시문과에 갑과로 급제하였으며 이듬해 세자시강원 사서가 되었다. 1597년 사간원 헌납, 예조좌랑을 지냈고 1599년(선조 32) 부응교를 거쳐 사간으로 재임하다. 1607년(선조 40) 다시 벼슬길에 올라 광주목사로 부임하였고 1611년(광해군 3) 정4품 필선이 되었으며 이듬해 해주목사를 지냈다. 1614년(광해군 6) 황해도 관찰사를 거쳐 1616년에는 형조참판을 지냈으며 이어 병조참판, 지중추부사를 역임하였다. 말년에 기로소(耆老所)에 들어갔다. 1640년(인조 17)에 사망하였으며 사후에 의정부 좌찬성에 추증되었다. (두산백과)

2 낭비(琅臂) : 미상

3 녹야(綠野) : 녹야당(綠野堂)의 준말로 만년에 높은 벼슬자리에서 물러 나와 한가로이 노니는 장소를 뜻하는 말이다. 당나라의 재상 배도(裴度)가 만년에 낙양(洛陽)에 은퇴하여 녹야당을 지어 놓고 백거이(白居易), 유우석(劉禹錫) 등과 함께 밤낮으로 시주(詩酒)를 즐기면서 세상일을 묻지 않았다는 고사가 전한다. 여기에서는 홍이상이 임진왜란이 끝난 뒤에 정승 직위에 올라 영예의 극을 누린 것을 말한다.

4 흰 닭이 … 이로다 : 홍이상이 세상을 떠난 것을 말한다. 진(晉)나라 사안(謝安)이 병이 위독하여 이르기를, "예전에 내 꿈에 환온(桓溫)의 수레를 타고 16리를 가다가 흰 닭 한 마리를 보고 멈춘 적이 있는데, 그로부터 지금 16년이 되었고 올해가 닭띠 해인 유년(酉年)이니 내 병이 아마 낫지 않을 것이다." 하더니, 얼마 후 과연 세상을 떠났다고 한다. 『晉書 卷79 謝安列傳』(한국고전번역원)

아버지의 가르침은 여러 아들들이 있어 이을 수 있고,
오히려 다행히 청전(靑氈)[5]의 구업을 새롭게 할 수 있네.

星斗聲名冠縉紳, 忘年深契倒中眞.
龜交琅臂思庚戌, 瓜熟皇都憶甲寅.
綠野方閑裵晉興, 白鷄終誤謝公身.
趨庭賴有諸郞在, 猶幸靑氈舊業新.

2

일찍이 허락하심을 받아 오랫동안 뒤를 따랐고,
손꼽아 헤아려보니 지금까지 40년이 되었네.
반궁(泮宮)[6]에서 사람들이 태산과 북두 같다 일컬었고,
진신 간에 다투어서 고굉(股肱)의 어진이라 말하네.
칠질에 드리웠던 나이에 관경(官卿)의 달이고,
여러 용이 집에 가득했던 곳은 집복(集福)[7]의 궁궐이었네.

5 청전(靑氈) : 짐승의 털로 만든 푸른색 담요. 대대로 전해 오는 물건이나 세업(世業). 진(晉)나라 왕헌지(王獻之)가 누워 있는 방에 도둑이 들어와서 물건을 모조리 훔쳐 가려 할 적에, 그가 "푸른 담요는 우리 집안의 유물이니, 그것만은 두고 가는 것이 좋겠다.[靑氈我家舊物, 可特置之.]"라고 하였다는 데에서 유래한 것이다.

6 반궁(泮宮) : 성균관을 달리 이르는 말. 성균관을 둘러 흐르게 한 물을 반수(泮水)라 하는 데에서 유래한 것이다.

7 집복(集福) : 집복헌(集福軒)말함. 창경궁에 있는 건물이름으로 영춘헌 서쪽에 있으며, 후대에 장헌세자(莊獻世子)와 순조가 태어났다.

이수(二竪)[8]가 깊이 들어 어진이가 오래 살지 못하니,
구천(九泉)으로 돌아가는 길은 마침내 아득하게 되었네.

曾叨容許久隨肩, 屈指于今四十年.
芹泮人稱山斗學, 縉紳爭道股肱賢.
年垂七袠官卿月, 宇衍群龍集福天.
二竪沈綿仁不壽, 九泉歸路竟茫然.

8 이수(二豎) : 춘추(春秋) 때에, 진(晉) 나라 경공(景公) 이 병이 들어 진(秦) 나라의 명의 (名醫) 를 청하였는데, 그가 오기 전에 경공의 꿈에 두 수자(豎子) 가 서로 말하기를, "내일 명의가 오면 우리를 처치할 것이다. 그러니 우리가 고(膏) 의 밑과 황(肓) 의 위로 들어가면 명의도 어찌 하지 못할 것이다." 하였다. 다음 날 명의가 와서 진찰하고는, "병이 고황(膏肓) 의 사이에 들어갔으니 치료할 수 없다." 하였다.

又

병조참판兵曹參判 이충李沖[1]

훌륭한 자태 우아한 명망은 여러 사람 중에 뛰어났고,
과거시험장에서의 향기로운 이름은 제일가는 신선이었네.
빼어난 아들들이 뜰에 가득한데 아내에게 맡겼고,
문성(文星)이 반궁(泮宮)에 비춰 욕되게 자리를 함께 했네.
개성에 사랑을 쏟은 것 장영(張詠)[2]을 생각하게 하고,
늙어서 상을 치른 것 소련(少連)[3]과 같다 일컬어지네.
하늘이 많은 나이를 허락해 주지 않은 것 애석하니,
인간세계의 늙은이 눈물이나마 구천에 통하였으면.

---

1 이충(李沖) : 1568~1619. 본관은 전주(全州)이며 자는 거용(巨容), 호는 칠택(七澤)이다. 양(樑)의 손자이며 정빈(廷賓)의 아들이다. 1600년(선조 33) 별시문과에 병과로 급제하여 이듬해 무장현감(茂長縣監)을 거쳐 1606년 성천부사(成川府使)로 나갔다. 1612년 전라도관찰사에 올랐고, 1616년 선수도감제조를 거쳐 1617년 좌참찬·우찬성이 되었으며, 1618년 좌부빈객(左副賓客)·동지경연사(同知經筵事) 등을 역임하였다. 우의정에 추증되었다. (두산백과)

2 장영(張詠) : 송(宋) 나라 사람. 자는 복지(復之), 호는 괴애(乖崖), 시호는 충정(忠定). 익주(益州)·항주(杭州) 등 지주사(知州事)로 나가 치적이 있었고, 내직으로 이부 상서(吏部尙書)를 지냈음. 『宋史』 卷293 「張詠傳」 (한국고전번역원)

3 소련(少連) : 『예기(禮記)』 「잡기(雜記)」 하(下)에 "소련과 대련은 거상을 잘 했는데, …… 동이의 아들이다.[少連大連善居喪 …… 東夷之子也]"라는 공자의 말이 실려 있다. 그리고 『소학(小學)』 「계고(稽古)」에도 "소련과 대련이 거상을 잘하여 부모가 죽은 지 3일 동안 태만히 하지 않았으며, 3개월 동안 해이하게 하지 않았으며, 1년 동안 슬퍼하였으며, 3년 동안 근심하였으니, 동이(東夷)의 자식이었다."는 내용이 실려 있다. (한국고전번역원)

英姿雅望出群賢, 桂籍香名第一仙.

寶樹列庭曾托伴, 文星照泮忝同筵.

舊都遺愛思張詠, 白首居憂道少連.

只惜遐齡天不暇, 人間老淚徹重泉.

又

행청송부사行靑松府使 박이장朴而章[1]

자상하신 성품 하늘이 내려주신 것이고,
온자하신 모습 세상에서 모두 말하네.
과거에 합격한 사람들 모두 형제가 되고,
성균관에는 향기로운 향기가 끼쳐온다.
청명(靑冥)에서 일찍이 함께 고삐를 잡았었고,
강해(江海)에서 오랫동안 무리를 떠나 있었네.
천 리에 한가지로 밝은 달이 비치더니,
삼 년 동안 푸른 구름을 읊조렸다네.
늘그막에 누가 나를 알아 보았겠는가?
옛날의 벗 가운데에는 그대만이 남았었네,
외로운 꿈이 자주 중간에 끊어지더니,
흉한 소리가 문득 멀리에서 들려오네.
어찌 아침이슬이 문득 마르는 것 견디랴?

1 박이장(朴而章) : 1540~1622. 본관 순천(順天). 자 숙빈(叔彬). 호 용담(龍潭)·도천(道川). 노수신(盧守愼)의 문하에서 수학하였다. 1573년(선조 6) 생원으로 성균관(成均館)의 추천을 받아 참봉(參奉)을 지내고 1586년 친시문과에 급제하여 승문원·예문관에 보직되었다. 1592년 임진왜란 때는 김성일(金誠一)의 제청으로 도사(都事)가 되었다. 이듬해 지평(持平)·지제교(知製敎)를 역임하고, 이어 이조정랑·대사헌·이조참판·부제학(副提學) 등을 지냈다. 1608년 광해군이 즉위하자 정인홍(鄭仁弘)의 배척으로 청송부사(靑松府使)로 밀려났다가 이듬해 대사간이 되고 이어 춘추관동지사(春秋館同知事)·대사성을 거쳐 대사관에 재임명되었다. 1615년 폐모론(廢母論)에 반대하다가 관직이 삭탈되어 성주(星州)로 내려가 후진 양성으로 여생을 보냈다. 시문(詩文)에 뛰어났다. 성주의 청천서원(晴川書院)에 제향되었다. 문집 『용담집(龍潭集)』이 있다. (두산백과)

야대가 반으로 나뉘는 것 차마 못하네.
부탁건대 평생의 눈물을 모두 뿌려서,
멀리서 그대의 도끼와 무덤을 적신다.

慈詳天所植, 醞藉世皆云.
蓮榜爲兄弟, 芹宮襲蕙薰.
青冥曾並靶, 江海久離群.
千里同明月, 三年詠碧雲.
暮途誰識我, 舊要獨餘君.
孤夢頻中斷, 凶音忽遠聞.
那堪朝露溘, 不忍夜臺分.
寄洒平生淚, 遙霑若斧墳.

又

행사정行司正 유영순柳永詢[1]

우리 장원께서 돌아가셨다고 하는데,
타고난 바탕은 순수하고 따듯하셨네.
일찍이 어진 사람의 문하에 올라가서,
염락(濂洛)[2]에까지 학문의 연원을 거슬러 올라갔네.
연방(蓮榜)[3]에서 맑고 향기로운 인품을 접하였고,
반수 가에서 함께 미나리를 땄었지요.
장원을 한 뒤로 상서로운 구름을 타니,
천리마 꼬리에 파리 떼가 모두 붙었지요.[4]
높은 발걸음은 따르는 반열에서 날렸고,
성근 자취는 진흙 사이에 머물렀지요.

---

1 유영순(柳永詢) : 1552~?. 본관 전주(全州). 자 순지(詢之). 호 졸암(拙庵) · 북천(北川), 부사 유정(柳挺)의 아들로, 1573년(선조 6)에 사마시(司馬試)에 합격하였으며, 1579년 식년문과에 을과로 급제하여 장령(掌令) · 집의(執義) · 동부승지 등을 역임하였다. 1595년 황해도관찰사에 올랐으나, 대간들의 탄핵으로 일시 파직되었으며, 1597년 정유재란이 일어나자 병사들을 모아 서울 수복에 나서기도 하였다. 선조대 후반에는 7년 동안 정승으로 있던 소북(小北)의 영수 유영경(柳永慶)에게 발탁되어 유당(柳黨)의 일원으로 활약하였다. 1606년 경상도관찰사에 올랐으며, 이후에 한성부윤 · 호조참판 등의 요직을 역임하였다. (두산백과)

2 염락(濂洛) : 송(宋)나라 때 학자인 주돈이(周敦頤)와 정호(程顥) · 정이(程頤)를 대표하여 부르는 것으로, 이들이 살던 지역 명칭이 각각 염계(濂溪)와 낙양(洛陽)인 데서 유래함. 전하여 성리학(性理學)에 밝은 학자들이 많은 지역을 가리키기도 함. (한국고전용어사전, 2001.3.30, 세종대왕기념사업회)

3 연방(蓮榜) : 조선(朝鮮) 시대(時代) 때 사미시(司美試)인 생원과(生員科) · 진사과(進士科)의 향시(鄕試) · 회시(會試)에 합격(合格)한 사람의 이름을 적은 명부(名簿)

4 사마천의 『사기』 「백이열전』에 나오는 말이다.

서서(徐庶)가 벗과 사귐을 즐거워 한 것 같고,[5]
공우(貢禹)가 기뻐 모자를 털었던 것과 같았지요.[6]
두 사람의 사귐은 금란(金蘭)[7]과 같으니,
평생동안 심간(心肝)을 비추는 사이였다네.
만년에 호해(湖海)에서 떠돌아다니니,
이별의 회포가 부질없이 끝없이 일어나네.
어찌 생각이나 했으랴? 옥관의 신선이 되어,
영령을 모신 궤연에서 절하고 통곡할 줄을.
공명을 버리기를 통발을 버리는 것처럼 했지만,
남은 경사(慶事)가 곧 끝없이 이어질 것이라네.
슬픈 일과 영화로운 일을 모두 겸하였지만,
길이 몸을 버렸다는 소식에 마음 아프네.
시를 지으며 흘린 눈물 구천에까지 닿아,
용양(龍驤)의 언덕[8]을 슬피 바라본다.

5 제갈량(諸葛亮)의 고사를 인용한 것이다. 제갈량이 남양(南陽) 융중에 은거할 적에 아침저녁으로 항상 무릎을 안고 휘파람을 길게 불며[抱膝長嘯] 자신의 원대한 뜻을 펼 날을 기다렸다는 고사와 서서(徐庶)가 "제갈공명은 사람 중의 와룡이다.[諸葛孔明者 臥龍也]"라고 유비(劉備)에게 추천한 결과 유비가 삼고초려(三顧草廬)했다는 고사가 전한다. 『三國志 卷35 蜀書 諸葛亮傳 註』

6 공우가 … 같았지요 : 공우(貢禹)는 한(漢) 나라 원제(元帝) 때 간의대부(諫議大夫)를 지냈던 사람이다. 그는 벼슬을 그만두었다가도 친구인 왕길(王吉)이 조정에 몸담고 있으면 관의 먼지를 털면서 불러 주기를 기다렸다는 고사가 전해 온다. 『漢書 卷72 王吉傳』

7 금란(金蘭) : 금란지교(金蘭之交)라 하여 매우 두터운 친교를 뜻하는 말로, 『주역』 「계사전(繫辭傳)」 상(上)에 "두 사람이 마음을 같이하니 그 예리함이 쇠를 끊는다. 마음을 같이하는 말은 그 향기가 난초와 같다.[二人同心 其利斷金 同心之言 其臭如蘭.]"라고 한 대목에서 왔다.

8 용양(龍驤)의 언덕 : 무덤을 가리키는 말이다.

云亡吾壯元，天質粹而溫.

早登賢者門，濂洛泝學源.

蓮榜接清芬，泮水同采芹.

龍頭騎靄雲，驥尾附蠅群.

高步敭從班，踈蹤滯泥間.

徐庶友交懽，貢禹彈喜冠.

二人契金蘭，一生照心肝.

晩年湖海漫，別懷空萬端.

豈料玉棺仙，慟哭拜靈筵.

功名等棄筌，餘慶則綿綿.

哀榮雖兩全，音信痛長捐.

題詩淚迸泉，悵望龍驤阡.

又

행판결사行判決事 이순경李順慶[1]

금란의 계를 맺고 또 같은 나이에,
어려서부터 따르고 좇아 형제와 같네.
함께 앉아 전당(鱣堂)[2]에서 수업을 했고,
글을 예원에 전공하며 이름을 구하였네.
승침은 다른 길을 따라 청운의 길을 갔고,
간담을 서로 기울이며 흰머리가 되었네.
곡을 다하고 마음으로 내 혼자임을 알고,
이승에서 누구와 더불어 다시 정을 논할까?

金蘭托契又同庚, 髫齔追隨若弟兄.
連袂鱣堂偕受業, 攻文藝苑共求名.
升沈從異青雲路, 肝膽相傾白髮成.
哭盡心知吾獨在, 此生誰與更論情.

---

1 이순경(李順慶) : 1549~?. 자는 선응(善應)이고, 본관은 전주이다. 아버지는 창선대부(彰善大夫) 행구산부령(行龜山副令) 이선(李善)이다. 20세 때인 1568년(선조 1)에 진사시 증광시(增廣試)에 3등 63위로 합격하였다.

2 전당(鱣堂) : 강당(講堂). 한(漢)의 양진(楊震)이 강론하는 강당에 황새[관작冠雀] 세 마리가 전어(鱣魚) 한 마리씩 입에 물고 모여 온 고사(故事)가 있음. 『후한서(後漢書)』「양진전(楊震傳)」 전어는 경대부(卿大夫)의 관복을 상징하고 세 마리는 3정승[삼태三台]이 될 징조라 함. 전복지은총(鱣服之恩寵). (한시어사전, 2007.7.9, 국학자료원)

又

동지돈령부사同知敦寧府事 김현성金玄成[1]

청반의 화려한 벼슬에서 날아오르내리는 것도 피곤하여,
분사(分司)[2]에서 임기가 차니 두 귀밑머리가 서리와 같네.
아아! 병이 들어 마침내 목가(木稼)[3]에 해당하게 되었으니,
평생 동안의 고향으로 돌아가겠단 약속을 저버렸네.
스승의 문하에서는 깊이 통서를 탐구하며 주고 받았고,
천인에 대한 책문을 몸소 써서 시험장을 압도하였네.
역사책[4]에 아름다운 이름이 불후하게 전해질 줄 아는데,
부생에서 세월이 바쁜 것과 어찌 비교하랴?

---

1 김현성(金玄成) : 1542~1621. 조선 중기의 선비 서화가. 본관은 김해(金海). 자는 여경(餘慶), 호는 남창(南窓). 1564년(명종 19) 식년문과에 병과로 급제하였다. 관직은 교서관정자(敎書館正字)와 봉상시주부(奉常寺主簿)·양주목사 등을 거쳐, 1617년에 동지돈녕부사(同知敦寧府事)에 이르렀다. 시·서·화에 두루 능하였는데, 그림보다는 글씨에 뛰어났으며 특히 시에 능하였다고 한다. 글씨는 조선초에 유행하였던 우아하고 균정된 모습을 지닌 송설체(松雪體)를 따랐다. (한국민족문화대백과, 한국학중앙연구원)

2 분사(分司) : 조선(朝鮮) 때, 경연(經筵)의 일을 맡았던 관청(官廳)

3 목가(木稼) : 목가는 목개(木介)의 별칭으로 극심한 추위 때문에 나무에 얼어붙은 얼음을 말함. 전쟁이나 재앙이 일어날 조짐, 또는 현인군자가 죽을 조짐을 말하는데, 송나라 왕안석(王安石)이 지은 한기(韓琦)의 만사에 "나무 고드름에 고관이 떨었다는 말 들었는데, 산이 무너진 오늘 철인이 돌아갔네.[木稼曾聞達官怕, 山頹今見哲人萎.]"라는 말이 있다. (『石林詩話』) 여기서는 홍이상의 죽음을 말하는 뜻으로 쓰였다.

4 역사책 : 원문의 '한간(汗簡)은 서적을 말한다. 한간은 본래 푸른 대를 불에 구워 진을 뺀 댓조각을 말하는데, 옛날 종이가 없던 시대에 문서를 쓰기 위하여 이를 사용한 데서 유래된 것이다. 살청(殺靑).

清班華序倦翺翔, 瓜滿分司兩鬢霜.
一病竟嗟當木稼, 百年終負返桑鄉.
師門授受深探緒, 親策天人獨擅場,
汗簡流芳知不朽, 浮生寧比隙駒忙.

又

한성부좌윤漢城府左尹 조탁曺倬[1]

높이 이름을 걸던 당일에는 높은 벼슬아치를 쏘고,
늘그막에 대궐을 그리워하는 마음이 더욱 깊어졌네.
옥서(玉署)와 난파(鑾坡)에서는 일찍이 천망이 되었고,[2]
호부(虎符)와 인절(靭節)은 얼마나 빛이 났던가?[3]
삼년 만에 병이 들어 이수(二豎)가 들러붙어서,
육십년의 덧없는 인생 문득 구경으로 향하였네.
집안에 훌륭한 자제들이 성대함에 힘입어서,
대대로 높은 벼슬하며 성가를 전하리라.

懸擧[4]當日射簪纓, 歸老猶深戀厥情.
玉署鑾坡曾擅望, 虎符靭節幾蜚英.
三秋一病嬰双竪, 六紀浮生忽九京.
尙賴門闌瓊樹盛, 世家官譜可傳聲.

1 조탁(曺倬) : 본관 창녕(昌寧). 자 대이(大而). 호 이양당(二養堂) · 치재(耻齋). 1588년(선조 21) 사마시(司馬試)에 합격, 의금부도사(義禁府都事)가 되고, 1592년 임진왜란 때 왕을 호종(扈從)하였으며, 만여언(萬餘言)에 달하는 부흥책 10조(條)를 올려 왕의 동의를 얻었다. 1599년 세자익위사위솔(世子翊衛司衛率)로 별시문과(別試文科)에 장원, 예조 · 호조 · 병조의 좌랑을 지내고, 정언(正言)을 거쳐 1603년 강원도 암행어사가 되었다. 필선(弼善) · 사예(司藝) · 장령(掌令) · 사옹원정(司饔院正)을 역임하고, 1610년(광해군 2) 우승지(右承旨)를 거쳐 형조참판 · 경기도관찰사에 승진하였다. 1618년 공조참판으로 이이첨(李爾瞻) 등과 폐모론(廢母論)을 주장하였다. (두산백과)

2 홍문관과 예문관에서 근무했던 것을 말한다.

3 경상도 관찰사 등 지방관으로 부임했던 것을 말한다.

4 원전에는 '車'로 되어 있으나 『풍산세승』을 따라 '擧'로 고쳤다.

又

진녕군晉寧君 강홍립姜弘立[1]

1

어렸을 적의 성화(聲華)를 누구와 견줄 수 있으랴?
궁중의 시험에서 여러 어진이 가운데 으뜸이었네.
대각(臺閣)에서 벼슬한 것이 삼십년 남짓 되었고,
임금 가까이에서 생각을 논한 것 또 1년이었네.
아직 늙지도 않아 한가함을 빌어 몸은 물러났고,
집에 있으면서도 나라 걱정하는 뜻은 굳었네.
어찌 알았으랴? 조그마한 병이 끝내 빌미 될 줄,
풍의(風儀)를 생각하니 눈물이 줄줄 흐르네.

早歲聲華熟與肩，天門射策冠群賢.
優遊臺閣餘三紀，密勿論思又一年.
未老丐閑身已退，在家憂國志猶堅.
那知微恙終爲祟，緬憶風儀涕泗漣.

1 강홍립(姜弘立) : 조선 광해군 때의 무신(1560~1627). 자는 군신(君信). 호는 내촌(耐村). 광해군 11년(1619)에 심천(深川) 싸움에 오도 도원수(五道都元帥)로 출정하였다가 후금(後金)의 포로가 되어 10년간 그곳에 머물렀다. 그 뒤 정묘호란 때 후금의 사신으로 강화(江華)에 와서 화의를 주선한 후에 국내에 머물렀으나, 역신으로 몰려 단식하다가 죽었다.

2

정색으로 생각을 논해 많은 사람 위태롭게 여겼고,
개경의 유수가 된 것 사사로이 큰 은혜를 입었네.
강호에서 전원으로 돌아갈 계획을 저버리지 않았고,
조정에서는 부질없이 세상을 구제할 인물을 버렸네.
순씨(荀氏)의 아손같은[2] 아들은 모두 시원한 기상이 있고,
영공(榮公)의 가법[3]이 모두 좋은 규율이 되었네.
거친 들에는 적막하게 얼굴과 소리 멀어졌으니,
옛날 모습을 어느 인연으로 다시 따를 수 있으랴?

正色論思衆所危, 舊京分守荷鴻私,
江湖不負歸田計, 廊廟虛抛濟世資.
荀氏兒孫皆爽氣, 榮公家法盡良規.
荒原寂寞音容隔, 杖屨何緣得再隨.

2 순씨(荀氏)의 아손같은 : 여기서 순씨는 후한 때의 사람 순숙(荀淑)을 가리킨다. 자는 계화(季和). 행실이 뛰어났고 박학다식하였으며, 아들 여덟을 두었는데, 모두 재명(才名)이 있어서 당시 '순씨팔룡(荀氏八龍)'이라 불렸다고 한다. 여기에서는 홍이상의 여섯 아들이 모두 훌륭하다는 뜻으로 말하였다.

3 영공(榮公)의 가법 : 여조겸의 조부인 여희철(呂希哲 : 1039~1116). 그가 영양공(榮陽公)에 봉해져서 이렇게 부른다. 자는 원명(原明)이며, 변경(汴京) 사람이다. 여공저(呂公著)의 아들로, 범조우(范祖禹)의 추천을 받아 숭정전 설서(崇政殿說書)를 지냈다. 정이(程頤)와 나이가 서로 비슷하였지만, 정이의 학문을 깊이 존경하여 나중에는 스승으로 섬겼다. 「家訓」을 지어 집안사람들이 화목하게 지내는 규율을 제시하였다.

又

동지중추부사同知中樞府事 송영구宋英耇[1]

구슬을 품는 일은 사람에게 귀한 일이고,
힘들여 다듬어야 도가 바야흐로 이루어지네.
과거에 합격함에 용방(龍榜)[2]에서 으뜸을 차지하고,
반열을 따르면서도 들에 나는 쑥을 먹었네.
조정에서는 유아하다는 명망을 추중하고,
제배들은 높은 이름에 기대어 의지하네.
방석에 엎드려 간하는 초고를 불태우고,
홀을 뽑아버리고 두형(杜蘅)[3]을 찼도다.
봉래의 진실된 학사는,

---

1 송영구(宋英耇) : 1556~1620. 자는 인수(仁叟), 본관은 진천(鎭川). 1584년(선조 17년)에 과거에 급제하여 추천으로 승정원 주서(承政院注書)에 임명 정언(正言)・지평(持平)을 거쳐 성절사(聖節使)의 서장관(書狀官)이 되어 북경(北京)에 갔다. 1599년(선조 32년)에 충청도 도사(忠淸道都事) 겸 장주사(掌舟師)가 되었고, 1610년(광해군 2년)에 서용(敍用)되어 필선(弼善)・사간(司諫)・보덕(輔德)・동부승지(同副承旨)에 임명되었고 좌부승지(左副承旨)에 올랐다. 병으로 체직(遞職)되었다가 형조(刑曹)・병조(兵曹)의 참의(參議)・참지(參知)에 임명되었으며 대사간(大司諫)에 옮겨졌다. 이후 경상도 관찰사(慶尙道觀察使), 병조참판 등에 임명되었다.(국역 국조인물고, 1999.12.30, 세종대왕기념사업회)

2 용방(龍榜) : 용방은 문과에 급제하는 사람들의 명단을 발표하는 방이다. 본디 당(唐)나라 때 육지(陸贄)가 진사시(進士試)의 시관이 되어 한유(韓愈) 등 많은 명사를 뽑자, 당시 사람들이 이를 용호방(龍虎榜)이라고 치하한 데서 온 말인데, 우리나라에서는 이 고사를 따다가 문과를 용방이라고 하고 무과를 호방(虎榜)이라고 하였다.

3 두형(杜蘅) : 아욱과 비슷한 향초(香草)인데 입이 말발굽과 비슷하다 하여 마제향(馬蹄香)이라 칭하기도 한다. 굴원(屈原)의 「이소경(離騷經)」에 "두형과 방초도 섞어 심었다.[雜杜蘅與芳芷]" 하였다. 두형과 방초는 뜻이 같고 도가 합한 친구를 비유하는 말이다.

금과 옥같아 곧 공경이라.

옛날에는 팔방의 더러움에 있었는데,

일찍이 만 리에 떠나가는 것과 같다.

자주 마상구(馬上句)[4]에 대해 들었는데,

길게 꿈속에서의 놀람에 든다.

때때로 떠나가서 둘인 분산되고,

근심이 오니 각각 실컷 겪었다.

성절(聖節)[5]을 축하하는 일을 다시 만나니,

바야흐로 개성을 다스리는 때라네.

깊이 사랑함은 당시의 뜻이요,

슬퍼하고 기뻐함은 옛날의 정이라.

서로 보며 질병(疾病)을 근심하고,

끝내 유명(幽冥)으로 나뉘어 떨어져 있네.

딸 셋이 스스로 집안일을 잘하고,

여섯 아들은 모두 세상의 영웅이라.

지란(芝蘭) 같은 아이들에게 후사가 남았으니,

바람과 눈에도 선영(先塋)으로 향한다.

흰머리에 지금 만사(輓詞)를 짓노라니,

붉은 영정으로 영원히 가옵소서.

4 당나라 때 송지문이 지은 「한식」이는 작품 가운데 첫 구절이 "馬上逢寒食"이다.

5 임금의 생일을 성절이라 한다. 조선에서는 중국 황제의 생일날 등에 성절사를 보냈다.

懷珠人所貴, 攻苦道方成.
登第首龍榜, 隨班食野苹.
朝廷推雅望, 儕輩倚高名.
伏蒲焚諫草, 抽笏珮杜蘅.
蓬萊眞學士, 金玉乃公卿.
昔在八方溷, 曾同萬里行.
頻聞馬上句, 長入夢中驚.
時去雨分散, 愁來各飽更.
重逢賀聖節, 正値守開城.
繾綣當時意, 悲歡舊日情.
相看憂疾病, 終至隔幽明.
三女自家道, 六男皆世英.
芝蘭留後事, 風雪向先塋.
白首今題挽, 丹旌永別京.

又

예조참의禮曹參議 유간柳澗[1]

흰 눈이 소의 눈을 적시는데,
붉은 영정은 말 앞에 머물렀다.
나이가 겨우 예순쯤 되었고,
벼슬은 아경(亞卿)에 그쳤네.
문채는 남두(南斗)[2]에서 거두고,
의형(儀刑)은 태산처럼 우러렀네.
청전(靑氈)은 이을 사람이 있음을 아니,
여러 아들은 모두 구슬 반지와 같네.

白雪沾牛目, 丹旐駐馬顔.
年纔六十許, 官止貳卿班.
文彩收南斗, 儀刑仰泰山.
靑氈知有繼, 諸子盡瑤環.

---

1 유간(柳澗) : 1554~1621. 조선 중기의 문신. 본관은 진주(晉州). 자는 노천(老泉), 호는 후재(後材). 유여(柳璵)의 증손으로, 조부는 유광훈(柳光勳)이고, 부친은 유경원(柳敬元)이며, 모친은 권흠(權欽)의 딸이다. 문음으로 입사해 4품직인 첨정(僉正)직을 수행하다가, 1598년(선조 32) 별시 문과에 병과로 급제하였다. 의정부사인, 세자시강원필선, 홍문관교리·부응교를 거쳐 경상도어사로 파견되었다. 광해군이 즉위하자 사은사로 중국에 다녀왔으며, 호조참의·예조참의·형조 참의, 부제학을 거쳐, 다시 대사간직에 임명되었다. 이후 이조참의·병조참판·대사헌을 역임하였다.

2 남두(南斗) : 두남(斗南)과 같은 말로 두북(斗北) 이남이란 뜻이다. 당(唐)나라 인인기(藺仁基)가 적인걸(狄仁傑)을 두고 "적공(狄公)의 어짊은 두북(斗北) 이남에서 한 사람일 뿐이다." 한 데서 온 말로 명성이 매우 높음을 뜻한다.

又

행사직行司直 임장任章[1]

일찍이 글짓는 곳에서 이름을 날려 장원을 하니,
일시의 영웅과 준걸이 모두 따르고 모셨네.
마음에 임금을 보익할 것을 생각하니 성명이 중하였고,
학문에 연원이 있으며 학덕과 아량이 넓었다.
만년에는 벼슬하는 마음이 외직을 구하여서,
고향으로 돌아가는 흥취는 깊은 술잔에 의탁했네.
영원(鴒原)[2]에서 너무 슬퍼하다가 병이 되어서,
나비 꿈 놀라 깨니 곧 슬픔으로 변하였네.
임금께서는 바야흐로 주즙(舟楫)으로 쓸 것을 기약하셨고,
친한 벗들은 문득 기둥과 들보가 부러졌다고 슬퍼하네.
나이는 예순을 넘었지만 오히려 오래살았다 하겠지만,
벼슬은 요금(腰金)[3]에 그쳤으니 재주에 차지 않았네.

---

1 임장(任章) : 1568~1619. 본관은 풍천(豊川), 자는 자룡(子龍)이다. 선조 때 종부시정을 지낸 임영로(任榮老)의 아들이다. 1591년 진사가 되었으나 한동안 벼슬길에 나아가지 않고 은거하다가 1605년 승문원주서와 예문관봉교를 거쳐 형조좌랑이 되었다. 1611년 회천군수에서 면직되었는데, 어릴 때 양육을 맡았던 외할머니가 연로하여 부임하지 못했기 때문이다. 1612년 익사(翼社)의 공훈으로 통정대부에 올랐으며, 1618년 첨중추부사로 있다가 나주목사에 제수되었고 이듬해 2월 8일 부임지에서 사망하였다. 무덤은 경기도 하남시 초일동 풍천임씨 묘역에 있다. (두산백과)

2 영원(鴒原) : 『시경』 소아(小雅) 「상체(常棣)」에 "척령이 언덕에 있으니 형제가 급난을 구한다.[脊令在原, 兄弟急難.]"라고 한 구절에서 유래한 말로, 형제를 뜻한다. '脊令'은 곧 할미새로, '鶺鴒'과 같다.

3 요금(腰金) : 허리에 금인장을 찬 것을 말함. 여기에서는 개성 유수로 나갔던 일을 말함. 『청음집』

뜰에는 순룡(荀龍)[4]들이 늘어서서 복과 경사가 이어지고,
갑이 부러진 뇌검(雷劍)[5]에는 먼지만 쌓였네.
집안끼리 인연이 있어 일찍이 승당의 의를 입었는데,
이날 눈물이 빰에 흐르는 것을 견디기 어렵네.

早擅詞林折桂魁, 一時英俊盡追陪.
心存輔翼聲名重, 學有淵源德量恢.
晩歲宦情求外補, 故園歸興托深杯.
鴒原痛切仍成疾, 蝶夢驚回便作哀.
聖主方期舟楫用, 親朋忽悼棟樑摧.
年踰耳順猶稱壽, 位止腰金不滿才.
庭列荀龍綿福慶, 匣分雷劍鎖塵埃,
連家夙荷陞堂義, 此日難堪淚下腮.

권3의 「택당(澤堂) 이여고(李汝固)가 3품관으로 있다가 승진되어 대학사(大學士)에 제수되었다. 일찍이 듣건대 용재(容齋) 역시 수(守) 대제학(大提學)이 되었다고 하는바, 사문(斯文)에 드물게 있는 일을 다시금 한 집안에서 보게 되었기에 이 시를 지어서 바친다.」라는 시에 "우리나라의 제도에 정품(正品)이어야만 바야흐로 금으로 아로새긴 띠를 띤다."라는 주석이 있다.

4 순룡(荀龍) : 순씨 집안의 용이라는 뜻으로 순숙(荀淑)의 여러 자제들이 모두 훌륭하였던 것을 말함. 여기서는 홍이상의 자제들이 순숙의 자제들 못지 않게 훌륭하다는 뜻으로 쓰임.

5 뇌검(雷劍) : 진(晉)나라 뇌환(雷煥)이 가지고 있던 용천(龍泉)과 태아(太阿) 두 명검을 말한다. 뇌환이 이 명검을 얻어 하나는 자기가 차고 하나는 장화(張華)에게 주었는데, 장화가 복주(伏誅)되면서 그 칼도 없어졌다. 그 뒤 뇌환의 칼을 뇌환의 아들이 차고 다니다가 복건성(福建省) 연평진(延平津)에 이르렀을 때, 차고 있던 칼이 갑자기 물속으로 뛰어들더니, 없어졌던 장화의 칼과 합하여 두 마리의 용으로 변한 뒤 사라졌다는 고사가 전한다. 『晉書 卷36 張華列傳』

又

승정원좌승지承政院左承旨 김지남金止南[1]

선비들이 전배(前輩)로서 추중하였고,
명장(名場)[2]에서는 홀로 실력을 발휘했네.
높은 벼슬하면서 보무도 당당히 따르고,
한낮에도 승명전(承明殿)[3] 가까이에 있네.
출입함에 모두 남은 칼날을 갖추었고,
나아가고 물러남이 문득 법에 맞네.
충담하고 온화하다고 누가 지적했던가?
온자한 것은 덫과 구덩이를 멀리하네.
송도를 다스림에 유애비(遺愛碑)로 기렸고,
만년에는 시골의 농막에 가고픈 마음이라.
목빙(木氷)처럼 아아! 영원히 떠나갔으니,
술잔을 들며 평생을 생각해 보네.

---

1 김지남(金止南) : 1559~1631. 조선 중기의 문신. 본관은 광산(光山). 자는 자정(子定), 호는 용계(龍溪). 순성(順誠)의 현손이며, 아버지는 영동현감 표(彪)이다. 재종숙 양(讓)에게 입양되었다. 1591년(선조 24) 사마시에 합격하고, 같은 해 별시문과에 병과로 급제하여 검열이 되었다. 1593년 정자가 된 데 이어, 지제교·수찬·교리·응교·정언·사간·장령·집의·필선·보덕·승지, 예조·병조·형조참의 등을 두루 역임하였다. 외직으로 행주판관, 경기·평안·전라·강원도의 도사를 거쳐서 경상감사 및 남양·순천·상주·청풍의 수령을 역임하였다. 1623년 인조반정으로 광해군 때 임명된 조신들이 외직에서 모두 파직되었으나 특별히 유임되었다. 저서로는 『용계유고』가 있다.

2 명장(名場) : 명성을 서로 겨루는 장소란 뜻으로, 즉 과거 시험장을 이르는데, 전하여 여기서는 높은 관직을 의미한다.

3 승명전(承明殿) : 한(漢) 나라 미앙궁(未央宮)의 전각 이름으로 시신(侍臣)들이 숙직했던 곳이다.

유아한 논의는 바람이 울리는 바 같고,
기성(箕星)이 밤에 정채가 있는 것 같네.
문과 뜰 안에 용과 봉 같은 아이가 있어,
응당 집안의 명성을 떨어뜨리지 않으리.

士類推前輩, 名場擅獨鳴.
青雲隨步武, 白日近承明.
出入俱餘刃, 行藏動合程.
冲和誰指摘, 蘊藉遠機坑.
遺愛松都政, 殘年野墅情.
木氷嗟永逝, 杯酒想平生.
雅論風收響, 箕星夜有晶.
門庭龍鳳在, 應不墮家聲.

又

분병조참의分兵曹參議 이정혐李廷馦

나이 순으로 성균관에서 노닐 던 때,
성명이 한 시대에 우뚝하게 높았네.
난파(鑾坡)에서는 일찍이 납약(納約)[1]함이 있었고,
백부(柏府)[2]에서는 옛날 천리마를 탔었지.[3]
요순 시절의 임금과 백성의 뜻이고,
부침이 느릿느릿한 세월 가운데 있었네.
끝내 여경(餘慶)이 크다는 것을 알 것이니,
난옥(蘭玉)과 같은 아손이 가풍을 잇는다네.

序齒游庠日，聲名一代隆.
鑾坡曾納約，柏府舊乘驄.
堯舜君民志，浮沈荏苒中.
終知餘慶大，蘭玉續家風.

---

1 납약(納約) : 납약자유(納約自牖)의 준말. 『주역』 「감괘(坎卦)」 육사(六四)에 "맺음을 들이되 통한 곳으로부터 하면 끝내 허물이 없으리라.[納約自牖, 終无咎.]"라 하였는데, 이는 신하가 군주를 깨우칠 때에는 극진한 충성과 옳은 방법으로 군주의 마음을 유도하되, 반드시 군주가 잘 알 수 있는 것부터 시작하여야 한다는 뜻이다.

2 백부(柏府) : 사헌부를 말함. 한(漢)나라 때 어사대(御史臺)에 잣나무를 많이 심었으므로 백부(柏府) 혹은 백대(柏臺)라고 부르게 된 고사가 있다. 『漢書 卷83 朱博傳』

3 백부(柏府)에서 천리마를 탔었지 : 후한 때 환전(桓典)이 시어사(侍御史)가 되었는데, 그때 환관이 권세를 휘두르고 있었다. 환전이 정치를 하면서 전혀 그들을 꺼리지 않고 항상 총마를 탔으므로 당시 경사(京師)에서 그를 총마어사라고 불렀다. 『後漢書 卷37 桓典列傳』 여기에서는 홍이상이 대사헌이 되어 권신을 두려워하지 않고 법대로 처리했음을 나타내는 말로 쓰였다.

又

분병조참의分兵曹參議 김용金涌[1]

1

높은 이름과 큰 덕이 조정 진신 중 으뜸이고,
큰 복이 공과 같은 이 또한 무리 가운데 없도다.
여러 자제들 뜰에 가득한데 발탁된 사람이 많고,
겸금(兼金)[2]을 허리에 둘러도 더욱 청빈하다네.
구천에서 난새와 봉황이 높이 날아오르는 날이고,
평지에서는 신선이 늙은 몸으로 물러나는 때이다.
나이는 안회의 곱절이니 불행한 것이 아니지만,
이같은 사람이 오래 살지 못한 것이 한탄스럽네.

高名碩德冠朝紳, 介福如公又絶倫.
群玉滿庭多妙選, 兼金橫帶益清貧.
九泉鸞鳳登崇日, 平地神仙退老身.
年倍顔回非不幸, 所嗟猶未壽斯人.

1 김용(金涌) :1557~1620. 조선시대 문신. 자는 도원(道源), 호는 운천(雲川), 본관은 의성이다. 34세에 문과에 급제하고 승문원부정학(承文院副正學)·예문관검열(藝文館檢閱) 등을 지냈으며, 임진왜란 때 안동수성장(安東守城將)으로서 많은 공을 세웠다. 『선조실록』 편찬에 참여하였으며, 『운천집』 『운천호종일기』 등을 남겼다. (두산백과)

2 겸금(兼金) : 『맹자』 「공손추(公孫丑)」 하(下)에 보이는 주자의 주에 의하면, 겸금은 좋은 금이니 그 값이 다른 금보다 배가 비싸기 때문에 겸금이라고 한다.

2

봄바람이 좌중의 태화배(太和杯)에 불어 오는데,
이별한 뒤 북두칠성이 얼마나 돌았나 묻네.
화부(花府)[3]의 두 하늘에는 깊은 우로가 내리고,
송경의 한 편지는 보배 구슬보다 더 무겁네.
날마다 의표가 조정의 오른쪽 돌아오기를 바랐는데,
누가 생각이나 했으랴? 용음(容音)이 야대(夜臺)[4]로 멀어진 것을.
숙직하는 집에 갇혀서 외롭게 불자를 잡고,
평소의 마음을 쓰려고 하니 또 절제하기가 어렵네.

春風座接太和杯, 別後星杓問幾回.
花府二天深雨露, 松京一札重瓊瑰.
日望儀表還朝右, 誰料容音隔夜臺.
牢鎖直廬孤執紼, 欲書情素又難裁.

3 화부(花府) : 경상북도 안동을 가리키는 말. 안동의 옛 이름이 화산(花山)이고, 홍이상은 일찍이 안동부사를 지낸 바 있다.
4 야대(夜臺) : 늘 깜깜한 땅속 무덤을 말한다.

又

홍문관직제학弘文館直提學 유희발柳希發[1]

사람들이 나라에 노성한 사람이 있다고 말하니,
아이들조차 또한 공의 이름을 외울 줄 아네.
문장은 두 번 과거시험에서 장원을 하였고,
벼슬은 무성한 군영[2]을 거듭 열었다네.
이십년 동안의 남다른 은혜 경악에서 총애했고,
두 조정에서의 특별한 대접은 죽든 살든 영광이다.
지금 봉황이 살던 굴에 남은 깃털이 있으니,[3]
다른 날 벼슬길에서 명성을 떨어뜨리지 않으리.

人謂邦家有老成, 兒童亦識誦公名.
文章再首龍墀策, 仕宦重開蔽芾營.
卄載異恩經幄寵, 兩朝殊遇死生榮.
卽今鳳穴遺毛在, 雲路他年不墮聲.

---

1 유희발(柳希發) : 1568~1623. 본관은 문화(文化), 자는 인초(韌初)이다. 1568년(선조 1) 문양부원군(文陽府院君) 류자신(柳自新)의 넷째 아들로 태어났다. 여동생이 광해군의 비 문성군부인(文城郡夫人) 유씨(柳氏)이다. 1590년(선조 23) 생원시와 진사시 양시에서 합격하고 1609년(광해군 1) 증광시문과에서 병과로 급제하였다. 여러 관직을 거쳐 종2품 이조참판에 올랐다. 1623년 인조반정으로 광해군이 폐위당하자 이에 연루되어 형 유희분(柳希奮)과 함께 참형되었다. (두산백과)

2 폐불(蔽芾) : 『시경』 「감당(甘棠)」의 "무성한 감당나무를 자르지도 말고 휘지도 말라. 소백이 머무셨던 곳이니라.[蔽芾甘棠, 勿翦勿拜, 召伯所說.]"라는 말에서 나온 것이다. 이 시는 주(周)나라 소백(召伯) 즉 소공(召公) 석(奭)의 덕정(德政)을 찬미한 것이다.

3 홍이상의 집에 뛰어난 자제들이 남아 있음을 말한 것이다.

又

사복시정司僕寺正 유희량柳希亮[1]

일찍이 갈옷 입고 반궁에서 지낼 때를 생각하니,
함장으로부터 태학의 책 가르치시는 것 자주 받았네.
교육을 하심에 성정의 밖을 넘지 않으시고,
사수(泗水)의 나머지를 천명하여 모두 기술하였네.
제생들이 경앙(景仰)하기를 북두성과 나란히 하였고,
한 시대에서 추존하기를 궤거(軌車)와 같이 하였네.
바로 이야기하여 오히려 능히 사기를 북돋았고,
회포를 말아다가 어찌하면 보답[2]할 수 있을까?
벼슬을 탐내어 사필을 잡고 경연에 오른 날이었고,
정치는 조정의 강령을 잡고 임금을 돕는 처음이라네.
보좌 가까이에서 몇 번이나 청의(淸議) 절실히 진언했던가?
지금까지도 오히려 마음을 시원하게 비웠다네.
먼지를 날리며 벼슬을 함에 도리어 게으름이 많고,
옛나라의 유후(留侯)[3]만이 쓰고 놓아주는 것이네.

---

1 유희량(柳希亮) : 1575~1628. 본관 문화(文化). 자 용경(龍卿). 호 제교(霽嶠)·봉음(峯陰). 광해군의 처남. 1603년(선조 36) 생원이 되고, 1608년(광해군 즉위년) 별시문과에 을과로 급제하여, 검열·설서·정언·전한·이조정랑·교리·수찬·지평·직제학 등을 역임하고, 1610년 분승지(分承旨)·사복시정(司僕寺正) 등을 거쳐 예조참판에 이르렀다. 1623년 인조반정으로 집안이 화를 당할 때 거제도에 유배되었고, 1628년(인조 6) 아들 두립(斗立) 및 조카 효립(孝立)의 역모사건에 연좌, 유배지에서 교수형을 받았다. (두산백과)

2 원문의 경거(瓊琚)는 『시경』 「목과(木瓜)」에 나오는 말로, 모과를 던져주었을 때, 경거로 보답한다는 내용이 있다.

야인으로 물러남에 행장은 오로지 갠 달이고,
기심이 없는 심사는 다만 강의 물고기라네.
으뜸으로 본받을 이를 천상에서 광채를 거두어가니,
상서로운 구슬이 인간세계에 족히 갈무리 되었네.
내가 늦게 바다를 측량하는 것과 같다 들었으니,
성년의 아름다운 공적이 다시 어떠하겠는가?

憶曾披褐泮宮居, 函丈頻承太學書.
敎育不踰誠正外, 闡明咸述泗洙餘.
諸生景仰齊星斗, 一代推尊若軌車.
直道尙能扶士氣, 卷懷胡乃解瓊琚.
叨簪史筆登筵日, 政把朝綱補衮初.
近座幾陳淸議切, 至今猶想爽襟虛.
飛埃做官還多倦, 古國留侯是用舒.
退野行裝惟霽月, 息機心事但江魚.
法魁天上收光彩, 瑞璧人間足貯儲.
小子晩聞同測海, 盛年佳蹟復何如.

3 유후(留候) : 한나라 유방의 참모였던 장량(張良)의 봉호.

又

의정부사인議政府舍人 정호선丁好善[1]

천구처럼 쪼아내지 않아도 순수하고 온아하며,
일찍부터 옷을 여미고 행촌(杏村)[2]의 문하에 있었네.
봉황과 같은 거동은 유림에서 성가가 중하였고,
붕새가 날개를 치듯 벼슬길은 명예와 높음을 기대했네.
벼슬을 버리고 만년에 전현이 남긴 자취 따르고,
소매를 가리며 끝내 옛 성인의 말에 마음 아파하네.
적선하여 바야흐로 여경이 길이 있을 것을 아니,
아름다운 난초의 빛나는 잎이 높은 문을 빛내네.

天球不琢粹而溫，早歲摳衣在杏村.
鳳擧儒林聲價重，鵬搏雲路望譽尊.
投簪晩挹前修躅，掩袂終傷古聖言，
積善方知餘慶遠，猗蘭奕葉賁高門.

1 정호선(丁好善) : 1571~1632. 본관 나주(羅州). 자 사우(士優). 호 동원(東園). 대사헌 윤복(胤福)의 아들. 1601년(선조 34) 진사가 되고, 그 해 식년문과(式年文科)에 을과로 급제한 뒤 지평(持平)·정언(正言)·수찬(修撰)·응교(應教)를 지냈다. 1611년(광해군 3) 강원도관찰사 때 부정을 한 춘천부사 이원엽(李元燁), 양양현감(襄陽縣監) 신경우(申景遇)를 파면시켜 관기를 세웠다. 1616년 사인으로 천추사(千秋使)가 되어 명나라에 다녀오고, 인목대비(仁穆大妃)의 폐모론(廢母論)이 일어나자 사임하였다. 1623년 인조반정 후 안변부사(安邊府使)·풍기군수가 되었다. (두산백과)
2 행촌(杏村) : 민순을 말하는데, 홍이상이 행촌에게 가서 공부한 바 있다.

又

사과司果 이충양李忠養[1]

당시에는 학덕과 명망이 꺾이었는데,
낭묘(廊廟)에서는 먼저 올랐다 일컬었네.
뜻은 간직했지만 몸은 도리어 늙었고,
전원으로 돌아갔지만 병은 낫지 않았네.
임금께서는 마치 거울 잃어버리신 듯,
문헌(文獻)은 더욱 찾을 길이 없었네.
오래살고 부유한 것 모두 갖추기 어렵지만,
많은 아들을 세상에서 모두 훌륭하다 일컫네.

當時摧德望, 廊廟謂先登.
齎志身還老, 歸田病未能.
聖明如失鑑, 文獻更無徵.
壽富雖難備, 多男世共稱.

1 이충양(李忠養) : 1564~미상. 본관은 전주(全州). 자는 효숙(孝叔), 호는 후계(後溪). 효령대군(孝寧大君) 보(補)의 8대손으로, 집(楫)의 증손이며, 할아버지는 요빈(堯賓)이고, 아버지는 군수 한(澣)이며, 어머니는 이응벽(李應璧)의 딸이다. 1596년(선조 29) 정시문과에 을과로 급제하고, 1599년 사간원정언이 된 뒤 헌납·사헌부지평을 거쳐 1603년 장령이 되었다. 그 뒤 성균관직강·충좌위부호군(忠佐衛副護軍)·세자시강원문학을 거쳐 1608년(광해군 즉위년)에는 필선에 올랐으며, 사간·장령 등을 역임하고 1621년 통례원좌통례(通禮院左通禮)가 되었고, 이듬해 형조참의에 이르렀다. (한국민족문화대백과, 한국학중앙연구원)

又

우통례右通禮 한회韓懷[1]

유학하기를 물고기가 떼지어 다니는 것 같이 했고,
잇따라 혼인함은 기러기가 줄을 지어 나는 것 같았네.
영고성쇠의 마음은 유독 옛날과 변함이 없는데,
살아있고 죽는 것의 한 가운데 어떤 것이 길던가?
위궐(魏闕)[2]을 떠나 바야흐로 먼 곳에 있지만,
교외의 거처에는 즐거움이 끝이 없네.
흰머리로 벼슬살이도 않고 지내고 있다가,
부질없이 사람을 죽은 것에 통곡하노라.

游學魚同隊, 聯姻鴈一行.
榮枯情獨舊, 存沒恨何長.
魏闕違方遠, 郊栖樂未央.
白頭無籍在, 空復慟人亡.

1 한회(韓懷) : 1550~1621. 조선의 문신. 자는 민성(民聖). 호는 태항(笞巷)·유하(柳下). 본관은 청주(淸州). 진사·생원시에 합격하고, 1583년(선조 16) 문과에 급제, 예조 좌랑(禮曹佐郎)을 거쳐 1594년 진주사(陳奏使)의 서장관(書狀官)이 되어 명나라에 다녀왔다. 공조 참의(工曹參議)에서 승지(承旨)에 이르러 호성원종(扈聖原從) 공신의 호를 받았다. 글씨를 잘 썼다. 사망한 후에 이조 참판에 추증되었다. (인명사전, 2002.1.10, 민중서관)

2 위궐(魏闕) : 위궐(魏闕)은 궁성(宮城)의 정문(正門)으로 법령을 게시하던 곳.『장자(莊子)』에 공자모(公子牟)가, "몸은 강해(江海) 위에 있으나, 마음은 위궐(魏闕) 아래 있도다." 하였다.

又

전부사前府使 이흘李忔[1]

일찍이 청망을 날려 조신 가운데 우뚝하고,
경악에서 조용히 지낸 지 40년이 되었네.
미옥이 어찌 번거롭게 현육[2]을 구할 것인가?
정금(精金)은 원래 치린(緇磷)[3]을 받지 않는다네.
가정에서의 효우(孝友)와 별다른 차이가 없으니,
이항(里巷)에서 훈도(薰陶)하니 덕이 있으면 이웃이 있다.
경기와 경상도의 관찰사가 되어 임금의 교화를 드러내고,
맑은 봄에 대나무를 나누어 상친을 위하였네.
문창(文昌)의 지위와 질서에서 선진을 추대하고,
교목의 나라와 집에서 세신(世臣)을 우대하였네.
난옥의 경사가 이어지는 것은 적선으로 말미암았고,
임진년 세월이 가까우니 어진 이에게 곡하네.

---

1 이흘(李忔) : 1568~1630. 조선의 학자. 자는 상중(尙中), 호는 설정(雪汀), 시호는 충장(忠章). 본관은 경주(慶州). 천일(天一)의 아들. 1591년(선조 24) 문과에 급제, 성균 학유(成均學諭)를 거쳐 괴원(槐院)에 속하였다. 1597년(선조 30) 중시(重試)에 급제, 공조 정랑(工曹正郎)이 되어 명나라 유격(遊擊) 진우충(陳禹衷)을 접대, 그의 중국어 실력을 과시하였다. 그 후 호조·예조 양 정랑(正郎)을 지내고, 1621년(광해군 13) 종부시정(宗簿寺正)에 올랐으나 모함으로 한때 야(野)에 있다가 인조반정으로 복귀, 지제교(知製敎)에 이르렀다. (인명사전, 2002.1.10, 민중서관)

2 현육(衒鬻) : 자기의 재주를 자랑하여 써 주기를 구하는 것.

3 치린(緇磷) : 치(緇)는 검은 물을 들여 검어지는 것이고 인(磷)은 갈려 얇아지는 것으로, 치린에 부끄럽다는 것은 의지가 확고하지 못하여 지조를 지키지 못함을 이른다. 『논어(論語)』「양화(陽貨)」에 "단단하다고 말하지 않겠는가, 갈아도 얇아지지 않으니. 희다고 말하지 않겠는가, 검은 물을 들여도 검어지지 않으니.[不曰堅乎 磨而不磷 不曰白乎 涅而不緇]"라고 하였다.

고향에 집을 짓는 것은 진실로 우연이 아니니,
만년에 돌아가 쉬고자 하는 계획을 펴지도 못하였네.
복덕을 고금에 누가 잘하나 비의할 것인가?
애영은 시종 평범한 무리와 함께 마칠 것이네.
붉은 영정이 길을 열고 차가운 밤 달도 없이,
흰눈이 하늘에 가득한데 밤은 새벽이 오지 않네.
내가 병들어 호리곡(蒿里曲)으로 전송을 하지 못하니,
앉아서 해로곡(薤露曲)[4] 듣고는 두건이 눈물에 젖네.

早將清望聳朝紳, 經幄從容四十春.
美玉何煩求衒鬻, 精金元不受緇磷.
家庭孝友言無間, 里巷薰陶德有隣.
畿嶺芟棠宣聖化, 清春分竹爲孀親.
文昌位秩推先進, 喬木邦家有世臣.
蘭玉慶綿由善積, 龍蛇歲逼哭賢人.
桑鄉卜築誠非偶, 晩節歸休計莫伸.
福德古今誰比擬, 哀榮終始邁凡倫.
丹旐啓路寒無月, 白雪滿空夜不晨.
小子病違蒿里餞, 坐聞薤露倍沾巾.

4 호리곡(蒿里曲)과 해로곡(薤露曲) : 호리곡과 해로곡은 모두 죽은 이를 애도하여 짓는 장송가(葬送歌)를 말하는데, 왕공(王公) 귀인(貴人)들에 대해서는 보통 해로곡(薤露曲)이라 하고, 사대부와 서인에 대해서는 호리곡(蒿里曲)이라 한다. 『史記 田儋傳 注』

又

전부사前府使 박효생朴孝生[1]

젊어서는 아우를 좇아 힘겹게 따라했는데,
형으로 원방(元方)을 섬기며 의기가 많았네.[2]
세상을 놀라게 하는 봉황새의 울음 듣기를 좋아했고,
살아가면서 임진왜란이 일어남을 차마 보았네.
정이 골육과 같은데 어찌 서로 져버렸던가?
슬픔은 가까운 친척을 잃은 것에 비유하리라.
서생이 밥을 먹지 못하는 것을 한스러워하노니,[3]
슬프다 가난함이여 통곡한들 어찌하리?

---

1 박효생(朴孝生) : 1556~?. 본관은 함양(咸陽)이고 자는 성중(誠仲)이다. 진사시에 입격하여 봉사(奉事)가 되고, 1595년(선조 28) 별시문과에 병과로 급제한 뒤 형조좌랑·정언·지평·장령 등을 지냈다. 1605년 춘추관편수관(春秋館編修官)이 되어 임진왜란으로 불탄 실록을 복구하는 작업에 참가하였고, 같은해 군자감부정(軍資監副正)에 올랐다. 1617년(광해군 9)에는 직강(直講)으로 있으면서 대북(大北) 세력의 정책에 따라 왕대비(王大妃 : 仁穆大妃)의 폐비를 요청하는 정청(庭請)에 가담하였다. (두산백과)

2 두 사람 사이 서로 우열을 가리기 어려운 경우 사용하는 난형난제(難兄難弟)의 고사이다. 아버지 陳太丘(진태구)가 아들인 陳元方(진원방)과 陳季方(진계방)에 대해 우열을 묻자 "元方도 형 노릇하기가 곤란하지만 季方도 동생 노릇하기에는 곤란하다."(元方難爲兄, 季方難爲弟)고 대답한 데에서 유래하였다.

3 서생이 … 하니 : 서생은 서유자(徐孺子 서치(徐穉))를 말함. 진번(陳蕃)이 예장(豫章)의 태수로 있을 적에 그와 사귀었는데, 걸상을 하나 마련해 두었다가 그가 가고 나면 걸어 두었다고 하니, 서유자를 알아보았기 때문이었다. 서유자는 자신이 직접 농사를 지어 먹고살면서 조정에서 여러 차례 불렀지만 나가지 않았다. 진번이 상서령(尙書令)이 되자 조정에 천거하여 불렀는데, 그는 역시 세상에 나가지 않고, 가난하게 살았다.

少從難弟作蓬麻, 兄事元方分義多.

驚世喜聞鳴鳳鳥, 遭年忍見値龍蛇.

情均骨肉寧相負, 哀喩緦功定有過,

却恨徐生未籍飯, 傷哉貧也慟如何.

又

전정랑前正郎 곽열郭說[1]

대단했던 성명은 팔해(八海)[2]를 진동시켰고,
어린 나이에 장옥(場屋)에서 문과에 장원하였네.
문장은 이로부터 진실로 여사(餘事)가 되었지만,
우리 도를 이로 말미암아 배양하게 되었네.
서액(西掖)에서 임금의 뜻을 기록함에 건필을 휘둘렀고,
동전(東銓)[3]에서는 지론으로 여러 인재를 선발하였네.
두 조정에서 가까이 모심은 명주(明主) 때문이고,
백리에 부절을 나누어 간 것은 봉양하기 위함이네.
학력(學力)은 이미 마음속에서부터 얻었고,
충성(忠誠)은 또한 효 가운데에서부터 나온다.
영남의 백성들 오랫동안 감당(甘棠)의 사랑을 맺었고,
조정의 의론은 조서를 쓸 재주라고 길이 생각했네.
집이 서쪽 교외에 있어 몸은 잠시 물러나고,
마음은 북궐에 달려 꿈 속에 자주 돌아가네.

---

1 곽열(郭說) : 1548~1630. 본관은 청주(淸州)이고, 자(字)는 몽득(夢得)이며, 호(號)는 서포이다. 1601년(선조 34) 식년문과에 갑과로 급제하여 전적(典籍)을 지냈다. 외숙(外叔)인 김자점(金自點)이 권세를 남용하여 간(諫)하였으나 받아들이지 않자, 병을 핑계로 원주(原州)로 은퇴하였다. 이조판서에 추증되었다. (두산백과)

2 팔해(八垓) : 여덟 방위의 끝으로, 온 세계를 말한다. 팔방(八方).

3 동전(東銓) : 이조(吏曹)를 말함. 이조에서 인사를 담당하므로 전조(銓曹)라고 하는데, 이조는 오방으로 치면 동방에 해당하므로 동전이라 한 것이다.

경서가 있어도 자손에게 전할 보배와 바꾸지 않고,
일이 없어 길이 진일배(盡日杯)를 모두 마시네.
고향에서는 겨우 송국이 있을 살폈는데,
새벽의 노래에서는 이윽고 동량이 무너졌다 알리네.
고양의 못과 집에 손님과 벗이 흩어지고,
고향을 그려 넓고 아득히 기구들은 슬퍼한다.
사씨(謝氏)에게 옥수(玉樹)를 벌여놓은 듯한 아이가 있고,[4]
래공(萊公)에게는 누대를 일으킬 땅이 없도다.[5]
어렸을 적에 죽마(竹馬)를 타고 놀던 옛 친구가,
부평같은 세상의 망아지 빛(세월)[6]을 재촉하네.
동학(同學)의 고인은 모두 적막하게 되었고,
오직 늙은 나만 홀로 슬픈 노래를 부르고 있네.
어찌 견디랴? 다른 날 서주(西州)의 길[7]에,

---

4 옥수(玉樹) : 진(晉)나라의 사안(謝安)이 여러 자제들에게 "왜 사람들은 모두 자기의 자제가 출중하기를 바라는가?" 하고 묻자, 아무도 대답하지 못하고 있었는데, 조카 사현(謝玄)이 "이것은 마치 지란(芝蘭)과 옥수(玉樹)가 자기 집 정원에서 자라나기를 바라는 것과 같습니다." 한 데서 유래한 말로, 훌륭한 인물이나 자제를 가리킨다. 『晉書 卷79 謝安傳』(한국고전번역원)

5 내공(萊公) : 북송(北宋)의 정치가로 내국공(萊國公)에 봉해진 구준(寇準)을 가리킴. 그가 뜻을 얻지 못해 파동현(巴東縣)의 수령으로 있을 적에 선정(善政)을 베풀었으므로, 그가 심은 소나무를 백성들이 감당(甘棠)나무에 비겼다는 '내공백(萊公柏)'의 고사가 있다.

6 구광(駒光) : 구광은 곧 '隙駒光景'의 줄임말인데, 세월이 틈사이의 말처럼 빨리 지나가는 것을 말한다.

7 서주(西州) : 진(晉)나라의 명재상인 사안(謝安)이 평소에 생질인 양담(羊曇)을 애지중지하였는데, 사안이 죽자 양담이 다시는 사안이 살던 서주(西州)로 가지 않았다. 그러다가 크게 취하여 자신도 모르는 사이에 타고 있던 말이 서주의 문에 이르렀다. 따르는 사람이 "이곳은 서주의 문입니다."라고 말하자, 양담은 슬픈 감회를 이기지 못하여 말채찍으로 문을 두드리며 "살아서는 화려한 집에 거처하더니, 영락하여 언덕으로 돌아갔네. [生存華屋處. 零落歸山丘.]"라는 조조(曹操)의 시를 외우고 통곡하였다고 한다. 『晉書 卷79 謝安列傳』(한국고전번역원)

영락한 차가운 연기가 초래(草萊)에 끼인 것을.

藉甚聲名動八垓, 早年場屋冠文魁.
文章自是眞餘事, 吾道由來賴植培.
西掖演綸揮健筆, 東銓持論揀群材.
兩朝侍幄緣明主, 百里分符爲養孩.
學力已從心上得, 忠誠亦自孝中來.
嶺民久結甘棠愛, 朝議長思詔草才.
家在西郊身暫退, 心懸北闕夢頻回.
有經不換傳孫寶, 無事長傾盡日杯.
故里纔審松菊在, 晨歌俄報棟梁摧.
高陽池館賓朋散, 峴首滄茫者舊哀.
謝氏有兒羅玉樹, 萊公無地起樓臺.
少時騎竹交遊舊, 浮世駒光歲月催.
同學故人皆寂寞, 惟餘老我獨悲欸.
那堪他日西州路, 冷落寒烟鎖草萊.

又

전군수前郡守 김창일金昌一[1]

1

조도가 처음 열리고 새벽 수레가 떠나니,
수레채를 잡고 눈 속에서 다시 머뭇거리네.
구천에서 응당 오산(烏山)의 친구들을 보리니,
인간세상에 이 늙은이만 남았다고 전해주오.

祖道初開發曉車, 攀轅雪裏更躕躇.
九泉應見烏山舊, 爲報人間此老餘.

2

한천자(寒泉子)와 금양(衿陽)의 나그네가,
마주하고 불평한 뜻을 슬피 노래했네.

1 김창일(金昌一) : 1548~1631. 본관 경주. 자 형길(亨吉). 호 사한(四寒). 김근공(金謹恭)의 문인. 1595년(선조 28) 유일(遺逸)로 장원서별제(掌苑署別提)가 되고 이어 의금부도사(義禁府都事)를 지냈다. 1623년 인조반정이 일어나자 청도군수(淸道郡守)로 재기용되고, 1627년 정묘호란 때 원주에 돌아가 80의 나이에 의병장에 추대되었다. 난이 끝난 뒤 선공감첨정(繕工監僉正)이 되고, 1630년 중추부동지사(中樞府同知事)에 이르렀다. 어려서부터 꾸준히 학문을 닦아 학식이 뛰어나고 서문에도 능하였다. (두산백과)

재력과 근력 모두 예에 맞지 않으니,
궁한 이나 늙은이나 함께 정이 없도다.

寒泉子與衿陽客, 相對悲歌意不平.
財力筋力未以禮, 窮人老人俱無情.

又

홍문관부교리弘文館副校理 김질간金質幹[1]

금천(金天)의 화악(華嶽)이 정영을 내려주어서,
덕망(德望)과 문장(文章)을 젊은 나이에 드날렸네.
묘당에서 도를 논함에 지극한 이치를 알고,
원한(垣翰)[2]에서 승류(承流)[3]하여 어진 소리 퍼졌네.
의관(衣冠)의 세업(世業)은 전배를 빛나게 하고,
효우의 가풍(家風)은 후생(後生)을 일으킨다.
덕유(德帷)에 먼지 어두운데 밤의 촛불은 다하고,
해로곡을 견디지 못하며 붉은 영정을 보낸다.

金天華嶽降精英，德望文章擅妙齡.
論道廟堂知至理，承流垣翰播仁聲.
衣冠世業光前輩，孝友家風起後生，
塵暗德帷宵燭盡，不堪薤露送丹旌.

1 김질간(金質幹) : 1564년~ 1621. 조선 중기의 문신. 본관은 광산(光山). 자는 문오(文吾), 호는 쌍매(雙梅). 할아버지는 광우(光佑)이고, 아버지는 성균박사 응구(應龜)이며, 어머니는 노경기(盧景?)의 딸이다. 1588년(선조 21) 생원시에 합격하고, 1601년 식년문과에 병과로 급제하여 전적(典籍)에 임명되었다. 그 뒤 병조좌랑 등 내외의 여러 관직을 역임하다가 1608년(광해군 즉위년)에 지평(持平), 1612년 병조정랑에 승진하였다. 1618년 여러 차례 승지에 오르고 판결사를 지내다가, 1621년 대사간·이조참판이 되었으나 곧 죽었다. (한국민족문화대백과, 한국학중앙연구원)

2 원한(垣翰) : 왕실을 덮고 지키는 사람을 말하기도 하지만, 여기에서는 미원과 한림원을 줄여서 한꺼번에 말한 것으로 보인다.

3 승류(承流) : 승류선화(承流宣化)의 준말. 『한서(漢書)』 「동중서전(董仲舒傳)」에 나오는 말로, 풍교(風教)를 받들어 숭상하고 은택을 베풀어 백성을 교화시키는 지방 관원의 직분을 가리키는 말이다.

又

이조정랑吏曹正郞 박정길朴鼎吉[1]

조년에 높은 지위에 있는 사람의 바람을 수립하여,
여유있게 지내는 만년의 절개에서 천진(天眞)을 본다.
문장의 여력은 늙어서 오히려 건장하고,
편하든 험하든 한마음이라 갈아도 갈리지 않네.
지위는 아경에 그쳤으니 어찌 덕에 맞으며,
나이가 겨우 하수이니 어찌 인을 구하랴?
경서를 전함에 후손이 있는 것에 힘입으니,
고양의 팔현(八賢)[2]이라 일컫는 이와 더불어 머무네.

樹立早年崇地望, 優游晩節見天眞.
文章餘力老猶健, 夷險一心磨不磷.
位止亞卿寧稱德, 年纔下壽詎徵仁.
傳經賴有後昆在, 留與高陽稱八人.

1 박정길(朴鼎吉) : 1583~1623. 본관 밀양. 자 양이(養而). 1601년(선조 34) 사마시에 합격, 1606년 증광문과에 급제하여 사관(史官)으로 등용되었다. 이어 사인(舍人)을 거쳐 사가독서(賜暇讀書)하였다. 1616년(광해군 8) 문과중시에 급제하고, 1618년 전한(典翰)・직제학을 거쳐 우부승지(右副承旨)가 되었다. 그해 성절사 겸 진주사(聖節使兼陳奏使)로, 동지사(冬至使)를 겸하여 명나라에 다녀왔다. 1620년 대사성・공조참판을 지내고, 1622년 문안사(問安使)로서 명나라 도독(都督) 모문룡(毛文龍)을 영접하고, 이듬해 병조참판을 지냈다. 인조반정이 일어나자, 앞서 광해군 때 폐모론(廢母論)을 주장한 일로 주살되었다. (두산백과)

2 고양의 팔현(八賢) : 고양 지방과 관련이 있는 여덟 어진 사람. 민순(閔純), 남효온(南孝溫), 김정국(金正國), 기준(奇遵), 정지운(鄭之雲), 이신의(李愼儀), 홍이상(洪履祥), 이유겸(李有謙)이다.

又

병조정랑兵曹正郞 고용후高用厚[1]

몇 년이나 길이 채찍을 잡는 정성을 가졌던가?
일찍이 송도를 지나며 비로소 이름을 들었었네.
인끈을 던지고 후록(厚祿)을 사양했다고 문득 들었는데,
누가 생각했으랴? 방아소리 그치고[2] 무덤으로 내려갈 줄을.
사씨의 뜰처럼 난옥이 많다고 사람들이 다투어 말하고,
이부(吏部)[3]와 같이 뛰어난 문장에 세상에서 이미 놀랐네.
이승의 향기나는 덕을 어찌 다시 얻으랴?
삭운(朔雲)과 한설(寒雪)이 흐르는 눈물을 돕는다.

---

1 고용후(高用厚) : 1577~?. 본관 장흥(長興). 자 선행(善行). 호 청사(晴沙). 임진왜란 때의 의병장 경명(敬命)의 아들로, 1605년(선조 38) 진사가 되고, 이듬해 증광문과(增廣文科)에 을과로 급제하였다. 1607년 예조좌랑, 1614년(광해군 6) 병조정랑이 되었으며, 이듬해 사가독서(賜暇讀書)하였다. 1616년 남원부사, 1624년(인조 2) 고성군수를 거쳐 뒤에 판결사(判決事)에 이르렀다. 저서에 『정기록(正氣錄)』과 문집 『청사집』 등이 있다. (두산백과)

2 방아소리 그치고 : 포저의 부음(訃音)을 듣게 되었다는 말이다. 송(宋)나라 황정견(黃庭堅)의 한헌숙공만사(韓獻肅公挽詞)에 "바야흐로 큰 말의 술을 바쳐 장수를 기원하는 때에, 진나라 방아 소리가 멈출 줄 어찌 알았으랴.[方祈酌周斗 何意輟秦舂]"라는 말이 나온다. 『山谷集 卷20』 참고로 『시경』 대아(大雅) 행위(行葦)에 "큰 말의 술을 바쳐, 장수를 기원한다.[酌以大斗 以祈黃耇]"라는 말이 나온다. 그리고 춘추 시대 진(秦)나라의 오고대부(五羖大夫) 백리해(百里奚)가 세상을 떠나자 "남녀가 모두 눈물을 흘리며, 동자는 노래를 부르지 않고, 방아 찧는 사람들은 서로 절구질을 멈추었다.[男女流涕 童子不歌謠 舂者不相杵]"라는 말이 『사기(史記)』 권68 상군열전(商君列傳)에 나온다.

3 이부(吏部) : 당나라의 문장가 한유(韓愈)를 말함. 그는 이부시랑을 지낸 적이 있어 이렇게 부른다.

幾年長抱執鞭誠, 曾過松都始納名.
投紱乍聞辭厚祿, 輟春誰意下佳城.
謝庭蘭玉人爭道, 吏部文章世已驚.
薰德此生寧復得, 朔雲寒雪助沾纓.

又

병조정랑兵曹正郞 남이웅南以雄[1]

사문의 아망(雅望)은 유신 가운데 으뜸이고,
늙지도 않아서 영화를 사양한 사람 몇이나 되랴?
적막한 고양 땅에서 오늘부터 알 것이니,
외로운 봉우리 눈 속의 달이 분신이라네.

斯文雅望冠儒紳，不暮[2]辭榮世幾人.
寂寞高陽從此日，孤峰雪月是分身.

1 남이웅(南以雄) : 1575~1648. 본관 의령(宜寧). 자 적만(敵萬). 호 시북(市北). 시호 문정(文貞). 1606년(선조 39) 진사시(進士試)에 합격하였고, 1613년(광해군 5) 증광문과(增廣文科)에 병과로 급제하여 정언(正言) · 수찬(修撰) · 응교(應敎)를 역임하였다. 1623년 인조반정 뒤 오위장(五衛將) · 황해도관향사(管餉使) · 안악군수를 지내고, 이듬해 이괄(李适)의 난 때 황주수성대장(黃州守城大將)으로 도원수 장만(張晩)을 도와 공을 세워 진무공신(振武功臣) 3등에 책록, 춘성군(春城君)으로 봉해졌다. 1646년(인조 24) 우의정이 되어 민회빈(愍懷嬪) 강씨(姜氏)의 사사(賜死)에 반대하고 사직했다가, 1648년 좌의정이 되었다. (두산백과)

2 이 글자는 원전의 주에 慕가 아닌가 한다[疑慕]고 하였는데, 원래의 暮라야 뜻이 통한다. 不暮는 늙지 않았다는 뜻이다.

又

전정언前正言 이정李涏

두 조정에서 몸과 나라의 안위를 위하였는데,
하룻밤 서릿바람에 옥과 지란같은 이가 시든다.
혼백(魂魄)은 어느 곳으로 가는지 모르는데,
부용성의 성곽을 오색 구름이 둘러싸고 있네.

兩朝身與國安危, 一夜霜風凋玉芝.
精爽不知何處去, 芙蓉城郭五雲圍.

又

전좌랑前佐郞 이목李楘[1]

황금을 허리에 차고 나이는 70까지 살았고,
높은 벼슬자리 모두 밟고 임금의 은혜 홀로 받았네.
태산처럼 높은 이름 후대에까지 전할 것이고,
연원을 이은 학문은 전현과 같게 될 것이네.
대대로 전해오는 충효의 유풍이 남아 있어서,
벼슬을 벗어나 강호에서 늘그막 계획을 세웠네.
한 번 병이 들어 돌아갔다는 소식에 놀라,
우리 도를 생각하니 눈물이 멈추지 않네.

黃金橫帶壽稀年, 踏盡青雲雨露偏.
泰嶽高名傾後代, 淵源學力契前賢.
傳家忠孝遺風在, 釋紱江湖晚計專.
一疾沈綿驚木稼, 緬懷吾道涕漣漣.

1 이목(李楘) : 1572(선조 5)~1646(인조 24). 조선 중기의 문신. 본관은 전주(全州). 자는 문백(文伯), 호는 송교(松郊). 효령대군(孝寧大君)의 7대손. 아버지는 사옹원봉사 신성(愼誠)이다. 성혼(成渾)·김장생(金長生)의 문하. 1603년(선조 36) 생원시에 합격하고, 1612년(광해군 4) 식년 문과에 갑과로 급제하고, 사재감직장(司宰監直長)· 병조좌랑 등을 역임. 1623년 인조반정과 함께 출사해, 정언·수찬·교리 등을 지냈다. 1626년 대사간 그 뒤 부제학·형조참판 등을 역임하였다. 다시 대사헌·동지경연사(同知經筵事) 등을 역임하고, 1643년 부제학으로 원손보양관(元孫輔養官)을 겸임하였다. 좌찬성에 추증되었으며, 시호는 충정(忠正)이다.

又

전전적前典籍 홍천경洪千璟[1]

마음 속 아량을 세상에서 알지 못하니,
얻으면 무엇을 염려하며 잃은들 무엇을 그리워하리?
오직 종족을 만나 먼저 우스개 소리로 웃으며,
억지로 보통 사람들을 대하며 눈썹을 찌푸리지 않네.
일찍이 청요직을 역임하여 영화가 이미 극에 달하고,
끝내 개성부에서 그쳤으니 운수가 도리어 기이하다.
여섯 용[2]은 순가(荀家)의 여덟 용을 적대할 만하고,
아름다운 나무에서는 사씨(謝氏)의 가지가 많이 나네.[3]
사포에서 푸른 들에서의 계획을 경영하였고,
도구(菟裘)[4]로 잠시 뒤에 백계(白鷄)의 슬픔[5]을 꿈꾸었네.

---

1 홍천경(洪千璟) : 1553~?. 본관 풍산(豊山). 자 군옥(羣玉). 호 반항당(盤恒堂). 1592년(선조 25) 임진왜란때 김천일(金千鎰)을 따라 군량의 수집·수송을 담당, 1597년 정유재란 때에는 도원수 권율(權慄) 휘하에서 의병모집의 격문을 작성하였다. 1609년(광해군 1) 증광문과(增廣文科)에 장원, 전적(典籍)을 거쳐 나주교수 겸 제독관(羅州敎授兼提督官)이 되었고, 이어 남원교수(南原敎授)로 전임했다. 1623년 중추부첨지사(中樞府僉知事)가 되었다. 월정서원(月井書院)에 제향되었다. (두산백과)

2 홍이상의 여섯 자제가 모두 훌륭함을 말한 것이다.

3 진나라 사안의 집안에 훌륭한 자제들이 많음을 말한 것이다.

4 도구(菟裘) : 본래는 춘추 시대 노(魯)나라의 지명인데 은거지를 뜻하는 말로 쓰인다. 『춘추좌씨전』 은공(隱公) 11년」에 "은공이 '내가 장차 도구 땅에 집을 짓고 그곳에서 늙으리라.' 하였다."라는 내용이 있다.

5 백계(白鷄)의 슬픔 : 지난해에 세상을 떠났다는 말이다. 진(晉)나라 사안(謝安)이 병이 위독하여 이르기를, "예전에 내 꿈에 환온(桓溫)의 수레를 타고 16리를 가다가 흰 닭 한 마리를 보고 멈춘 적이 있는데, 그로부터 지금 16년이 되었고 올해가 닭띠 해인 유년(酉年)이니 내 병이 아마 낫지

응당 순임금과 같은 효성으로 평생 사모하고,
효도하도록[6] 분부하여 가르침을 후예에게 드리웠네.
슬프고 슬픈 영구는 새벽 부추에 맺힌 이슬과 같고,[7]
눈 내리고 얼음 어는 때에 붉은 깃발 펄펄 날리네.
돌아온 사람은 호해(湖海)에서 상여줄 잡는 것 막혀서,
다른 날 운상(雲床)[8]에서 술잔 올릴 것을 기약한다.
이로부터 삼년 동안은 문이 적막하게 되리니,
내가 재배하고 울며 서성거린들 어찌 하겠는가?
생사로 영원히 나뉘니 이끌어주길 바라며,
삭풍을 등지고 서서 갈래 길에서 헤맨다.

雅量冲襟世莫窺, 得之何慮失何思.
惟逢宗族先諧笑, 强對凡庸少皺眉.
早歷淸要榮已極, 終休開府數還奇.
陸龍可敵荀家八, 瓊樹多生謝氏枝.
蛇浦方營綠野計, 菟裘俄夢白鷄悲.

않을 것이다." 하더니, 얼마 후 과연 세상을 떠났다고 한다. (『晉書』 卷79 「謝安列傳」)

6 반여(반여) : 반악(潘岳)의 가마라는 뜻이다. 반악이 지은 한거부(閑居賦)에, "태부인(太夫人 어머니)을 판여(版輿)에 모시고 구경하러 다닌다."는 구절이 있다. 모친을 태운 판여가 편안하여 길에 먼지도 나지 않게 간다는 뜻으로, 어머니를 잘 봉양하는 것을 뜻한다.

7 해로가(薤露歌) :부추 위에 맺힌 이슬처럼 덧없이 지는 인생을 슬퍼하는 노래로, 초상 때 부르던 만가이다. 한 고조(漢高祖)에게 반기를 들다 패망한 전횡(田橫)의 죽음을 두고 그 무리가 지은 만가 2장 중 1장에 "부추 위에 맺힌 이슬 어이 쉽게 마르나. 이슬은 말라도 내일이면 다시 내리지만, 사람은 죽어 한번 가면 언제나 돌아오나.[薤上朝露何易晞 露晞明朝更復落 人死一去何時歸]" 하였다. (『古今注』 「音樂」)

8 운상(雲床) : 상석(床石)을 말함.

應將舜孝平生慕，分付潘輿後裔垂.

慘慘靈輀薤露曉，翩翩丹旐雪氷時.

歸人湖海阻携紼，異日雲床期奠巵.

從此三霜門寂寞，奈余再拜泣躕踟.

同升永斷望援[9]引，背立朔風迷路岐.

9『풍산세승』에는 '援'이 '紱'로 되어 있다.

又

승문원정자承文院正字 신경연辛慶衍[1]

맑은 성품 모인 바가 우리나라에서 으뜸인데,
봉황이 천 길을 날아올라 오동나무에 앉았네.
학문은 월굴(月窟)에서 찾아 일찍 장원이 되었고,
운제(雲梯)에서 활보를 하니 천리마 재주가 통하네.
사해(四海)에 문장으로 이름이 멀리까지 퍼지고,
평생 집에서 효도하던 맘으로 나라에 충성하네.
도몽[2]을 세 번 이룬 것은 오로지 봉양하기 위함이고,
두 번 감당나무 그늘[3]에서 임금께 편지를 올렸네.
직임을 맡기니 부지런히 정치하여 새 은혜가 무겁고,
한가함을 빌어 유수가 되니 고도의 으뜸이라.
벼슬을 그만 두고 이미 삼경(三逕)[4]을 널리 다스리고,

1 신경연(辛慶衍) : 1570~? 조선 중기의 문신. 본관은 영월(寧越). 자는 사달(士達), 호는 금정(錦汀). 윤형(尹衡)의 증손으로, 할아버지는 보상(輔商)이고, 아버지는 응성(應性)이며, 어머니는 서석감(瑞石監) 이상린(李祥獜)의 딸이다. 1601년(선조 34)에 진사시에 합격한 뒤 참봉이 되었다. 1613년(광해군 5)에 증광문과에 을과로 급제하였다. 다음해에 홍득일(洪得一)・유여각(柳汝恪) 등과 함께 승문원(承文院) 관원으로 선발되었고, 이후 경외(京外)에서 여러 관직을 역임한 뒤 평안도도사에 이르렀다. 저서로는 『금정집』이 있다. (한국민족문화대백과, 한국학중앙연구원)

2 도몽(刀夢) : 삼도몽(三刀夢)의 약칭이다. 옛날 어떤 사람이 꿈에 벽에 칼 셋이 걸려있는 것을 보았는데, 또 칼 하나를 더 걸었던 것이다. 그는 그 꿈을 깨고 매우 불쾌하게 여겼는데 다른 사람이 해몽하기를, "칼 셋을 벽에 건 것은 곧 주(州) 자인데 거기 또 더하였으니 더할 익(益)자를 붙여서 익주(益州)의 태수가 될 꿈이다."한 고사이다. (한국고전번역원)

3 감당(甘棠)나무 그늘 : 정사를 행하는 관소(官所)를 뜻한다. 주(周) 나라 소공(召公)이 감당나무 아래에서 결옥(決獄)하며 정사를 행했던 고사에서 유래한 것이다. (『詩經』 召南 「甘棠」) (『史記』 「燕召公世家」)

낙수로 돌아오니 쓸쓸히 두 아이[5]만 있네.
많은 병에 필요한 것은 옛집으로 돌아가는 것이지만,
어진 이를 빼앗음이 어찌 그리도 빠른지 하늘이 원망스럽네.
어진이가 오래 사는 법도 어그러져 70에 차지 못하고,
덕을 비교하여 누가 팔좌(八座)[6]보다 우뚝하다 하였던가?
오직 사륜(絲綸)을 관장하여 세상의 아름다움에 능하였고,
난옥(蘭玉)과 같은 자제들 모두 보니 가풍을 이을 만하구나.
여러 차례 장구(杖屨)를 모셔서 지나친 사랑을 입었고,
통곡함은 내 일 때문이지 유독 공 때문만은 아니라네.[7]

清淑攸鍾挺我東, 鳳翔千仞止梧桐.
學尋月窟龍頭早, 步闊雲梯驥足通.
四海文章聲播遠, 一生家國孝移忠.
三成刀夢由專養, 再芆[8]棠陰簡聖衷.

4 삼경(三逕) : 은거하는 일을 뜻함. 서한(西漢) 말에 장후(蔣詡)가 은거한 뒤 집 안 뜨락에 '오솔길 세 개[三逕]'를 만들어 놓고는 오직 양중(羊仲)과 구중(求仲) 두 사람과 교유하며 두문불출했던 고사가 있다. (『三輔決錄』「逃名」)

5 두 아이 : 북송(北宋)의 명재상 사마광(司馬光)이 조정에서 물러나 15년 동안 낙양(洛陽)에 살았다. 신종(神宗)이 즉위하고 선인태후(宣仁太后)가 섭정(攝政)할 때 왕안석(王安石)의 신당(新黨)을 몰아내고 사마광 등을 다시 등용하였다. 이때의 상황을 소식(蘇軾)은 「사마온공신도비(司馬溫公神道碑)」에서 "그 재상은 누구인가. 태사인 온공이로다. 공이 서쪽에서 왔는데 말 한 필에 동자 둘이로다.[其相誰何 太師溫公 公來自西 一馬二童]"라고 노래하였다. (『東坡集』 卷86)

6 팔좌(八座) : 벼슬이 판서 급의 중신(重臣) 즉 상서(尙書)·복야(僕射)의 지위에 오른 것을 말함.

7 이 말은 이전에는 작자가 홍이상의 사랑을 받아 잘 지내왔는데, 이제 홍이상이 돌아가니 앞으로 어떻게 살아갈 것인가 하는 걱정 때문에 통곡을 하는 것이지 단순히 홍이상이 돌아가 슬프기 때문만은 아니라는 뜻이다. 홍이상의 죽음에 대한 슬픔을 우회적으로 표현한 것이다.

8 芆은 紱이라야 옳다.

圖任政勤新渥重, 丐閑留守故都雄.
休官已博治三逕, 歸洛蕭然有二童.
多病所須還舊宅, 奪賢何速怨蒼穹.
壽仁猶欠七旬滿, 較德誰言八座嵩.
繼掌絲綸能世美, 摠看蘭玉續家風,
屢陪杖屨偏蒙眷, 慟哭吾私不獨公.

又

승문원정자承文院正字 남명우南溟羽[1]

1

어렸을 적부터 빛나는 의범(儀範)을 모셨는데,
정으로는 집안의 친척이고 의로는 스승일세.
성서(城西)에서 곡을 마치고 닦은 길을 떠나자니,
새벽 바람에 잔설을 밟으며 홀로 서성이네.

自從髫髻侍光儀, 情是門親義則師.
哭罷城西修路隔, 曉風殘雪獨躊踟.

2

모시고 놀던 일을 생각하니 작년 겨울인데,
웃으며 호산(湖山)의 눈온 뒤 모습을 마주했었지.

---

1 남명우(南溟羽) : 자는 구만(九萬)이고, 본관은 의령(宜寧)이다. 임진(壬辰) 1592년(선조 25)에 태어났다. 아버지는 남계하(南啓夏), 조부는 남수신(南守身)이다. 광해군(光海君) 2년(1610) 경술(庚戌) 식년시(式年試) 진사 2등(二等) 18위로 합격하였다. 광해군(光海君) 6년(1614) 갑인(甲寅) 전주별시(全州別試) 을과(乙科) 1위[亞元]으로 합격하였다. 벼슬은 평양부서윤(平壤府庶尹), 이조좌랑(吏曹佐郎) 등을 지냈다.

의구한 초당은 지금 적막하기 그지 없는데,
차마 머리 돌려 고봉을 바라보지 못하겠네.

陪遊忽憶去年冬, 笑對湖山雪後容.
依舊草堂今寂寞, 不堪回首望高峰.

祭文

견예조좌랑遣禮曹佐郞 안경유安璥諭 제문祭文[1]

오직 영령(英靈)은 규장(圭章)의 그릇이요, 금옥(金玉)이 그 모습이었다. 과거에 장원으로 급제하여, 일찍이 재주와 명망을 드날렸다. 앞의 조정을 만나서는, 대각(臺閣)에서 차례로 이름을 날렸다. 호당(湖堂)에서 사가독서(賜暇讀書)를 하였고, 아름다운 글은 빛나고 대단하였습니다. 오랫동안 사륜(絲綸)을 관장하였고, 사령(辭令)은 전실(典實)하였다. 이미 천관(天官)[2]에서 아경(亞卿)을 지냈고, 또 삼사(三司)의 우두머리를 지냈다. 그 직책을 조심하고 삼가, 명예가 한 때에 널리 퍼졌다. 내가 왕위를 이름에 이르러서도, 여전히 지위가 쇠하지 않았다. 지위가 덕에 차지도 않아, 하늘이 벼슬을 속히 빼앗았다. 마음에 아픔이 있어서, 이에 예관(禮官)을 보내어, 변변찮은 음식으로 정성을 드린다. 혼령이 어둡지 않다면, 아마도 와서 임하시리라.

維靈圭璋之器, 金玉其相. 擢魁黃甲, 夙彰才望. 遭遇先朝, 歷敭臺閣. 賜暇湖堂, 摛藻炳蔚. 久掌絲綸, 辭令典實. 旣亞天官, 又長三司. 恪謹其職, 譽洽一時. 逮乎嗣服, 齒尙未衰. 位不滿德, 大限俄窮. 天奪之速, 有傷乎衷. 玆遣禮官 致誠菲薄. 魂其不昧, 庶幾來格.

1 이 제문은 『慕堂集』 附錄에 「제문」 '여섯 승지'라는 제하에 수록되어 있다.
2 천관(天官) : 이조(吏曹)를 달리 부는 말.

祭文

만력 43년(광해군 8, 1615) 세차 을묘 11월 계유삭 28일 경자. 승정원 행도승지 윤선(尹銑),[1] 좌승지 김지남(金止男),[2] 우승지 한찬남(韓纘男),[3] 좌부승지 황근중

1 윤선(尹銑) : 1559~1637. 조선 중기의 문신. 본관 파평(坡平). 자 택원(澤遠). 호 추담(秋潭). 경상남도 삼가(三嘉) 출생. 1582년(선조 15) 진사시에 합격하고 1588년 문과에 급제하였다. 삼사・육조 및 승정원 등의 여러 관직과 경주부윤을 거쳐 한성판윤(漢城判尹)에 이르렀다. 광해군 때에는 폐비론(廢妃論)에 참여하는 등 권력을 독점한 북인의 독주에 참여하였다. 그러나 1613년(광해군 5) 인목대비(仁穆大妃)가 유폐당하자 쌀과 고기를 바치기도 하였다.

2 김지남(金止南) : 1559~1631. 조선 중기의 문신. 본관은 광산(光山). 자는 자정(子定), 호는 용계(龍溪). 순성(順誠)의 현손이며, 아버지는 영동현감 표(彪)이다. 재종숙 양(讓)에게 입양되었다. 1591년(선조 24) 사마시에 합격하고, 같은 해 별시문과에 병과로 급제하여 검열이 되었다. 1593년 정자가 된 데 이어, 지제교・수찬・교리・응교・정언・사간・장령・집의・필선・보덕・승지, 예조・병조・형조참의 등을 두루 역임하였다. 외직으로 행주판관, 경기・평안・전라・강원도의 도사를 거쳐서 경상감사 및 남양・순천・상주・청풍의 수령을 역임하였다. 1623년 인조반정으로 광해군 때 임명된 조신들이 외직에서 모두 파직되었으나 특별히 유임되었다. 저서로는 『용계유고』가 있다.

3 한찬남(韓纘男) : 1560~1623. 조선 중기의 문신. 본관은 청주(淸州)이고, 자는 경서(景緖)이다. 1588년 진사시에 합격하고, 1605년(선조 38) 증광문과에 병과로 급제하였다. 1607년 성균관박사를 거쳐 1608년(광해군 즉위년) 정언에 임명되었다. 이어 헌납・예조정랑・지평・장령 등을 역임한 후에 1613년(광해군 5) 부응교가 되었다. 정치적으로는 대북파에 속했으며 같은 북인계에서 분파된 소북과 정치적 입장을 달리하여 대립하였다. 선조의 막내아들인 영창대군(永昌大君)의 외할아버지인 김제남(金悌男)의 처벌을 주장하였고, 영창대군까지도 처벌할 것을 주장하였으며 대북파의 주장이 관철되어 영창대군은 사사되었으며 이때문에 서인들이 주도하는 인조반정의 빌미를 제공하게 되었다. 1615년 사예에 이어 응교에 제수되어 『선조실록』 편찬에 참여하였다. 이어 좌우부승지・대사간 등을 거쳐 1616년(광해군 8) 이이첨(李爾瞻)의 사주를 받고 해주옥사(海州獄事)를 일으켜 소북파 제거에 앞장섰다. 소북파를 제거한 후에는 이이첨의 심복인 백대형(白大珩)과 함께 폐모론를 적극 주장하였다. 1617년 도승지를 비롯하여 1620년 대사헌・형조판서 등을 지내며 승승장구하였으나, 1623년(인조 1) 인조반정이 일어나자 서인들이게 주살되었다. (두산백과)

(黃謹中),[4] 우부승지 임취정(任就正)[5], 동부승지 정조(鄭造)[6] 등은 삼가 술과 과일을 올리며, 경건하게 사헌부 대사헌 홍공의 혼령에게 제사를 지냅니다. 혼령께서는 호련(瑚璉)[7]과 같은 기국(器局)을 가지셨고, 금옥(金玉)과 같은 모습을 가졌습니다. 이름은 벼슬아치의 명부에서도 으뜸이고, 바램은 크고 봉황새의 새끼처럼 행동하였습니다. 대각(臺閣)에서 내리 이름을 날렸고, 옥당에서 뛰어난 글솜씨를 빛냈습니다. 논(論)과 차(箚)는 그 내용이 간절하였지만, 여사(餘事)로

4 황근중(黃謹中) : 1560~1633. 조선 중기의 문신으로 본관은 창원(昌原), 자는 일지(一之), 호는 월담(月潭)이다. 영춘현감(永春縣監)을 지낸 수(琇)의 아들로 어려서부터 총명하였으며 문장에 뛰어나 주변의 칭송을 받았다. 1589년(선조 22) 생원이 된 후 다시 1606년(선조 39) 병오(丙午) 증광시(增廣試)에서 병과(丙科) 16위로 급제하였다. 임진왜란이 일어나자 의주에 가서 임금을 배알한 후 전함사 별좌(典艦司別坐)로 임명되었다. 그 후 경양도찰방(景陽道察訪), 내섬시직장(內贍寺直長)을 거쳐 공조(工曹)와 호조(戶曹)의 정랑(正郎)을 지냈다. 1606년 증광시에 급제한 후 경상도도사를 거쳐 예조정랑이 되었고, 세자시강원(世子侍講院)의 사서(司書)가 되었다. 금산과 양근의 군수로 있을 때 공적을 쌓아 안변부사로 승진하였다. 1615년에는 강원감사로 임명되었으며 동부승지와 좌부승지를 거쳐 전라도관찰사를 지내다 파직된 후 은거하였다. (두산백과)

5 임취정(任就正) : 1561~1628. 조선 중기의 권신(權臣). 1589년(선조 22)에 증광문과에 병과로 급제하여 주서가 되었고, 1599년 병조좌랑·병조정랑을 거쳐 1604년 서산군수를 지냈다. 1608년(광해군 즉위년) 원주부사에 임명되었고, 광해군 재위 때에 그의 형 수정(守正)의 첩의 딸을 후궁으로 들여보내 왕의 총애를 받으면서 1613년 형조참의, 1616년 좌승지, 1620년 이조참판·동지경연(同知經筵), 1621년 예조판서 등 요직을 두루 거쳤다. 1623년에 인조반정으로 파직되었으며, 그 뒤 1628년 임경후(任慶後)·박동기(朴東起)·이종충(李宗忠)·오현(吳玹)·이후강(李後崗)·안대홍(安大弘)·고경성(高景星) 등과 함께 광해군의 복위를 모의하다가 죽음을 당하였다. (한국민족문화대백과, 한국학중앙연구원)

6 정조(鄭造) : 1559~1623. 조선 중기의 문신. 본관은 해주(海州)이고, 자는 시지(始之)이다. 승지를 지낸 정척(鄭惕)의 손자이자 정문영(鄭文英)의 아들로 태어났다. 1590년(선조 23) 생원·진사 양시에 합격하였으며, 1602년 연일현감을 지냈다. 1605년(선조 38) 정시문과에 병과로 급제하고 호조좌랑에 임명되었다. 광해군 즉위 후 이이첨(李爾瞻)의 도움으로 1612년(광해군 4) 예조정랑을 거쳐 이듬해 장령에 올랐다. 이이첨의 사주를 받고 인목대비(仁穆大妃)를 시해하려 했으나 실패하자, 1617년 폐모론을 적극 제기하여 인목대비를 서궁(西宮)에 유폐시켰다. 이후 부제학·대사성·대사간·형조참판·동지의금부사 등 요직을 차지하며 세도를 부리다가, 인조반정 후 동생 정준(鄭遵)·정도(鄭道)·정규(鄭逵)와 함께 처형되었다. (두산백과)

7 호련(瑚璉) : 호(瑚)와 연(璉)은 모두 주(周)나라에서 종묘의 제사 때 사용하던 그릇으로, 훌륭한 인물을 비유할 때 쓰인다.

문장을 하였습니다. 여러 차례 소 잡을 칼을 시험하였고,[8] 두 번 감당(甘棠)의 시[9]를 읊었습니다. 송도에서 벼슬에서 물러나, 고양에서 병을 다스리고 있었습니다. 두 조정을 섬긴 나라의 선비이고, 한 시대의 훌륭한 명망을 받았습니다. 어찌 이리도 빨리 빼앗아 가는지, 저 하늘이 원망스럽습니다. 무릇 우리 같은 조정에 있던 사람들은, 누군들 한탄하며 가슴 아파 하지 않겠습니까? 하물며 이 승정원에서는, 발자취가 씩씩하고 추창하였습니다. 풍재를 거슬러 생각하니, 어찌 잊을 수가 있겠습니까? 감히 거친 음식을 올리오니, 한 잔 받으시기를 바랍니다. 아아 슬프다. 흠향하시옵소서.

維萬曆四十三年, 歲次乙卯十一月癸酉朔二十八日庚子, 承政院行都承旨尹銑, 左承旨金止男, 右承旨韓纘男, 左副承旨黃謹中, 右副承旨任就正, 同副承旨鄭造等, 謹以酒果之奠, 敬祭于卒司憲府大司憲洪公之靈. 惟靈 瑚璉其器, 金玉其相. 名冠桂籍, 望隆鵷行. 歷敭臺閣, 蜚英玉堂. 論箚剴切, 餘事文章. 屢試牛刀, 再咏甘棠. 解官松都, 養疾高陽. 兩朝邦彦, 一代雅望. 何奪之速, 彼天茫茫. 凡我同朝, 孰不嗟傷. 況玆一院, 踵武趨蹌. 追想風裁, 俾也可忘. 敢陳菲薄, 冀歆一觴. 嗚呼哀哉! 尙饗.

8 소… 시험하였고 : 공자의 제자 자유(子游)가 무성(武城)이란 조그만 고을의 수령이 되어 예악의 정사를 펼치는 것을 보고 공자가 웃으면서 "닭을 잡는 데 어찌 소잡는 칼을 쓰랴?[割鷄焉用牛刀]"라고 말한 적이 있다. 여기서는 홍이상이 작은 고을의 수령을 맡은 것을 말함.

9 주나라 소공(召公)이 각 고을을 순행하다가 감당나무 아래에서 공평하게 정사를 베풀었으므로, 백성들이 그 나무를 보호하며 감당(甘棠)의 노래를 지어 불렀다고 한다. 여기서는 홍이상이 방백의 벼슬을 한 것을 말함.

又

심희수沈喜壽[1]

만력 43년 을묘년 11월 계유삭 27일 기해에 청송 심희수는 삼가 향촉과 주과를 죽은 벗 유수 모당 홍공[2]의 영궤에 경건하게 제사를 지냅니다. 아아! 우리 공이, 어찌하여 갑자기 세상을 떠났습니까? 아아! 우리 공이 세상을 떠난 것은 계획이 있었습니다. 계획은 그 무엇이던 간에 유감이 없을 것입니다. 이미 유감이 없다고 하면, 지금 떠나도 됩니다. 어버이를 섬기면 효성스러웠고, 임금을 섬기면 충성스러웠습니다. 충과 효 두 가지 모두 지극하였고, 행실은 사람들이 본받았습니다. 문학과 사화가 사람들보다 우위에 있고, 자손의 복록도 그 짝이 드물었습니다. 지위는 덕에 차지 못하였지만, 그래도 아경에 이르렀습니다. 장원급제로 우수하게 뽑히어, 궁궐에서도 맑은 이름을 날렸습니다. 나이는 일흔 살에 미치지 못하였지만, 그래도 나이 많은 어른에 속하였습니다. 한 언덕 거친 흙더미에서, 오래 살고 일찍 죽는 것 모두 해당됩니다. 인간세상에서 일이 많았으니, 지하에서도 넉넉히 잘 하리라. 손과 발을 열어보이고, 호연하게 돌아가셨습니다. 아아 나와 공은, 서로 안 것이 조금 늦었습니다. 정축년부터 지금까지, 세월이 네 번 바뀌었습니다. 즐겁게 서로 인정하며, 오래도록 능히 공경하였습니다. 영욕에 따라 부침하였지만 한결같이 명을 편안히 여겼습니다. 호당에서도

1 심희수(沈喜壽) : 1548~1622. 조선 중기의 문신. 본관은 청송(靑松). 자는 백구(伯懼), 호는 일송(一松) 혹은 수뢰루인(水雷累人). 1572년 별시문과에 병과로 급제하여 승문원(承文院)에 보임되고, 1599년 예문관제학·예조판서를 거쳐 이조판서가 되고, 홍문관·예문관의 대제학을 겸하고서 안으로는 사명(辭命)을 장악하고 밖으로는 접빈(接賓)에 힘썼다. 좌찬성·우찬성 등을 거쳐 우의정에 올랐으며, 청백리(淸白吏)에 뽑혔다. 저서로는 『일송집』이 있다.

2 모당(慕堂) 홍군서(洪君瑞) : 1549~1615. 홍이상의 자.

자리를 함께 하였고, 벼슬하는 교분을 지나지 않았습니다. 혼인을 잇달아 하여, 옷칠이나 아교도 비유할 수 없었습니다. 마음으로 애모하는 바는, 오로지 도의에 있었습니다. 술지게미 같은 재주로 앞자리를 차지했지만, 난리가 이르게 되었습니다. 동이의 술로 글을 논하며, 둘이 서로 조금 나아가는 것을 잊었습니다. 한 살 차이나는 흰머리였지만, 형제인양 서로 불렀습니다. 송경으로 이별을 함에, 사현(沙峴)에서 취하여 읊었습니다. 꿈속에서 그리워한 지 3년 만에, 손수 보낸 편지가 상자에 있었습니다. 서쪽 성곽으로 돌아옴에 단숨에 달려가 병문안을 하였네. 누가 알았겠습니까? 그 만남이, 영원히 결별하게 될 줄을. 공이 가면 나는 따랐으니, 겨우 선후가 있을 따름입니다. 하물며 저는 고양(高陽)에, 함께 장지를 마련하였습니다. 묘지를 부탁하기를, 잘못 이 못난 사람에게 미쳤습니다. 나는 창여(昌黎)[3]도 아니니, 어찌 유자후(柳子厚)[4]이겠습니까? 위태로운 자취가 심각함에도, 병들어 춥다고만 아뢰었습니다. 성상께서는 침을 맞으며, 또한 문안은 하지 못하였습니다. 공이 곧 먼 길을 떠났다 듣고, 상여줄도 잡지 못하였습니다. 평생의 잘 지내던 뜻은, 지금에 이르러 결손이 되었네. 저승길에서 서로 본다면, 얼굴에 부끄러울 것입니다. 공인(功彦)[5]도 신령반 남았고, 응당 예가 쇠한 것을 응당 괴이하게 여길 것입니다. 부인도 오랜 병을 앓았으니, 어떻게 상사를 이겨낼 수 있겠습니까? 일은 한 집안과 같지만, 실은 근심하고 두려워하는 바였습니다. 여섯 명의 효자 가운데, 두 아들이 가장 수척하였습니다. 혈혈단

---

3 창여(昌黎) : 중국 당나라 때의 문인 한유(韓愈 : 768~824)의 호. 자는 퇴지(退之)이다. 당송 팔대가의 한 사람으로, 사륙변려문을 비판하고 고문(古文)을 주장하였다. 시문집에 『창려선생집』 등이 있다.

4 유자후(柳子厚) : 중국 당나라의 문인 유종원(柳宗元 : 773~819)을 말함. 그의 자가 자후(子厚)이다. 당송 팔대가의 한 사람으로, 고문(古文) 부흥 운동을 한유(韓愈)와 더불어 제창하였다. 전원시에 뛰어나 왕유 맹호연 위응물과 나란히 칭송된다. 작품에 「봉건론(封建論)」, 「영주팔기(永州八記)」 등이 있으며, 시문집으로 『유하동집(柳河東集)』이 있다.

5 공여(功彦) : 홍이상의 절친한 벗 허성(許筬)의 자. 허성은 홍이상보다 3년 이른 1612년에 돌아갔다.

신으로 아이가 없으니, 마음으로 매우 긍휼히 여기고 측은히 여겼습니다. 말은 길고 뜻은 짧으니, 만사가 망양(亡羊)과 같습니다.[6] 제사를 몸소 지내지 못하니, 하늘을 봄에 아득합니다. 아아! 슬프다! 흠향하소서.

維萬曆四十三年 歲次乙卯十一月癸酉朔二十七日己亥, 青松 沈喜壽, 謹以香燭酒果之奠, 敬祭于亡友洪留守慕堂公之靈几. 嗚呼我公, 胡遽棄世. 嗚呼我公, 棄世得計. 得計伊何, 無憾云爾. 旣曰無憾, 今可去矣. 事親則孝, 事君則忠. 忠孝兩至, 行誼所宗. 文學詞華, 在人之右. 子孫福祿, 鮮與爲偶. 位不滿德, 亦至亞卿. 龍頭高選, 鳳閣清名. 壽未及稀, 猶是耆舊. 一丘荒土, 彭殤曰擇. 人間多事, 泉下有優. 啓以手足, 浩然而歸. 嗟我與公, 相識差晩. 丁丑到今, 歲星四換. 歡然相得, 久而能敬. 榮冗升沈, 一向安命. 湖堂偕席, 不過官交. 婚媾連家, 非漆非膠. 心所愛慕, 惟在道義. 糠粃居先, 亂離之致. 樽酒論文, 兩忘少趨. 差庚白首, 弟兄相呼. 松京之別, 沙峴醉泣. 夢想三歲, 手札在篋. 歸來西郭, 一就問疾. 誰知此會, 乃是永訣. 公行我隨, 纔先後耳. 況彼高鄉, 同爲葬地. 墓誌之托, 謬及拙手. 我非昌黎, 曷揚子厚. 危蹤冗忙, 呈告病寒. 聖上受針, 亦闕問安. 聞公卽遠, 無此執紼. 平生厚義, 到此而缺. 冥途相見, 顔厚忸怩. 功彦有靈, 應怪禮衰. 夫人宿痾, 何以勝喪. 事同一家, 實所憂惶. 六箇孝子, 二郎最瘠. 子

6 망양(亡羊)과 같습니다 : 망양(亡羊)은 다기망양(多岐亡羊)의 고사를 말함. 양자(揚子)의 이웃사람이 양을 잃어버리고 찾으로 나섰으나 갈림길이 많아 찾을 수가 없었다는 고사를 통하여 천한 이를 잃고 어찌할 수 없는 마음을 드러내었다.

子無兒, 情甚矜惻. 言長意短, 萬事亡羊. 祭不以躬, 視天茫茫. 嗚呼痛哉! 尙饗.

又

이정구李廷龜[1]

만력(萬曆) 43년 을묘년 11월 계유삭 20일 임진일에 연안 이정귀(李廷龜)는 술과 과일을 올리며, 경건하게 모당 홍공의 영령께 제사 드립니다.

옛날 내가 견책을 받고, 서호에서 지낼 적에, 공이 그 때부터 비로소 아팠는데, 나를 성의 모퉁이에서 기다렸지요. 헤어진 지가 얼마나 되었나? 3년 동안 송도에 있었지요. 지나간 일을 생각하니 마음이 놀라서, 하루 종일 슬퍼하고 한탄하였지요. 공은 나에게 말하기를, "그대를 아는 사람이 나라고 하며, 내가 아픈 것은 다행이지만, 그대가 견책을 받은 것이 즐거우냐고 하였지요." 눈에 눈물이 고인 채 바라보며, 천지의 도가 다하였다고 하였지요. 얼마 있다가 또다시 방문하니, 공은 이미 남의 부축을 받았지요. 말을 하기는 해도 분명하지 않고, 모습은 바뀌어 비쩍 말랐지요. 손을 잡으며 말하기를, "내가 이제 면한 줄을 알겠도다. 세상에 있을 때 무슨 마음이었던가? 분수에 이미 넘쳤도다. 내가 이미 군자를 보니, 내 마음이 든든하다오. 다행히 그대와 영결하니, 지하에서도 눈을 감을 수 있다오." 이렇게 하던 말씀 아직도 귀에 울리는 듯한데, 세월도 잠깐이군요. 아아! 슬프다. 욕을 당하는 것은 사람들이 피하고, 영화는 세상에서 추구하는 것인데, 공은 이것을 겨자 보듯이 하고, 영화를 근심으로 생각하였지요. 생사의 기로에 있을 적에, 마음이 움직이지 않는 사람이 없는데, 공은 오직 통달하여 보아서, 죽음을 즐거움으로 생각하였지요. 대개 공은 세상을 싫어하여, 함께 달려가는 것을 부끄럽게 생각했지요. 그래서 부귀를 썩은 쥐처럼 여기고,[2] 나이

1 이 제문은 『만사제문』에 작자가 지워져 있으나, 이정귀의 작품으로 『月沙先生集』 卷之55 祭文 上에 「祭慕堂洪君瑞文」이라는 제목으로 수록되어 있고, 『慕堂集』 附錄에도 수록되어 있다.

를 쓰르라미 같이 생각했지요.[3] 죽지 않는 것이 나와 같으니, 머리가 굳음을 알겠군요. 배제하여도 떠나가지 않으니, 울타리를 건드리며 축 늘어진 목살을 밟는군요. 위반에서 주눅이 들어 있으며, 고개를 숙이고 헐떡거리는군요. 늘 공의 말을 생각하면, 스스로 부끄럽고 보잘 것 없어지네요. 공은 구원(九原)에 있으니, 응당 나를 비웃겠지요. 아아! 슬프다! 따듯한 아름다운 옥과 같고, 희디흰 얼음 병과 같도다. 문장도 뛰어난 거장이고, 경술도 순수한 선비입니다. 세상에서는 진실로 이같은 분이 없으니, 또한 공이 또한 욕되게 생각하는 것이었지요. 말세에 풍속을 고치려 하였지만, 사람들이 넘어지지 않는 이가 드물었지요. 홀로 옛날의 소리를 가지고, 세상의 모범이 되려 하였지요. 만년에는 한가하게 지내며, 술꾼들과 뒤섞여 지냈지만, 곤궁할수록 더욱 형통하여, 기구한 것을 밟지 않았지요. 살아서도 편안하고 죽으면서도 명을 따랐으며[4], 덕은 완전하고 후덕하다고 이름이 났지요. 이것이 공의 우뚝한 점이니, 사람 가운데 누가 이와 같은지요? 아아! 슬프다! 내가 공을 안 지가, 30년이나 되었군요. 공이 먼저 하고 내가 뒤따라가며, 하늘나라에 이를 것이지요. 공의 따님을 내 자식에게 시집보내고, 내 자식은 공의 고아가 되었군요. 금란과 같은 맺음은, 외와 칡넝굴처럼[5] 정이 얽혔군요. 글 짓고 술 마시는 데에서 만나, 몇 번이나 술집 문을

---

2 썩은 쥐처럼 여기고 : 혜자(惠子)가 양(梁)나라 재상으로 있을 때 장자(莊子)가 찾아가자 자기 자리를 빼으려는 것인가 의심하였다. 이에 장자가 말하기를 "남방에 봉(鳳)의 일종인 원추(鵷鶵)란 새가 있는데 이 새는 오동나무가 아니면 앉지 않고 대나무 열매가 아니면 먹지 않고 예천(醴泉)이 아니면 마시지 않는다. 그런데 늙은 올빼미란 놈이 썩은 쥐를 얻었는데 원추가 지나가자 그 썩은 쥐를 빼으려는 줄 알고 화를 내어 소리를 질렀다. 자네는 지금 내가 자네의 양나라를 탐내는 줄 알고 나에게 화를 내는가?" 하였다. 『莊子 秋水』

3 나이를 … 생각했지요 : 원문의 '蟪蛄'는 쓰르라미와 여치로 여름에만 살기 때문에 봄가을이 있는 줄 모른다. 『莊子 逍遙遊』 여기서는 긴 세월을 덧없는 것으로 보고 일찍 세상을 떠났다는 뜻으로 말하였다.

4 살아선 …… 순응하여 : 장재(張載)의 「서명(西銘)」에 "살아서는 내 하늘에 순응하고 죽어서는 내 편안하다.[存吾順事 沒吾寧也]"라고 하였다. 『古文眞寶後集』

열었던가요? 며칠 보이지 않으면, 나들이 하여 불렀다 했지요. 공이 오면 내가 가고, 좋은 술은 있지만 계명주는 없었지요. 일제히 같은 소리를 지르며, 북을 치는 듯 북채를 잡은 듯했지요. 격하여 우주를 우러러보고, 슬프게 노래를 했지요. 나이를 잊은 우정으로, 함께 백발에 이르렀지요. 어떻게 오늘에 이르러서, 나를 버리고 멀리 가시는지요? 높은 산에 벽옥이 묻혀 있듯이[6], 큰 마다에는 구슬이 가라 앉아 있듯이. 선비들이 전배를 잃고, 별도 하늘의 중추에서 꺾였군요.[7] 세모에 누구를 의지하나? 곱사등이 같은 쇠약한 몸이여. 아아! 슬프다! 빈 뜰에는 눈 내리고 어두운데, 조그만 재실에는 먼지와 잡풀만 우거졌지요. 평생의 교의가, 한 줌 꼴과 같군요.[8] 아아! 슬프다! 흠향하소서.

維萬曆四十三年歲次乙卯十一月癸酉朔二十日壬辰, 延安李廷龜謹以酒果之奠, 敬祭于慕堂洪公之靈. 曩余負譴, 削跡西湖. 公時始病, 竢我城隅. 睽離幾何, 三載松都. 往事驚心, 終日悲吁. 公謂我言, 知子者吾. 吾病幸矣, 子譴樂乎. 淚眼相視, 天地窮途. 俄焉再訪, 公已人扶. 言雖不爽, 形換而枯. 握手而曰, 吾知免夫. 在世何心, 於分已踰. 旣見君子, 令我歛腴. 幸與之訣, 瞑目泉塗. 言猶在耳, 千古須

5 칡넝쿨처럼 : 원문의 '瓜葛'은 덩굴이 뻗어서 서로 얽힌 외와 칡으로, 집안의 혼인으로 맺어진 관계를 뜻한다. 한(漢)나라 채옹(蔡邕)의 「독단(獨斷)」에 "무릇 선제(先帝) · 선후(先后)와 과갈의 관계가 있는 이들은 모두 모였다." 한 데서 온 말이다.

6 벽옥이 묻혀있듯이 : 진(晉)나라 유량(庾亮)을 장사 지낼 때 하충(何充)이 "옥수를 땅 속에 묻으니 사람의 슬픈 정을 어찌 억제할 수 있으리오.[埋玉樹著土中 使人情何能已已]" 하였다.

7 중추에서 꺾였군요 : 조정의 중신(重臣)이 죽었음을 뜻한다. 진(晉)나라 때 중태성(中台星)이 갈라지는 변괴가 생기고 장화(張華)가 죽었다 한다. 『晉書 卷36 張華列傳』[주D-008]

8 한 줌 꼴과 같군요 : 조제(弔祭)의 예물을 뜻한다. 후한(後漢)의 고사(高士)인 서치(徐穉)가 매우 가난하여 곽임종(郭林宗)의 어머니 상(喪)에 조문하러 가서 풀 한 다발을 집 앞에 두고 상주(喪主)를 보지 않은 채 돌아왔다는 데서 온 말이다. 『後漢書 卷35 徐穉列傳』

叟. 嗚呼! 哀哉! 辱固人避, 榮實世趨. 公惟芥視, 以榮爲虞. 死生之際, 不動者無. 公惟達觀,[9] 以死爲娛. 盖公厭世, 羞與同驅. 富貴腐鼠, 春秋蟪蛄. 不死如吾, 可知頭顱. 排擠不去, 觸藩跋胡. 東濕危班, 低垂囁嚅. 每思公言, 自媿區區. 公在九原, 應我揶揄. 嗚呼哀哉! 溫溫美玉. 皎皎氷壺. 詞華哲匠, 經術醇儒. 世固莫如,[10] 亦公之汙. 叔世瘉風, 人鮮不渝. 獨持舊聲, 爲世楷模. 晩節偸閑, 混跡酒徒. 因而益亨, 不履崎嶇. 生安死順, 德完名厚.[11] 是公之卓, 人孰與俱. 嗚呼哀哉! 我之知公, 三十年于. 公先我後, 接武天衢. 公女我息, 我子公孤. 金蘭契叶, 爪[12]葛情紆. 文酒逢場, 幾處開壚. 數日不見, 命駕相呼. 公來我往, 有酹無酤. 同聲齊響, 如鼓如桴. 激仰宇宙, 歌咏嗚嗚. 忘年之好, 共至白鬚. 何至比[13]日, 棄我長徂. 長山埋璧, 大海沉珠. 士失前輩, 星析天樞. 歲暮疇依, 蝺蝺殘軀. 嗚呼哀哉! 虛庭雪暗, 小齋塵蕪. 百年交義, 一束生蒭. 嗚呼! 哀哉!, 尙饗.

9 『月沙集』에는 '觀'이 '視'으로 되어 있다.
10 『月沙集』에는 '如'가 '知'로 되어 있다.
11 『月沙集』에는 '厚'가 '孚'으로 되어 있다.
12 『月沙集』에는 '爪'가 '凡'으로 되어 있다.
13 『月沙集』에는 '比'가 '今'으로 되어 있다.

又

진양晉陽 하혼河渾[1]

만력 43년 을묘년 10월 갑신 삭 초10일 계축에 친구 진양(晉陽) 하혼(河渾)은 삼가 안주와 술을 최근 돌아간 ○○벼슬의 궤연(几筵) 아래에 공경하여 올립니다. 아아! 슬프다. 오직 공은 효우가 천성에서 비롯되었고, 자상한 것은 타고난 성품이었습니다. 어찌 군자의 아우가 아니겠습니까? 옛 사람에게 부끄러움이 없습니다. 웃으며 찬찬히 이야기하던 것을 다시는 볼 수 없습니다. 천리 먼 곳에서 와서 곡을 하자니, 천지가 아득합니다. 아아! 슬픕니다. 흠향하소서.

維萬曆四十三年 歲次乙卯十月甲辰朔, 初十日 癸丑, 故人晉陽河渾, 謹以雞酒, 敬奠于近故某官几筵之下. 嗚呼哀哉. 惟公孝友其天, 慈祥乃性, 豈弟君子, 無愧古人, 笑語淳淳, 不可復執, 千里來哭, 天地茫茫, 嗚呼哀哉, 尙饗.

---

1 하혼(河渾) : 1548~1620. 자는 성원(性源), 호는 모헌(暮軒), 합천군 야로현(冶爐縣) 묵촌(默村)에서 증좌승지(贈左承旨) 천수(千壽)의 아들로 태어나 야로(冶爐)에 거주. 55세(1602년)에 유일로 천거되어 재랑(齋郎)에 제수된 바 있으며, 세마사부(洗馬師傅)에 제수되어 찰방(察訪)에 이르렀다. 임진왜란 시에는 낙동강 연안의 마진 무계 안언전투에서 왜적을 무찌르고 성주성 탈환작전 등 치열한 전투때 마다 큰 공을 세웠다. 61세(1608년)에 이흘, 문경호 등과 선조 송헌(松軒), 고헌(苦軒), 목옹(木翁), 경재(敬齋), 연당(蓮塘)의 유고를 한 권으로 엮고 『진양연고(晋陽聯藁)』라 하였으며, 이는 62세(1609년)에 간행되었다. 문집으로 모헌집(暮軒集) 6권 3책이 있으며 신천서원(新川書院)에 입사(入祠)되었다.

又

신식申湜[1]

만력 43년 을묘년 10월일 계유삭 지난 28일 경자에 지중추부사 신식은 삼가 술과 안주를 고 사헌부 대사헌 가모당 홍공의 영전에 경건히 올립니다. 아아! 슬프다. 신령께서는 난초와 훈초 같은 덕을 가졌고, 옥처럼 깨끗한 자태를 지니셨습니다. 일찍이 사우를 좇아 배워서, 부족한 것을 보충하였습니다. 마치 저 밝은 구슬이, 처음으로 바다에서 나온 듯, 사람들이 다투어 애모하여, 성가는 절로 곱절이 되었습니다. 글짓는 일은 여가에 하는 일인데, 궁궐에서 두 번 장원하였습니다. 따듯하게 입고 배불리 먹는 것이 본심이 아니며, 백성들에게 은택을 베푸는 것이 목표였습니다. 훌륭한 임금이 다스리는 좋은 세상을 만났고, 맑고 깨끗한 세상에서 살게 되었습니다. 힘을 다하는 것은 곧 임금의 마음을 열어드리는 것이었고, 몸소 힘들어하거나 게을리 하지 않았습니다. 봉래산의 맑은 곳에 숨어살려고, 크게 일찍 간직하고 길렀습니다. 승가사(僧伽寺)에서의 풍류는,[2] 뛰어나서 크게 빛났습니다. 궁중에 들어가 언관을 맡았고, 지방으로 나아가 개경을 다스렸습니다. 정사를 베품에 마땅하지 않은 것이 없었고, 이르

---

1 신식(申湜) : 1551~1623. 조선중기의 문신. 본관 고령(高靈). 자 숙지(叔止). 호 용졸재(用拙齋)·임곡(臨谷). 숙주(叔舟)의 5대손. 1576년(선조 9) 별시문과에 급제, 지평·헌납을 거쳐 1590년 집의(執義)로 있었는데 정여립(鄭汝立)의 일파라는 탄핵을 받아 곤양(昆陽)에 유배되었다가 2년 만에 혐의가 풀려 집의에 복관되었다. 임진왜란이 일어나자 경상도 안무어사(按撫御史)가 되었다. 전란이 끝난 1599년 공조참판, 1608년(광해군 즉위) 충청도관찰사를 지낸 후 부제학을 거쳐 중추부지사에 이르러 기로소(耆老所)에 들어갔으며, 학식이 높고 예악(禮樂)에도 밝았다. 청주의 쌍천서원(雙泉書院)에 제향되었다. 저서에 『의례고증(疑禮攷證)』『가례언해(家禮諺解)』 등이 있다. (두산백과)

2 승가사 … 풍류는 : '연사(蓮舍)'는 절을 뜻하며, 홍이상은 젊은 시절 승가사에서 여러 벗들과 공부하며 지은 시가 지금도 전한다.

는 곳마다 치적을 쌓았습니다. 아아! 전에 새로 복상(服喪)을 마쳤을 때, 지방의 고을원에서 일으켜, 그대를 대각(臺閣)에 발탁하여, 노숙한 사람으로 우대하고 장려하였습니다. 장차 큰 임무를 맡기려고, 시험하는 바가 많았습니다. 자신의 몸을 낮추어 쉰 것은, 보호하고 정리하는 뜻을 담은 것이었습니다. 해바라기와 오이를 기르며, 고향에 돌아가 누웠습니다.

한가한 가운데 연월(烟月)을, 즐기며 살아갈 수 있었고, 평생을 마치도록 길이 맹세하기를, 임금의 은혜를 누리고자 하였습니다. 잘못된 질병도 없었고, 감기 증세만 있었습니다. 성안의 의원에게 나아가니, 만물이 다 그러한 것이었습니다. 화락한[3] 군자가, 믿는 바는 신이 부조하는 것입니다. 어찌 하여 밝아지지 않겠습니까마는, 갑자기 이 지경에 이르렀습니다. 이치를 헤아리기 어렵고, 하늘도 또한 알기 어렵습니다. 견딜 수 없는 아픔이, 위로는 임금의 마음을 아프게 하고, 돌아갔다는 탄식이, 아래로는 유림을 감싸고 있습니다. 하물며 우리 무리들은, 그 아픔을 어디에 맡기겠습니까? 아아! 슬프다. 나는 천박하고 졸렬함으로써, 오랫동안 친한 벗을 욕되게 하였습니다. 연경(燕京)에서 얼음물을 마시며, 만 리 이역에서 함께 잤지요. 장수를 축하하는 자리에서 잔을 올리며, 몇 번이나 당에 올랐던가요? 뇌진(雷陳)의 슬칠(膝漆)로도,[4] 비교하기에는 부족하였지요. 공은 청부(清符)를 차고, 나는 정절(瀞節)로 안찰을 하였지요. 공을 성주(城主)로 공경하였고, 나를 높여 도백(道伯)이라 하였습니다. 마음을 기울이고 뜻을 쏟아부어, 유학자들이 방에 가득하였습니다. 사씨(謝氏)의 옥과 순씨(荀氏)의 용들이, 곁에 고리처럼 늘어서 있었습니다. 공의 성대한 복을 흠모하며, 매번 탄식과

3 화락한 : 워문의 '豈弟'는 '愷悌'의 뜻이다.

4 뇌진 … 슬칠로도 : 뇌진(雷震)은 한(漢)나라 때의 뇌의(雷義)와 진중(陳重)을 말하는데 두 사람은 같은 고을 사람으로 우정이 돈독하였다. 사람들이 이들의 우정을, "아고풀이 견고하다고 하지만, 뇌의와 진중의 우정만 못하다."고 하였다.

한숨을 더하였습니다. 앞머리의 인사들은, 모두 이미 묵은 자취가 되었습니다. 옛일을 생각하건대, 슬픈 마음이 더합니다. 아아! 슬프다. 나는 집안의 화에 걸려서, 문을 닫아걸고 엎드려 지냈습니다. 문과 뜰에 나간 지가, 이미 많은 세월이 지났습니다. 공이 앓아누운 자리에 있어야 했지만, 이미 문병도 하지 못하였습니다. 공이 돌아감에 미쳐서는, 또 영결도 하지 못하였습니다. 길이 유명의 한을 져버렸으니, 이 한이 어찌 끝이 있겠습니까? 무덤이 이미 정해지고, 멀리 떠날 날이 가까워졌습니다. 파리한 말에 채찍질하여 성을 나가, 비로소 공의 빈소에 곡을 합니다. 풀 사이에서 크게 울부짖으니, 눈물만 뚝뚝 떨어집니다. 애오로지 술 한 잔만을 올리며, 말로 보답하고자 합니다. 영령께서 어둡지 않으시다면, 아마도 이르시리라 생각합니다. 아아! 슬프다. 흠향하시옵소서.

維萬曆四十三年歲次 乙卯十日月癸酉朔 越二十八日 庚子 知中樞府事 申湜 謹以酒果之奠, 敬祭于故司憲府大司憲, 可慕堂洪公之靈, 嗚呼哀哉. 惟靈蘭薰之德, 玉潔之姿. 早從師友, 學以充之. 如彼明珠, 初出于海. 人爭愛慕, 聲價自倍. 餘事宏詞, 再魁丹墀. 溫飽非心, 致澤是期. 遭逢聖世, 俛昂淸時. 殫卽啓沃, 匪躬謇讜. 蓬山淸晦, 儲養孔夙. 蓮舍風流, 蜚英彌爀. 入司喉舌, 出鎭方岳. 穀無不宜, 所至底績. 粤在新股, 起自卅收. 擢君臺閣, 優奬老宿. 將期大任, 多所歷試. 俾躬處休, 保釐有寄. 葵瓜生熟, 歸臥菟裘. 閑中烟月, 可以優游. 永矢終老, 涵泳君恩. 無妄之疾, 有愆寒喧. 就醫城闉, 萬物是須. 豈弟君子, 所恃神扶. 如何不淑, 遽至於斯. 理不可測, 天亦難知. 不慭之痛, 上軫宸心. 云亡之嘆, 下纏儒林. 況乎吾儕, 慟其曷任. 嗚呼哀哉. 余以譾劣. 久辱知音, 飮氷燕京. 萬里同衾, 稱觴壽席. 幾度升堂. 雷陳膠漆, 未足與方. 公佩淸符, 我按瀞節. 敬公城主, 尊我道伯. 傾情倒意, 儒首偃室. 謝玉荀龍, 環侍森列. 欽公盛福, 每加歎嘖. 轉頭人事, 已成陳迹. 言念疇昔, 只增傷怛. 嗚呼哀哉. 我罹家愗, 杜門寂伏. 不出戶庭, 已多月日. 當公臥席, 旣不問疾. 逮公易簀, 又未執訣. 永負幽明, 此恨何極. 佳城已卜, 遠期如迫. 鞭羸出城, 始哭公殯. 長號草間, 有淚徒隕. 聊奠一杯, 辭以侑之. 英靈不昧, 其庶格思. 嗚呼哀哉. 尙饗.

又[1]

김창일金昌一[2]

유세차 을묘 11월 29일. 옛 친구 김창일(金昌一)이 삼가 술과 과일로 망우 홍공 군서의 혼령에게 제사지냅니다. 아아! 이런 줄이나 아시는지요? “소년시절에 공과 더불어 노닐 적에 아침이면 상을 마주하고, 밤이면 이불을 함께 덮었습니다. 공이 먹을 때 나에게 나누어주고, 내가 술을 마실 적에는 공에게 따라주었습니다. 시단에서 서로 다툴 적에는 공이 일등을 하였고, 장난치며 놀 적에는 나를 으뜸으로 추대하였지요. 세월이 얼마나 지났는지, 지나간 일은 아득하기만 합니다.” 아아! 이런 줄이나 아시는 지요? “약관 시절에 놀라서 학문에 뜻을 두었을 때, 헤매며 방향을 몰라, 마치 장님이 지팡이로 두드리듯 하였지요. 행촌 선생에 대해서 들었는데, 늙어 덕을 숨기고 사는 분이라 했지요. 서로 이끌고 가서 제자가 되었는데, 그 분은 진흙으로 빚은 듯 했지요. 그 성실한 마음으로 학생들을 사랑하여, 가르치고 깨우침이 두터웠지요. 가장 먼저 경 자에 대에 말했는데, 이것이 학문의 바탕이 된다고 했지요. 벗이 되는 데 있어서도 변할 수 없는 것은, 택하는 것이 굳세고 간절한 것이라 했지요. 물러나 곰곰이 생각하니, 꿈인 듯 생시인 듯 분명치 않습니다. 나도 친구 하나를 얻었고, 공도

---

1 이 제문은 『慕堂集』 附錄에 수록되어 있다.

2 김창일(金昌一) : 1548(명종 3)~1631(인조 9). 조선 중기의 문신. 본관은 경주. 자는 형길(亨吉), 호는 사한(四寒). 1595년(선조 28) 유일(遺逸)로 장원서별제(掌苑署別提)·의금부도사를 거쳐, 1601년 홍천현감(洪川縣監)·고산현감(高山縣監), 1604년 고창현감(高敞縣監)에 이어 금구현감(金溝縣監)·안락군수(安樂郡守)·합천군수 등의 외직과 군기시첨정 등을 두루 지냈다. 1623년 인조반정이 일어나자 다시 청도군수(淸道郡守)로 발탁되고, 1627년 정묘호란 때는 원주에 돌아가 80세의 늙은 몸인데도 의병장에 추대되기도 하였으며, 난이 끝나자 장작감첨정(將作監僉正)에 임명되었다. 1630년 노인직으로 동지중추부사에 올랐다.

벗 하나를 얻었지요. 그 벗이 누군가 하니, 바로 공과 나였지요. 눈 내린 밤에 푸른 등불을 켜고, 가죽으로 묶은 황권(黃卷)[3]을 보았지요. 다만 나는 노둔하여, 때때로 채찍질이 필요했습니다. 저 나의 단점을, 오직 공이 길게 해주었습니다. 저 나의 의혹됨을, 공이 없애주었습니다. 공이 얻은 것이 있으면, 오직 나에게 내어 주셨습니다. 오직 공만이 나를 버리지 않고, 시종 도와주었지요. 옛 학문이 황량해져서, 선사를 좇는 것도 부끄럽습니다." 아아! 이런 줄이나 아시는지요? 순임금 때의 상서에서는 나이대로 앉았는데, 장원한 사람을 첫머리에 앉혔지요. 하늘나라 관청에 묵으려, 호적은 신선세계에 통하였습니다. 바위 회랑의 자리가 비었고, 경악에서는 공에게 힘입어 햇볕을 쬐었습니다. 벼슬이 으뜸에 이르지 못했으나, 술잔을 올리며 모두 덕을 말합니다. 옛날 기축년에, 훌륭한 인재가 함께 화를 당할 때에,[4] 조정의 끝에 우뚝 서서, 정색을 하고 항거하여 말하였습니다. 아아! 공은 이것을 아시는지요? 오직 공의 가정은, 실로 하늘이 막으셔서, 틈이 없이 편안히 지내어, 그 즐거움이 넘쳤지요. 임금을 사랑하면서도 군수가 된 것, 그 어리석음을 누가 미칠 수 있으랴? 옛날 분사에서 일을 볼 때, 교외에는 눈이 내렸지요. 만년에 벼슬할 적에도, 야인들과 자리를 다투며, 느긋하게 놀며 지내면서, 왼쪽에는 거문고 오른쪽에는 책을 끼고 살았지요. 한 번 병이 깊이 드니, 슬퍼하며 그 나머지를 훼손했지요. 손을 잡고 영결함에, 의기는 편안하고 한가하였지요. 내가 걱정하지 말라고 하며, 정력을 쇠하게 하지 말라고 하니, 공이 말하기를, "아아! 그대여 죽는 것이 또한 이와 같구려."라고 하며, 죽음을

3 황권(黃卷) : 일반적으로 도가서(道家書)를 가리키는 말.

4 옛날 …… 때에 : 기축옥사를 말함. 기축옥사는 조선 선조 22년(1589)에 정여립(鄭汝立)의 모반을 계기로 일어난 옥사. 권력의 핵심에서 쫓겨난 정여립이 전주, 진안 등지에서 대동계(大同契)를 조직하여 매월 활쏘기를 익혔는데, 이것이 역모로 고발되어 일당이 체포 처형된 사건으로, 이로써 동인(東人)이 몰락하고 서인(西人)이 정국을 주도하게 되었으며 호남(湖南) 출신의 관직 등용에 제한을 가한 계기가 되었다.

마치 고향에 돌아가듯이 하였으니, 내가 또한 무엇을 슬퍼하리요? 오늘은 군서(君瑞)[5]이지만, 내일은 형길(亨吉)[6]이니, 인간세상의 일은 한바탕 꿈이니, 만고토록 유택에서 편히 쉬시지요. 슬프다! 흠향하시옵소서.

維歲次乙卯十一月二十九日, 故人金昌一, 謹以酒果, 祭於亡友洪公君瑞之靈. 嗚呼! 知乎? 曰, "惟少年與公從遊, 朝而對床, 夜而同裯, 公食我分, 我酢公酬, 詩壇鬪爭, 以公爲頭, 謔浪相戲, 推我爲酋, 光陰幾何, 往事悠悠." 嗚呼! 知乎? 曰, "惟弱冠惕然志學, 迷不知方, 如瞽埴擿, 爰聞杏村, 有老隱德, 相率而歸, 泥塑其人, 憐其誠心, 敎誨諄諄, 首言敬字, 是學根基, 爲友不易, 擇在切偲, 退而思之, 如夢得寤, 吾得一友, 公得一友, 其友伊誰, 惟公惟吾, 青燈雪夜, 黃卷韋編, 顧余鈍步, 時乎策鞭, 伊我之短, 惟公長之, 伊我之惑, 惟公祛之, 惟公有得, 惟我斸之, 惟公不遺, 終始勗之, 舊學荒凉, 追媿先師. 嗚呼! 知乎? 虞庠序齒, 龍選登頭, 應宿天官, 通籍瀛洲, 巖廊虛席, 經幄賴曝, 官無致冠, 爵皆稱德, 往在己丑, 玉石俱焚, 鵷立朝端, 正色抗言. 嗚呼! 知乎? 惟公家政, 宲格天翁, 無間怡怡, 其樂融融, 愛日丏郡, 其愚誰及? 故都分司, 於郊是雪, 晩節行藏, 野人爭席, 優遊自在, 左琹右書, 一疾沉綿, 哀毁其餘, 執手永訣, 意氣安閑, 余謂無憂, 精力毋衰, 公曰嗟子, 死亦如斯, 視死如歸, 余亦何悲, 今日君瑞, 明日亨吉, 一夢人間, 萬古幽宅, 尙饗.

---

5 군서(君瑞) : 홍이상의 자.

6 형길(亨吉) : 이 제문을 지은 김창일의 자. 내용은 지금은 홍이상 당신이 죽었지만, 다음은 내 차례라는 뜻이다.

又[1]

이신의李愼儀[2]

유세차 을묘년 11월 계유삭 29일 신축. 행사용(行司勇) 이신의(李愼儀)는 고개성유수 홍공의 영혼께 감히 고하나이다. 사람이 태어나는 것도 하늘의 뜻이며, 죽는 것도 하늘의 뜻입니다. 사는 것도 하늘의 뜻으로 말미암아 살고, 사는 것도 하늘의 뜻으로 말미암아 죽으니, 변하지 않는 이치 아닌 것이 없습니다. 노자가 곡을 하지 않은 것과 장자가 노래를 부른 것은, 아마도 이 때문인 것으로 보입니다. 비록 내가 살아계실 때를 위해서 곡을 하는 것은 지위가 높지 않아 덕을 베풀지 못하였기 때문이며, 돌아가신 것을 위해서 곡을 하는 것은 우리들을 버리고 세상을 떠나신 것이 너무 빠르기 때문입니다. 넓고 넓은 아량을 누가 미칠 수 있으며, 부지런히 착한 일 하는 것을 누가 모방하겠습니까? 그 덕은 봄바람과 같고, 그 마음은 밝은 달과 같습니다. 잘 감추어둔 옥을 누가 알겠습니까? 스스로 그 빛을 압니다. 자취를 감춘 것이 무슨 잘못이겠습니까? 명철보신한 것입니다. 산문에 한 번 가려지니, 어느 날에나 다시 뵐까? 천년 만년동안, 차가운 연기에 잠겨 있으리. 아아! 슬프다! 옛날에 서쪽에서 왔을 때, 한 번 송도에서

1 이 제문은『慕堂集』附錄에 수록되어 있다.

2 이신의(李愼儀) : 1551~1627. 조선 중기의 문신. 본관 전의(全義). 자 경칙(景則). 호 석탄(石灘). 시호 문정(文貞). 1582년(선조 15) 학행(學行)으로 천거받아 예빈시 봉사(禮賓寺奉事)가 되고 1584년 참봉, 이어 종묘서봉사(宗廟署奉事)를 지냈다. 1592년 임진왜란 때 향군(鄕軍) 300을 거느리고 적과 싸워 공을 세우고 사옹원 직장(司饔院直長)이 되었다. 공조좌랑 · 고부군수(古阜郡守)를 거쳐 1604년 임천군수(林川郡守), 이어 남원부사(南原府使), 홍주(洪州) · 해주(海州)의 목사를 지냈다. 광해군 때 영창대군(永昌大君)을 죽이고 인목대비(仁穆大妃)를 유폐하려는 데 대해 항소(抗疏)를 올렸다가 회령(會寧)에 유배되고 1623년 인조반정으로 풀려나와 1627년(인조 5) 형조참의 · 형조참판을 역임했다. 같은 해 정묘호란으로 왕을 호종하여 강화로 가던 도중 수원에서 병사했다. 이조판서가 추증되었다. 문집에『석탄문집(石灘文集)』이 있다. (두산백과)

절을 하였습니다. 지금 이미 진적이 되었으니, 슬프고 탄식할 뿐이로다. 어르신의 정의는, 손꼽아 헤아릴 사람이 거의 없도다. 이렇게 영결을 하며, 술을 들어 통곡을 합니다. 마음이 절로 가라앉지 않고, 눈물은 절로 금할 수 없습니다. 갖춘 음식은 다만 거친 것뿐이지만, 마음만은 넉넉하답니다. 영혼이 만약 이를 아신다면, 아마도 와서 임하시리라 생각됩니다. 아아! 슬프다! 흠향하시옵소서.

維歲次乙卯十一月癸酉朔二十九日辛丑, 行司勇李愼儀, 敢告于故開城留守洪公之靈. 夫人之生也天也, 死也亦天也, 生由天而生, 死由天而死, 無非常理, 老君之不哭, 莊氏之爲歌, 盖有以此故也. 雖然我之爲生而哭者, 位未滿而德未施也, 爲亡而哭者, 棄儕輩而厭世速也. 休休之雅量, 孰能可及, 孜孜之爲善, 人莫與侔, 春風其德, 明月其心, 韞玉誰識, 自知其輝, 晦迹何愆, 保身是哲, 山門一掩, 復覩何日? 千秋萬齡, 只鎖寒烟, 嗚呼! 痛哉! 昔自西來, 一拜松都, 今已陳跡, 悲歎可言, 函丈情朋, 屈指無幾, 玆當永訣, 擧酒痛哭, 情不自定, 淚不自禁, 備奠顧薄, 丹忱自豊, 神若有知, 庶乎來格, 嗚呼! 哀哉! 尙饗.

又[1]

이대순李大醇

유세차 을묘 11월 계유삭 28일 경자. 이대순(李大醇)은 감히 유수 홍공의 영혼 앞에 아룁니다. 아아! 슬프다! 영공이 이렇게 되셨다니요? 덕이 있는 사람은 오래 산다고 하지만 오래 사는 것은 일컬어지지 않고, 재주가 있는 사람은 쓰임이 있지만, 쓰임이 크지 않도다. 아아! 슬프다! 부모를 섬김에 진실로 효성을 다하였고, 뜻을 기름에 어그러짐이 없었네. 임금을 이끌어 도에 이르고, 바름을 지켜서 돌이키지 않았네. 온후하고 공손하고 성실하였고, 일에 임하여는 강하고 과감하였으니, 이같은 사람을 얻어 볼 수 없네. 의리를 강명함에, 손을 잡고 회포를 논하니, 세상에 그러한 사람이 없도다. 아아! 슬프다! 내가 어찌 능히 모두 말하랴? 오래 살아 지금에 이르렀는데, 귀밑머리는 서릿발같이 희네. 잔을 들고 한 번 통곡을 하니, 늙은이의 눈물 시내와 같도다. 죽지 않고 남아 있습니다. 흠향하시옵소서.

維歲次乙卯十一月癸酉朔二十八日庚子, 李大醇敢告于留守洪公之靈. 嗚呼! 慟哉! 令公而至於斯耶? 有德者有壽而壽不稱焉, 有才者有用而用不大焉. 嗚呼! 痛哉! 事親誠孝, 養志無違, 引君當道, 守正不回. 溫恭殼厚, 臨事剛果, 不可得見; 講明義理, 握手論懷, 世無其人. 嗚呼! 哀哉! 我亦豈能. 久存卽今, 鬢毛如霜. 擧觴一慟, 老淚如川. 不亡者存, 尙饗.

---

1 이 제문은 『慕堂集』 附錄에 수록되어 있다.

又[1]

박충생朴忠生[2]

유세차 을묘년 11월 계유삭 28일 경자. 박충생(朴忠生)은 삼가 망우 홍군서의 혼령에게 제사 드립니다. 공은 뛰어난 재주를 타고난 데에다가, 배워서 다시 나머지 일을 알게 되었으니, 문장은 나라를 빛내는 밑천이 되었습니다. 대각에서 빛나게 활동하고, 유림의 영수가 되었습니다. 임금과 신하 모두 요임금 시절과 같이, 마음을 열고 기름지게 하였습니다. 만년에 이 뜻을 가지고, 한 고을에 베풀었습니다. 서쪽지방의 백성들이 혜택을 보았고, 남쪽에서는 근심이 없게 되었습니다. 만년에는 높은 마음을 품고, 임하에서 느긋하게 노닐었습니다. 황관을 쓰고 돌아가서, 푸른 벌판에 집을 지었습니다. 어머니를 봉양하기 위한 것이니, 거북이와 학처럼 오래 사셨습니다. 하늘이 어찌 참지 않고, 모아들이기를 빨리 하였는지요? 하늘에는 키가 밝게 되었지만, 인간 세계에는 죽이 다하였습니다. 나라에 원로가 없어지고, 선비들은 자랑거리가 없어졌습니다. 나를 이끌어주고 달래주어서, 어려서부터 따라 다녔지요. 정은 골육보다도 깊었고, 일은 모피보다 귀하였지요. 며칠의 일정에서, 삼년 동안 이별을 하였는데, 오히려 마음에 견디기 어려워, 창자가 끊어지려고 합니다. 저승길은 멀고멀어, 한 번 구원으로 가시면, 나의 슬픔을 누가 알고, 내 곡을 누가 듣습니까? 말이 여기에

---

1 이 제문은 『慕堂集』 附錄에 수록되어 있다.

2 박충생(朴忠生) : 1552~?. 조선 전기 안산 출신의 문신 본관은 함양(咸陽). 자는 여중(如衆). 할아버지는 예조참판을 지낸 박유(朴瑜)이고, 아버지는 찰방을 역임한 박여헌(朴黎獻)이다. 어머니는 한림감정(翰林監正) 한산이씨 이희백(李希伯)의 딸이다. 민순의 문인이며, 지금의 안산시 단원구 선부동에서 태어났다. 1604년(선조 37) 인제현감과 판관을 지냈고, 이후 호조참판 · 판의금부사를 지냈다.

이르렀으니, 뜻인들 어찌 다함이 있겠습니까? 한 잔 술과 거친 안주로, 두 눈에 눈물 가득 흘리며 올립니다. 아아! 슬프다! 흠향하시옵소서.

維歲次乙卯十一月癸酉朔二十八日庚子, 朴忠生敬祭于亡友洪君瑞之靈. 惟公天挺之才, 學而復知餘事, 文章華國之資, 蜚英臺閣, 領袖儒林, 君堯臣堯, 啓心沃心, 晩將此志, 施于一州, 西民有惠, 南顧無憂, 晩節高懷, 林下優遊, 黃冠歸去, 綠野堂成, 庶幾頤養, 龜鶴遐齡, 天胡不忍, 而集之速, 天上箕明, 人間盡鸞, 國無蓍龜, 士無矜式, 忠生提撕誘掖, 幼少追隨, 情深骨肉, 事去毛皮, 數日之程, 三年之別, 猶懷不耐, 然腸欲裂, 泉路茫茫, 一隔九原, 我悲誰知, 我哭誰聞, 言猶止此, 意何能窮, 一奠菲薄, 淚落雙瞳, 嗚呼哀哉, 尙饗.

又[1]

곽열郭說[2]

유세차 을묘년 11워 28일. 서원(西原)의 곽열(郭說)은 삼가 망우 홍공의 혼령에게 술을 올립니다. "아아! 한강의 맑고 빼어남과, 산악이 정기를 내려서, 공은 이 기운을 받아 태어나니, 아름다운 바탕이 맑고 깨끗했다. 이것을 하늘로부터 받았고, 태주는 연못에서 나왔네. 나면서부터 높고 우뚝하여, 두각을 높다랗게 드러내었네. 맑은 의표로 사람 눈을 부시게 한 것, 어려서부터 이미 그러했다네. 우뚝하게 늙어가며, 단아하고 장엄하였다네. 뛰어난 재주는 숨겨도 드러나고, 대중에 나아가면 무리 가운데 빼어났네. 닭의 무리 가운데 학과 같은데, 일찍부터 스스로 노력하였다네. 성인의 학문을 깊이 연구하고, 아래로는 마음을 독실이 하였다네. 훌륭한 사람이 되는 것이 목표였지, 벼슬하여 녹봉 받는 것은 좋아하지 않았네. 공이 오로지 뜻을 둔 것은, 당에 양친이 계신 것이었네. 스스로 결정할 수 없었던 것은, 길이 과거를 포기하는 것이었네. 영화가 겉으로 드러니고, 문사가 빛나고 맑았다네. 과거 시험에서 장원을 하니, 빛나게 대각에 들어갔다네. 청요직(淸要職)에 출입하는 것이, 분수에 맞는 것이었네. 전조에서 사람을 씀에, 저울처럼 공평하게 하니, 사람들이 그 현명함에 감복하였다네. 경악에서는 논하고 생각함에, 말이 마치 시내를 거꾸로 매달아 놓은 듯하니, 임금께서 훌륭하다고 하셨네. 만년에 어머니를 모시기 위해, 자취를 백리만큼 굽히니,

1 이 제문은 『慕堂集』 附錄에 수록되어 있다.

2 곽열(郭說) : 1548~1630. 본관은 청주(淸州)이고, 자(字)는 몽득(夢得)이며, 호(號)는 서포이다. 1601년(선조 34) 식년문과에 갑과로 급제하여 전적(典籍)을 지냈다. 외숙(外叔)인 김자점(金自點)이 권세를 남용하여 간(諫)하였으나 받아들이지 않자, 병을 핑계로 원주(原州)로 은퇴하였다. 이조판서에 추증되었다. (두산백과)

백성들이 그 은혜를 받았네. 어렵고 위험한 때에 명을 받아, 영남에서 관찰사로 있으며, 감당의 교화를 남겼네. 중년에는 쇠하고 늙어서, 고향 동산으로 물러나 살며, 생애를 마치고자 하였네. 솔바람 부는 창과 대나무 경상에서, 왼쪽에는 경사 오른쪽에 역사서를 놓고, 정신을 집중하고 우두커니 앉았네. 시골의 늙은 이들과, 지팡이와 신방을 끌고 왕래하며, 물외에서 그윽하게 놀았네. 몸은 시골에 있었지만, 뜻은 임금을 절실히 사랑하였고, 마음은 대궐에 걸렸다네. 병든 몸을 이끌고, 임금 계신 곳으로 돌아오니, 일편단심은 식지 않았네. 벗들과 사림에서는, 다시 만나게 된 것을 기뻐하여, 마치 비익조(比翼鳥)[3]가 짝을 만난 듯이 하였네. 하늘이 어찌 남겨두지 않고, 병이 더욱 심해지게 하여, 대들보가 문득 부러져버렸네. 유종이 돌아갔으니, 우리 무리들이 누구를 의지하랴? 어찌 길이 슬퍼하지 않으랴? 아! 나같이 모자라는 사람이, 어려서부터 같은 마을에서 자랐고, 또 같은 스승에게 배웠네. 어찌 알았으랴? 하루아침에, 나의 좋은 벗을 잃고, 눈물로 마음을 적실 줄을. 산천은 넓디넓고, 하늘의 수레는 길을 열었으니, 마음이 꺾이고 애가 탄다. 나는 곡을 하고 슬퍼하며, 한 잔의 초백주(椒柏酒)를 올리니, 혼령이여 이런 줄 아시는지? 아아! 슬프다! 흠향하시옵서소.

維歲次乙卯十一月二十八日, 西原郭說, 敬奠于亡友洪公之靈, 曰, 嗚呼! 江漢濯秀, 山岳降精, 公也鍾生, 美質清粹, 受之自天, 胎珠出淵, 生而岐嶷, 頭角嶄然, 清摽映人, 其在髫齔, 兀乎老蒼, 端雅嚴莊, 英才穎脫, 邁衆超倫, 鵠立鷄羣, 早自惕厲, 研窮聖學, 下帷心篤, 典模是式, 不喜祿仕, 而公之志, 堂有雙親, 不能自決, 永謝科業, 英華

3 비익조(比翼鳥) : 두 마리의 새가 날개가 붙어 있어 늘 함께 날아다닌다는 상상 속의 새. 부부의 금실을 이야기 할 때나 친구 사이의 우정을 이야기 할 때 비유적으로 많이 쓰임.

外發, 文思炳朗, 嵬捷龍榜, 蜚英臺閣, 出入清要, 乃分之宜, 銓曺用人, 若衡之平, 人服其明, 經幄論思, 語若懸河, 玉音曰嘉, 晩歲爲養, 屈迹百里, 民受其惠, 受命艱危, 褰帷嶺左, 甘棠留化, 中年衰老, 退居丘園, 擬終天年, 松櫺竹床, 左經右史, 凝神塊坐, 溪翁野老, 杖屨來往, 物外幽想, 身在田廬, 志切愛君, 心懸北辰, 扶携羸病, 輦轂歸來, 丹心未灰, 朋知士林, 弓喜復得, 若鵜有鷖, 天胡不遺, 一疾轉劇, 樑摧奄及, 儒宗亡矣, 吾黨誰依, 胡不永噫, 嗟余不佞, 少同里閭, 且與同師, 那知一朝, 失我良朋, 有淚沾膺, 山川寥凋, 神駕啓路, 心摧腸腐, 我哭我哀, 一奠椒酒, 神其知否? 嗚呼哀哉! 尙饗.

모당慕堂 홍이상洪履祥 선생의 부인 안동安東 김씨金氏에 대한 만사輓詞

輓詞

오성鰲城[1]

새로운 언덕에 풀도 아직 자지 않았고,
옛 묘혈에 합장함이 어찌 그리 바쁜가?
칼이 연진(延津)에서 합한 지는 오래되었고[2],
배가 야학(夜壑)[3]으로 옮김에 서늘하게 되었네.
바야흐로 삶이 바쁘고 거친 줄은 알았지만,
누가 일이 바쁘고 아득하다고 말했던가?
늦은 저녁 상수(湘水)[4]가 덩굴을 한스러워 하면서,

1 오성(鰲城) : 조선 선조 때의 문신 이항복(李恒福 : 1556~1618)을 말함. 그가 오성부원군에 봉해졌기 때문에 이렇게 불렀다. 자는 자상(子常). 호는 동강(東岡)·백사(白沙)·필운(弼雲). 임진왜란 때 병조 판서로 활약했으며, 뒤에 벼슬이 영의정에 이르렀다. 광해군 때에 인목 대비 폐모론에 반대하다 북청(北青)으로 유배되어 죽었다. 저서에 『백사집(白沙集)』, 『북천일기(北遷日記)』, 『사례훈몽(四禮訓蒙)』 등이 있다.

2 칼이 … 되었고 : 부부가 저승에서 다시 만나는 것으로, 합장(合葬)을 뜻하는 말로 쓰인다. 진(晉)나라 때 뇌환(雷煥)이 용천(龍泉)과 태아(太阿)라는 두 보검을 얻어 그중 하나를 장화(張華)에게 주었는데, 후에 장화가 주살(誅殺)당하자 그 칼의 소재를 알 수 없게 되었다. 뇌환이 죽은 뒤 그 아들이 칼을 가지고 연평진(延平津)을 지날 때 칼이 갑자기 손에서 벗어나 물에 떨어져 사람을 시켜 물속을 찾게 하였더니, 두 마리 용이 서리어 있을 뿐이고 보검은 보이지 않았다고 한다. 이것을 '연진검합(延津劍合)' 또는 '연진지합(延津之合)'이라 하여 다시 합하게 되는 인연이나 부부가 죽은 뒤에 합장하는 것을 비유하게 되었다. 『晉書』 卷36 「張華傳」 (한국고전번역원)

3 야학(夜壑)으로 옮김 : 한밤중에 배를 골짜기로 옮겼다는 뜻으로 죽어서 묘지에 묻힌 것을 비유한다. 『장자(莊子)』 「대종사(大宗師)」에 "골짜기 속에 배를 숨겨 두고 산을 못 속에 숨겨 두면 안전하다고 여긴다. 하지만 한밤중에 힘센 자가 등에 지고 달아나도 어리석은 사람은 알아채지를 못한다.[夫藏舟於壑 藏山於澤 謂之固矣 然而夜半 有力者 負之而走 昧者不知也]" 하였다. (한국고전번역원)

4 상수(湘水) : 순 임금이 죽자 후비(后妃)인 아황(娥皇)과 여영(女英)이 뒤쫓아가다가 이들이 몸을 던져 죽었다는 곳이다. 죽기 전에 상수(湘水)에 이르러 서로 붙잡고 울며 흘렸던 피눈물이 대나

인하여 눈물이 절로 길어졌다고 쓰네.

新阡草未宿, 舊穴祔何忙.
劍合延津古, 舟移夜壑凉.
定知生草草, 誰謂事茫茫.
遲暮湘纍恨, 因書涕自長.

무를 적셔 얼룩졌다고 한다.

又

일송一松[1]

1

금슬(琴瑟)처럼 옹화(雍和)하게 50년을 지냈는데,
남쪽 시내에서 마름풀 캐며[2] 정성껏 제사를 받들었네.
삼종(三從)[3]하는 부도는 때로 인해 다 하였고,
아홉 번 길러주신 은혜[4]는 곳곳마다 고르네.
올해의 화는 오히려 전 해의 화이고,
죽지 않은 사람이 이미 죽은 사람이라네.
지하에 쌍검(雙劍)[5]을 하면 즐거운 만남일 것이니,

---

1 일송(一松) : 심희수(沈喜壽)의 호. 1548~1622. 조선 중기의 문신. 본관은 청송(靑松). 자는 백구(伯懼), 호는 일송(一松) 혹은 수뢰루인(水雷累人). 1572년 별시문과에 병과로 급제하여 승문원(承文院)에 보임되고, 1599년 예문관제학·예조판서를 거쳐 이조판서가 되고, 홍문관·예문관의 대제학을 겸하고서 안으로는 사명(辭命)을 장악하고 밖으로는 접빈(接賓)에 힘썼다. 좌찬성·우찬성 등을 거쳐 우의정에 올랐으며, 청백리(淸白吏)에 뽑혔다. 저서로는 『일송집』이 있다.

2 시내에서 마름풀 캐며 : 법도에 따라 선조의 제사를 경건히 지냄을 말한다. 『시경』 소남(召南) 「채빈(采蘋)」에 "이에 마름을 뜯기를 남쪽 시내에서 하도다. 이에 마름을 뜯기를 저 흘러가는 도랑에서 하도다.[于以采蘋 南澗之濱 于以采藻 于彼行潦]" 하였다. (한국고전번역원)

3 삼종(三從) : 삼종지도(三從之道)를 말함. 삼종지도는 옛날에 여자가 시집가기 전에는 부친을 하늘처럼 모시면서 따르고, 시집을 가서는 남편을 하늘처럼 받들면서 따르고, 남편이 죽은 뒤에는 아들을 따르던 도리를 말한다. 『儀禮』 「喪服」

4 아홉 번 길러주신 은혜 :

5 쌍검(雙劍) : 부부가 죽어서 합장(合葬)된 것을 가리킨다. 진(晉) 나라 뇌환(雷煥)이 용천(龍泉)과 태아(太阿) 두 명검을 얻어 하나는 자기가 차고 하나는 장화(張華)에게 주었는데, 그 뒤에 장화가 복주(伏誅)되면서 그 칼도 없어졌다. 그런데 뇌환의 칼을 아들이 차고 다니다가 복건성(福建省) 연평진(延平津)에 이르렀을 때, 차고 있던 칼이 갑자기 물속으로 뛰어들면서, 없어졌던 장화의

이 여러 아들과 선비들은 새로운 것을 모방하네.

琴瑟雍和五十春, 采蘋南澗奉精禋.
三從婦道因時盡, 九育慈恩在處均.
今歲禍猶前歲禍, 未亡人是已亡人.
重泉双劍應歡會, 奈此諸孤孺慕新.

2

옛날 욕되게 어머니 축수하는 잔치자리를 기억하니,
융숭히 봉양함에 모두 주부가 어질다 일컫는다.
자리에 비치는 봉황새는 즐거운 빛이 흘러넘치고,
당에 가득한 난옥(蘭玉)[6]의 춤추는 옷이 곱고 곱다.
인간의 복과 덕을 온 집에서 칭송하고 있으며,
땅 위의 신선이라고 모든 사람의 입에 전하네.
어찌 생각했던가? 지금처럼 잇달아 돌아가시어,
유독 효자에게 푸른 하늘을 원망하도록 할 줄을.

칼과 합하여 두 마리의 용으로 변한 뒤 사라졌다는 고사가 전한다. 『晉書』 「張華傳」 (한국고전번역원)

6 난옥(蘭玉) : 지란(芝蘭)과 옥수(玉樹)를 아울러 말한 것으로 훌륭한 자제를 뜻한다. 진(晉)나라 사안(謝安)이 자질(子姪)들에게 "어찌하여 사람들은 자기 자제가 출중하기를 바라는가?" 하고 묻자, 조카 사현(謝玄)이 "비유하자면 마치 지란(芝蘭)과 옥수(玉樹)가 자기 집 뜰에 자라기를 바라는 것과 같습니다." 한 데서 유래하였다.

憶曾頻忝壽親筵, 隆養皆稱主饋賢.
照座鳳凰愉色滋, 滿堂蘭玉舞衣鮮.
人間福德千家頌, 地上神仙萬口傳.
豈料如今連降割, 偏敎孝子叫蒼天.

又

연릉부원군延陵府院君 이호민李好閔[1]

계속 그리워하며 시집가던 날이,
지금부터 50년 전의 일이라네.
난초 언덕에 잘 길렀다고 들었는데,
옥패(玉佩)가 서로 전하는 것을 보았네.
머리를 자르니[2] 빈연(賓筵)이 정열되고,
살림을 잘하여 자질이 어질도다.
상을 치르느라 한 해가 늦었지만,
금슬이 지하에서 다시 만나리.

緬憶于歸日, 經今五十年.
蘭陔聞善養, 玉佩見相傳.
剪髢賓筵整, 趨機子舍賢.
襄喪遲一歲, 琴瑟會重泉.

1 이호민(李好閔) : 1553~1634. 조선 선조 때의 공신. 자는 효언(孝彦). 호는 오봉(五峯). 임진왜란 때 이여송(李如松)에게 원군을 청하여 공을 세우고 연릉 부원군(延陵府院君)에 봉해졌다. 문장과 시에 뛰어났으며, 작품에 『용만시(龍灣詩)』, 문집에 『오봉집』 등이 있다.

2 머리를 자르니 : 범규(范逵)가 그 집을 방문했을 때 대접할 것이 없자 도간의 어미가 머리칼을 잘라 주효(酒殽)를 마련해 주었던 고사가 전해 온다. 『晉書』 卷66.

又

진원부원군晉原府院君 유근柳根[1]

오랜 소원은 해로를 이루는 것인데,
남은 생을 어찌 홀로 남아 있으랴.
용천검(龍泉劍)[2]의 빛이 샘 아래에서 합하고,
난새의 그림자 거울 가운데에서 사라졌네.[3]
경사를 쌓아 아손들이 성하게 되었고,
집을 다스림에 아낙의 도를 닦았네.
인간세상에서 오복을 누리려고 하니,
육십에 또 삼년 가을이 지나갔다네.

宿願成偕老, 餘生肯獨留.
龍光泉下合, 鸞影鏡中休.
積慶兒孫盛, 治家婦道修.
人間享五福, 六十又三秋.

---

1 유근(柳根) : 조선 중기의 문신(1549~1627). 자는 회부(晦夫). 호는 서경(西坰). 1578년 문장으로 겐소(玄蘇)라는 일본 중을 놀라게 했고, 임진왜란과 정유재란 때 임금을 모신 공으로 부원군이 되었으며, 벼슬은 대제학과 좌찬성에 올랐다. 저서에 『서경집』이 있다.

2 용천검(龍泉劍) : 진(晉)나라 때 뇌환(雷煥)이 가지고 있던 용천(龍泉)과 태아(太阿)라는 두 보검 가운데 하나이다. 뇌환은 이것을 얻어 그중 하나를 장화(張華)에게 주었는데, 후에 장화가 주살(誅殺)당하자 그 칼의 소재를 알 수 없게 되었다. 뇌환이 죽은 뒤 그 아들이 칼을 가지고 연평진(延平津)을 지날 때 칼이 갑자기 손에서 벗어나 물에 떨어져 사람을 시켜 물속을 찾게 하였더니, 두 마리 용이 서리어 있을 뿐이고 보검은 보이지 않았다고 한다. 이것을 '연진검합(延津劍合)' 또는 '연진지합(延津之合)'이라고도 한다. 부부가 죽은 뒤에 합장하는 것을 가리키는 뜻을 쓰인다. 『晉書』 卷36 「張華傳」 (한국고전번역원)

3 난새의 … 사라졌네 : 아내도 죽어 이제 다시는 거울에 모습을 드러내지 않는다는 뜻이다.

又

행동지중추부사行同知中樞府事 박홍구朴弘耈[1]

그윽하고 곧으며 깊다고 일찍부터 드러났더니,
아아! 사람의 일은 잠깐임을 깨닫는다.
지금까지 이택(麗澤)[2]은 선후에게 마땅하였고,
당일의 가정에는 내상(內相)[3]이 어질었도다.
여섯 아들은 당에 가득한데 어머니를 높이고,
평생의 이야기 이루어져 중천에서 계를 맺는다.
그 묘실로 영구히 돌아감에 언덕과 들은 오래되었고,
아득히 봄산을 바라보니 무덤가 나무가 이어졌네.

夙著幽貞且塞淵, 可嗟人事覺蘧然.
至今麗澤先侯誼, 當日家庭內相賢.
六子滿堂尊一母, 百年成說契重泉.
永歸其室丘原古, 悵望春山宰樹連.

---

1 박홍구(朴弘耈) : 1552~1624. 초명은 박홍로(朴弘老)이다. 24세 때인 1576년(선조 9)에 진사 시에 합격하고, 30세 1582년(선조 15) 식년시(式年試) 갑과2(甲科2)에 합격하였다. 42세 때인 1594년(선조 27) 각도 군사 훈련을 권장하고 수령의 폐단을 막기 위해 암행 어사로 하삼도에 파견되었다. (문화콘텐츠닷컴 (문화원형 용어사전), 2012, 한국콘텐츠진흥원)

2 이택(麗澤) : 서로 붙어 있는 두 개의 연못이라는 뜻으로, 붕우 간에 서로 도움을 주며 학문을 토론하고 덕을 닦아 나아가는 것을 말한다. 『周易』「兌卦 象」

3 내상(內相) : 당(唐) 나라 육지(陸贄)가 한림학사(翰林學士)로서 임금의 측근에서 기밀(機密)에 참예하니, 당시 사람들이 그를 내상(內相)이라 불렀다. 여기서는 고인의 남편 홍이상을 두고 하는 말이다.

又

여천부원군驪川府院君 민형남閔馨男[1]

옛날에 세 번이나 이사를 한 어머니[2]가 있었는데,
마치 지금 그 사람을 보는 것과 같네.
은혜로 봉해진 것이 귀하고 귀한 줄을 알겠고,
부친의 가르침은 덕을 흠모하는 데에 이르렀네.
봉황이 떠난 뒤[3]로 겨우 한 해가 지났는데,
난새가 아직 칠순도 되지 않아 뒤를 따르네.
문중에서는 일찍부터 덕을 사모하였는데,
이 날 더욱 더 수건을 눈물로 적시네.

昔有三遷母, 如今見一人.
恩封知貴貴, 庭訓及詵詵.
鳳去纔經歲, 鸞隨未七旬.
門中曾慕德, 此日更沾巾.

1 민형남(閔馨男) : 1564~1659. 광해군 때의 문신. 본관 여흥. 자 윤부(潤夫). 호 지애(芝崖). 시호 장정(莊貞). 민순(閔純)의 문인. 1600년(선조 33) 별시문과에 급제, 주서(注書)·승지를 역임하였다. 1613년(광해군 5) 익사(翼社)·형난(亨難)공신에 책록, 여주군(驪州君)에 봉하여졌다. 1623년 인조반정으로 삭직되었으며, 이듬해 이괄(李适)의 난에 충성하여 다시 춘천부사로 복직되었다. 1647년 우찬성(右贊成), 1653년(효종 4) 다시 1품직에 올랐고, 1658년 중추부판사에 이르러 기로소(耆老所)에 들어갔다. (두산백과)

2 옛날에 … 어머니 : 잘 알려진 바와 같이 맹자의 어머니가 맹자의 교육을 위하여 세 번 이사한 적이 있다. 맹모삼천지교(孟母三遷之敎)를 말한 것이다.

3 봉황이 떠난 뒤 : 남편이 죽은 것을 말한다.

又

길창군吉昌君 권협權悏[1]

부자가 살아 계실 때에 포숙아(鮑叔牙)처럼 지우를 받았고[2],
일찍부터 안방의 규범이 한결같이 법규를 따랐다 들었네.
결처(缺妻)가 공경하고 조심하는 것이 손님된 날과 같고,
양홍(梁鴻)의 아내가 온유하게 상을 들어 올릴 때 같네.[3]
봉황이 요대(瑤臺)[4]로 가서 돌아오지 않아 슬퍼하고,
칼이 연수(涎水)[5]로 돌아가서 서로 좋아하여 따른다.

---

1 권협(權悏) : 조선 중기 문신. 1553~1618. 본관은 안동, 자는 사성(思省), 호는 석당(石塘)이다. 1577년(선조 10) 알성문과(謁聖文科)에 응시하여 을과로 급제, 승문원(承文院)·춘추관(春秋館)의 벼슬을 거쳐 1592년 임진왜란 때 장령(掌令)으로 서울의 사수(死守)를 주장하였다. 1597년 예문관응교(藝文館應敎)로 있을 때 정유재란이 일어나자, 고급사(告急使)로 임명되어 명나라에 가서 원병을 끌어들이는 데 성공하였다. 귀국 후 호조참의에 오르고, 1604년 선무공신(宣武功臣) 3등으로 길창군(吉昌君)에 봉해졌다. 1607년 예조판서에 임명되었으며, 광해군 때에는 관직을 버리고 두문불출하였다. (두산백과)

2 포숙아(鮑叔牙)처럼 … 받았고 : 춘추 시대 포숙아(鮑叔牙)가 관중(管仲)의 처지를 이해하여 적극 도와주었고, 관중을 제 환공(齊桓公)에게 천거하여 재상으로 삼게까지 하였으므로, 관중이 "나를 낳아 준 것은 부모요, 나를 알아준 것은 포숙아이다.[生我者父母 知我者鮑子也]"라고 술회한 고사가 전한다. 『史記』 卷62 「管仲列傳」 (한국고전번역원)

3 양홍(梁鴻)의 … 같네 : 후한(後漢)의 현사(賢士)인 양홍(梁鴻)의 처 맹광(孟光)이 밥상을 들고 올 때에도 양홍을 감히 마주 보지 못하고 이마 위에까지 들어 올렸다는 '거안제미(擧案齊眉)'의 고사에서 유래한 것이다. 『後漢書』 卷83 「逸民列傳 梁鴻」 (한국고전번역원)

4 요대(瑤臺) : 유융(有娀)의 미녀가 산다는 누대 이름이다. 이백(李白)의 「청평조사(淸平調詞)」에 "군옥의 산 정상에서 본 것이 아니라면, 요대의 달빛 아래에서 만난 것이 분명하네.[若非群玉山頭見 會向瑤臺月下逢]"라는 표현이 나온다. 군옥(群玉)은 서왕모(西王母)가 산다는 산 이름이다. (한국고전번역원)

5 연수(延水) : 연수(涎水)를 말함. 연진(涎津)과 같은 말이다. 부부가 저승에서 다시 만나는 것으로, 합장(合葬)을 뜻하는 말로 쓰인다. 진(晉)나라 때 뇌환(雷煥)이 용천(龍泉)과 태아(太阿)라는 두 보

마루 앞에는 여러 옥[6]이 있는 것에 힘입어서,
여경이 응당 모름지기 끝없이 이어지리라.

夫子當年荷鮑知, 夙聞閨範一遵規.
缺妻敬愼如賓日, 梁婦溫柔擧案時.
鳳去瑤臺悲莫返, 劍歸延水好相隨.
堂前賴有森森玉, 餘慶應須不盡期.

검을 얻어 그중 하나를 장화(張華)에게 주었는데, 후에 장화가 주살(誅殺)당하자 그 칼의 소재를 알 수 없게 되었다. 뇌환이 죽은 뒤 그 아들이 칼을 가지고 연평진(延平津)을 지날 때 칼이 갑자기 손에서 벗어나 물에 떨어져 사람을 시켜 물속을 찾게 하였더니, 두 마리 용이 서리어 있을 뿐이고 보검은 보이지 않았다고 한다. 이것을 '연진검합(延津劍合)' 또는 '연진지합(延津之合)'이라 하여 다시 합하게 되는 인연이나 부부가 죽은 뒤에 합장하는 것을 비유하게 되었다. 『晉書』 卷36 「張華傳」 (한국고전번역원)

6 여러 옥 : 훌륭한 자제들이 많음을 뜻한다.

又

해창군海昌君 윤방尹昉[1]

상 아래 여섯 용[2]이 한 시대를 날아오르니,
인간의 오복이 부모에게 소나기처럼 모였네.
하늘을 버티던 봉우리가 꺾이는 날 놀랐더니,
이어서 연진(涎津)의 칼이 변화하는 때를 보았네.
사만(紗幔)[3]에서는 전날 밤의 일을 잊지 못하는데,
새로운 언덕에는 아직 지난해 봄을 띠고 있네.
슬프다 집안끼리 통혼한 좋은 사이이지만,
흰머리에 수건 가득 눈물을 흘리는 일을 견디랴?

床下六龍翔一世, 人間五福萃霬親.

1 윤방(尹昉) : 1563~1640. 조선 중기의 문신. 본관은 해평(海平). 자는 가회(可晦), 호는 치천(稚川). 1582년(선조 15) 진사가 되고 1588년 식년문과에 병과로 급제, 승문원정자에 임명되고 이어 예문관검열 겸 춘추관기사관을 거쳐 봉교·예조좌랑이 되었다.1623년 인조반정 후 예조판서로 등용되고, 이어 우참판으로 판의금부사를 겸하다가 곧 우의정에 올랐다.다시 좌의정으로 있을 때 이괄(李适)의 난이 일어나자 이를 진압, 민심 수습에 공헌했으며, 1627년(인조 5) 영의정이 되었다. 그 해 정묘호란이 일어나자 인조의 피난을 주장해 강화에 호종했고, 영의정에서 물러나 판중추부사를 역임한 후 1631년 다시 영의정이 되었다. 시호는 문익(文翼)이다. (한국민족문화대백과, 한국학중앙연구원)

2 여섯 용 : 모당 홍이상과 안동 김씨의 여섯 아들을 말한다.

3 사만(紗幔) : 사만(紗幔)은 여자들이 거처하는 곳에 치는 비단 장막을 가리키는데, 대개 어머니를 지칭하는 말로 쓰인다. 진(晉) 나라 위영(韋逞)의 모친 송씨(宋氏)가 아무도 모르는 주관(周官)의 의례(儀禮)에 밝았기 때문에, 나라에서 그의 집에 학당을 세우고 붉은 비단 장막[絳帳] 너머로 가르치게 했던 고사가 『열녀전(列女傳)』에 실려 있다. (한국고전번역원)

俄驚天柱峰摧日, 繼見延津劍化辰.
紗[4]幔未忘前夜業, 新阡猶帶去年春.
自憐夙昔通家好, 衰白那堪涕滿巾.

4 원전의 '沙'는 '紗'라야 옳다.

又

대원군帶原君 윤효전尹孝全[1]

해로하자던 깊은 맹세도 늙어지니 어그러지고,
같은 무덤 같은 광중으로 동시에 돌아가네.
속이 깊고 공경하는 사람은 인간세계에 적고,
삼가며 그윽한 사람은 세상에 드물도다.
세 딸은 혜초처럼 곧고 곧아서 『내칙(內則)』[2]을 알고,
여섯 아들은 난초처럼 빼어나니[3] 남긴 빛이로다.
당에 오르던 정의가 친척과 마찬가지여서,
술 한 잔 경건히 올리며 흰 장막에 절합니다.

偕老深盟到老違, 同兆祔窆一時歸.
塞淵齊遬人間少, 靜慤幽閑世上稀.
三女蕙貞知內則, 六男蘭茁是餘輝.
升堂情義同親黨, 敬奠單觴拜素幃.

---

1 윤호전(尹孝全) : 1563~1619. 조선 중기의 문신. 본관은 남원(南原). 초명은 효선(孝先), 자는 영초, 호는 기천(沂川). 휴(鑴)의 아버지이다. 1605년(선조 38) 현감으로 증광문과에 병과로 급제, 왕자사부를 거쳐 이듬해 충청도관찰사로 나갔다. 그 뒤 1613년(광해군 5) 익사공신(翼社功臣) 2등에 책록되었다. 대사헌이 되었을 때는 임해군(臨海君) 옥사를 모사한 이이첨(李爾瞻)·정인홍(鄭仁弘)의 꾐에 빠져 곤혹을 치렀다. 그 뒤 지의금부사에 이르고 1617년 경주부윤을 역임하였다.

2 「내칙(內則)」: 『예기(禮記)』의 편명으로 여성들이 지켜야 할 법도가 실려 있다.

3 여섯 … 빼어나니 : 진(晉)나라 때 큰 문벌을 이루었던 사안(謝安)이 자질(子姪)들에게 "어찌하여 사람들은 자기 자제가 출중하기를 바라는가?" 하고 문자, 조카 사현(謝玄)이 "비유하자면 마치 지란(芝蘭)과 옥수(玉樹)가 자기 집 뜰에 자라기를 바라는 것과 같습니다." 한 데서 유래한 말로, 훌륭한 자제가 많음을 뜻한다. 성어로는 사가보수(謝家寶樹) 또는 사가지란(謝家芝蘭)이라 한다. 여기에서는 홍이상의 여섯 아들이 뛰어남을 말하였다. (한국고전번역원)

又

지중추부사知中樞府事 신식申湜[1]

뒤에 남은 기간 겨우 연제(練祭)를 지났는데,[2]
부인이 또 이를 이어서 돌아가셨네.
어찌하여 하늘이 슬퍼하지 않고서,
차마 이러한 화를 이어 내리시는가?
옛 언덕은 차가운 연기에 둘려 있고,
새로운 둑에는 이지러진 달이 밝도다.
해가(薤歌)[3]를 부르며 새벽에 출발하라 재촉하니,
가는 길에 또한 마음이 슬픔에 젖네.

---

1 신식(申湜) : 1551~1623. 조선 중기의 문신. 본관은 고령(高靈). 자는 숙지(叔止), 호는 용졸재(用拙齋). 이황(李滉)의 문인으로, 1576년(선조 9) 별시문과에 병과로 급제하였다. 사헌부집의(司憲府執義)로 있을 때 정여립(鄭汝立)의 일파로 탄핵되어 유배당하였다가 1592년 다시 집의가 되었다. 임진왜란 때에는 경상도안무어사(慶尚道按撫御史)로 활약하였다. 그 뒤 동부승지·좌부승지·좌승지 등을 역임하고 대사간과 부제학을 거쳐 도승지·동지중추부사·공조참판 등을 지냈다. 1599년에 사은사(謝恩使)로 명나라에 다녀와서 호조참판·대사헌이 되었다. 광해군이 즉위하고는 충청도관찰사·동지중추부사·강원도관찰사를 역임하다가 또 다시 사은사로 명에 가서 왜의 실정을 알렸다. (한국학중앙연구원, 『한국민족문화대백과』)

2 뒤에 … 지났는데 : 연제는 장례를 치른 뒤 1년만에 지내는 제사이다. 이 구절에서는 남편이 돌아간 뒤에 겨우 1년만에 부인이 돌아간 것을 말했다.

3 해가(薤歌) : 해로가(薤露歌)를 말함. 해로가는 부추 위에 맺힌 이슬처럼 덧없이 지는 인생을 슬퍼하는 노래로, 초상 때 부르던 만가이다. 한 고조(漢高祖)에게 반기를 들다 패망한 전횡(田橫)의 죽음을 두고 그 무리가 지은 만가 2장 중 1장에 "부추 위에 맺힌 이슬 어이 쉽게 마르나. 이슬은 말라도 내일이면 다시 내리지만, 사람은 죽어 한번 가면 언제나 돌아오나.[薤上朝露何易晞 露晞明朝更復落 人死一去何時歸]" 하였다. 『古今注』「音樂」(한국고전번역원)

留後纔經練, 夫人又繼薨.
如何天不弔, 忍此禍相仍.
舊壟寒烟鎖, 新阡缺月澄.
薤歌催曉發, 行路亦沾膺.

又

행사직行司直 정엽鄭曄[1]

어진이를 짝하여 덕을 기르니 복이 어찌 그리 많은가?
빈번(蘋蘩)으로 대접을 하니 예를 훼손하지 않았네.
창오(蒼梧)[2]의 푸른 대에 난새와 고니 모여들고,
백발로 붉은 휘장 안에 있으면서 금슬이 좋았네.
부모에게 효도하여 삼년동안 피눈물을 흘리고,
자웅(雌雄)의 칼을 좇아 만리 물결을 건너간다.[3]
이로부터 근원이 깊으니 물줄기 더욱 멀리 가고,
백세토록 높은 벼슬 이어져서 집안에 전하네.

配賢胎德福何多, 中饋蘋蘩禮不頗.

---

1 정엽(鄭曄) : 1563년~1625. 1563(명종 18)~1625(인조3). 조선 중기의 문신. 본관은 초계(草溪). 자는 시회(時晦), 호는 수몽(守夢). 1583년(선조 16) 별시문과에 병과로 급제, 승문원을 거쳐 홍문관의 문한직(文翰職)을 맡았다. 1587년 감찰·형조좌랑이 되었으며, 1593년 황주판관으로 왜군을 격퇴, 그 공으로 중화부사가 되었다. 1605년에 풀려나 이듬해 성주·홍주의 외직을 차례로 맡았다. 1608년(광해군 즉위년)에 예조참의가 되었다가 이듬해에 대사성을 거쳐, 1610년에는 충청감사가 되었다. 이후 곧 대사간에 제수되어 대사헌을 다섯 번 겸하고, 한꺼번에 네 가지 직임을 겸하기까지 하여 격무로 병을 얻어 63세에 죽었다. 저서로 『근사록석의 近思錄釋疑』와 『수몽집』이 있다. (한국민족문화대백과, 한국학중앙연구원)

2 창오(蒼梧) : 순(舜) 임금이 남쪽으로 순행(巡行)하다가 죽은 곳이다. 『사기(史記)』 「오제기(五帝紀)」에 "순(舜)이 제위(帝位) 39년에 남쪽으로 순수(巡狩)하다가 창오의 들판에서 죽었으므로 강의 남쪽 구의산(九疑山)에 장사지냈다." 하였다.

3 자웅(雌雄)의 … 좇아간다 : '자웅의 칼'은 진(晉)나라 때 뇌환(雷煥)이 얻었다는 용천(龍泉)과 태아(太阿)라는 두 보검을 말한다. 이 구절은 먼저 죽은 남편을 따라 지하세계로 간다는 말이다.

翠竹蒼梧鸞鵲集, 朱帷白髮瑟琴和.
烏啼父母三年血, 劍逐雌雄萬里波.
自是源深流更遠, 金貂百世可傳家.

又

호조판서戶曹判書 이충李沖[1]

낮에 울어서 이윽고 병이 되었는데,
이승길에는 아직 겨울이 끝나지 않았네.
인간세상에서 같은 무덤에 묻힌다 맹세하고,
황천에서 한 해를 지난 뒤 다시 만나네.
쓸쓸한 방에는 봉새 세 마리 남아 있고,
순가(荀家)의 집보다 용 두 마리가 적도다.[2]
백미(白眉)[3]의 정이 가장 두터우니,
늙어 눈물이 끝없이 흘러나오네.

晝哭仍成疾, 冥行未了冬.
人間同穴誓, 泉下隔年逢.

1 이충(李沖) : 1568~1619. 본관은 전주(全州)이며 자는 거용(巨容), 호는 칠택(七澤)이다. 양(樑)의 손자이며 정빈(廷賓)의 아들이다. 1600년(선조 33) 별시문과에 병과로 급제하여 이듬해 무장현감(茂長縣監)을 거쳐 1606년 성천부사(成川府使)로 나갔다. 1612년 전라도관찰사에 올랐고, 1616년 선수도감제조를 거쳐 1617년 좌참찬·우찬성이 되었으며, 1618년 좌부빈객(左副賓客)·동지경연사(同知經筵事) 등을 역임하였다. 우의정에 추증되었다. (두산백과)

2 순가(荀家)의 … 적도다 : 여기서 순가는 후한 때의 사람 순숙(荀淑)의 집을 가리킨다. 순숙의 자는 계화(季和). 행실이 뛰어났고 박학다식하였으며, 아들 여덟을 두었는데, 모두 재명(才名)이 있어서 당시 '순씨팔룡(荀氏八龍)'이라 불렸다고 한다. 여기에서는 홍이상의 여섯 아들이 모두 훌륭하다는 뜻으로 말하였다.

3 백미(白眉) : 형제나 제자들 중에서 걸출한 사람을 일컫는 말이다. 삼국 시대 촉(蜀)나라 마량(馬良)이 다섯 형제 가운데에서 가장 뛰어난 면모를 보였는데, 그의 눈썹에 흰 털이 있었으므로 백미(白眉)라고 불렸다는 고사에서 나온 것이다. 『三國志』 卷39 蜀書 「馬良傳」

簫室餘三鳳, 荀家少二龍.
白眉情最厚, 老淚自無從.

又

행호군行護軍 심돈沈惇[1]

한 시대의 의관은 노성한 것을 바라보았고,
일찍 익은 곧은 바탕은 아낙의 으뜸으로 이름났네.
용이 없어진 큰 골짜기에 누구를 믿을까?
봉황이 죽은 한밤에 한 해가 막 바뀌었네.
여사(女史)와 유림(儒林)에 아울러 기록할 만하니[2],
묵은 풀에 새로 만든 봉분에 마음이 아프네.
세상에 빛나는 보응을 거둘 것을 깊이 아니,
옛 덕과 아름다운 계책은 후생을 흔드네.

一代衣冠望老成, 夙欽貞質媲英名.
龍亡巨壑人誰恃, 鳳折中宵歲僅更.
女史儒林堪並錄, 新封宿草摠傷情.
深知奕世收餘報, 舊德芳猷蕩後生.

1 심돈(沈惇) : 1569~1646. 조선 중기의 문신. 본관은 청송(青松). 자는 학이(學而), 호는 남파(南坡). 1593년(선조 26)년 계사전주별시문과(癸巳全州別試文科)에 병과 1등으로 급제하여 벼슬길에 올랐다. 1614년(광해군 6) 안동부사(安東府使), 1615년 경상감사(慶尚監司)를 거쳐 1619년 함경감사(咸鏡監司)가 되었고, 1624년 청송부사(青松府使)가 되었다. 인조정권에서도 병자호란을 전후한 시기까지 상당기간 호조판서(戶曹判書)로 활동하면서 전란으로 피폐해진 민생문제를 해결하고, 청나라가 요구하는 공물 등을 마련하는데 수완을 발휘하였다. 우의정(右議政)·좌의정(左議政)·판중추부사(判中樞府事) 등을 두루 거치고 영의정(領議政)까지 올랐다.
2 여사(女史)와 … 만하니 : 아내와 남편이 모두 훌륭하다는 말이다.

又

행부호군行副護軍 김상준金尙寯[1]

용문(龍門)에서 일찍이 모실 제 장인의 항렬이었고,
오랫동안 명가의 부도(婦道)가 빛이 남을 알았도다.
한 가지 화[2]가 해마다 일지만 하늘은 뉘우치지 않고,
육순(六旬)의 세상살이 꿈보다 바쁘다.
집 뒤에서는 훤초(萱草)가 시들어 봄이 초라하고,
천대(泉臺)에서 검이 합하니[3] 밤은 절로 길도다.
오로지 여경(餘慶)이 끊어지지 않고 계속 이어져,
서서 난옥(蘭玉)같은 자제들의 홀이 상에 쌓임을 본다.

龍門曾御丈人行, 久識名家婦道光.
一禍頻年天不悔, 六旬浮世夢還忙.
萱凋堂背春猶慘, 劍合泉臺夜自長.
唯有綿綿餘慶遠, 佇看蘭玉笏堆床.

---

1 김상준(金尙寯) : 1561~1635. 본관 안동. 자 여수(汝秀). 호 휴암(休菴). 1582년(선조 15) 진사가 되고 1590년 증광문과에 을과로 급제한 뒤 해주목사·죽주부사(竹州府使)를 거쳐 형조참판에 이르렀다. 1613년(광해군 5) 계축옥사(癸丑獄事) 때 무고로 체포된 뒤 고문에 못 이겨 김제남(金悌男)과 함께 영창대군(永昌大君)을 추대하려 했다고 허위진술하여 삭출(削黜)당하고, 1623년 인조반정 후에는 계축옥사(癸丑獄事) 때 김제남을 모함한 일로 길주(吉州)에 유배당했다가 1635년에 풀려나왔다. 글씨를 잘 썼다. (두산백과)

2 한 가지 화 : 사람이 죽는 일을 말함.

3 천대(泉臺)에서 … 합하니 : 천대는 지하의 구천, 즉 사후의 세계를 말한다. 검이 합한다는 것은 죽어서 부부가 다시 만나는 것을 뜻한다.

又

행사직行司直 권희權憘[1]

부드럽고 아름다운 바탕은 시집살이에 맞아서,
일찍부터 명문에 의탁하여 부도(婦道)에 알맞도다.
중궤(中饋)[2]한 지 몇 해에 규범은 바르게 되었고,
상부(孀婦)로 산 지 반년에 위용은 위축되었네.
삼종(三從)의 아름다운 덕을 사람들이 사모하고,
오복(五福)[3]의 영광을 세상에서 모두 아는도다.
일찍부터 고침(藁砧)[4]을 함께 하여 정의 두터워,
애사(哀詞)[5]를 지으려 하니 눈물이 먼저 흐르네.

柔嘉美質協于歸, 早托名門婦道宜.

---

1 권희(權憘) : 1547~1624. 조선 중기의 문신. 본관은 안동(安東). 자는 사열(思悅), 호는 남악(南岳). 1568년(선조 1) 진사가 되고, 1584년 별시 문과에 병과로 급제, 한림·주서·전적을 거쳐 각 조의 낭관 및 양사(兩司 : 사헌부와 사간원)의 벼슬을 지냈다. 1607년 도승지가 되었고, 이듬해 인조반정으로 한성부좌윤·형조참판에 제수되었고, 1624년(인조 2)에는 임진왜란 때 왕실의 신주를 모신 공으로 자헌대부에 올랐다. (한국민족문화대백과, 한국학중앙연구원)

2 중궤(中饋) : 주부(主婦)가 부엌 안에서 하는 일.

3 오복(五福) : 오복은 여러 가지로 이야기되는데, 유학자들의 경우는 대개 『서경(書經)』 「홍범(洪範)」에 보이는 수(壽) · 부(富) · 강녕(康寧) · 호덕(好德) · 고종명(考終命)을 말한다.

4 고침(藁砧) : 짚자리와 작두 받침대이다. 부부가 함께 생활하는 것을 말한다. 그런데 고대 중국에서 죄수를 사형할 때에 죄수를 침판(砧板)에 엎드리게 하고 작두[鈇]로 참형을 시행했다. 부(鈇)는 부(夫)와 발음이 같으므로, 후세에는 남편을 가리키는 은어로 쓰였다. (한국고전번역원)

5 애사(哀詞) : 본래는 죽은 사람을 슬퍼하는 글의 일종이지만, 여기서는 고인을 위하여 짓는 슬픈 노래라는 정도로 이 만사를 짓는 것을 말한다.

中饋幾年閨範正, 居孀半載戚容萎.

三從令德人皆慕, 五福榮光世共知.

夙與藁砧情義篤, 哀詞欲寫淚先垂.

又

호조참판戶曹參判 최관崔瓘[1]

귀한 집안의 맑은 덕으로 명현의 짝이 되어,
조율된 금슬(琴瑟)처럼 40년을 화락하게 살았네.
주나라 시내의 마름 풀을 창 아래 올리고,[2]
사가(謝家)의 난옥(蘭玉)같은 자제들은 뜰 앞에 가득하네.
난회(鸞回)의 자고(紫誥)[3]에 임금의 은혜가 거듭 빛나고,
봉황이 떠난 붉은 누대에서는 병이 깊이 들었네.
슬퍼한 지 일년 만에 흐르는 물 좇듯 따라가니,
거친 산의 묵은 풀에 같은 무덤 다행히 여기네.

高門淑德配名賢, 琴瑟調絃四十年.

1 최관(崔瓘) : 1563~?. 본관은 강화(江華), 개명(改名)은 최수(崔琇), 자는 형중(瑩仲), 호는 미옹(迷翁)이다. 1563년(명종 18)에 태어났으며 최승세(崔承世)의 아들이다. 1590년(선조 23) 증광시 문과에 갑과로 급제하였고 여러 벼슬을 지낸 후 정2품 호조판서에 올랐다. 묘는 경기도 이천시 모가면 송곡리 뒷산 기슭에 있으며, 부인 정부인(貞夫人) 광주 이씨(廣州李氏)와 합장묘로 조성되어 있다. 그의 후손들이 대대로 송곡리에 모여 살아왔다. (두산백과)

2 주나라 … 올리고 : 『시경』 소남(召南) 「채빈(采蘋)」에 "이에 마름을 뜯기를 남쪽 시내에서 하도다. 이에 마름을 뜯기를 저 흘러가는 도랑에서 하도다.[于以采蘋 南澗之濱 于以采藻 于彼行潦]"라는 구절이 있어 이렇게 말하였다. 전체적으로는 법도에 따라 선조의 제사를 경건히 지냄을 말한다.

3 난회(鸞回)의 자고(紫誥) : 대궐에서 내린 외명부(外命婦)의 높은 직함의 교지(敎旨)를 말함. 난회(鸞回)는 교지의 서체가 그지없이 아름다운 것을 뜻한다. 두보(杜甫)의 시에 "난회의 종이로 모친에게 고명이 내려지자, 맑은 조정에 제비도 찾아와 축하를 하네.[紫誥鸞廻紙 淸朝燕賀人]"라는 구절이 있다. 『杜少陵詩集』 卷21 「奉賀陽城郡王太夫人恩命加鄧國太夫人」 (한국고전번역원)

周澗蘋蘩奠牖下, 謝家蘭玉滿庭前.
鸞回紫誥恩重煥, 鳳去丹樓病已纏.
哀毁一朞隨逝水, 荒山宿草幸同阡.

又

동지돈령부사同知敦寧府事 김현성金玄成[1]

지아비를 따라 내명부(內命婦)의 직함을 받으니,
화고(花誥)[2]에서는 휘황한 빛이 나도다.
다만 기쁘게 주슬(朱瑟)[3]을 조율하다가,
어찌 근심하며 녹의(綠衣)를 읊을 것인가[4]?
우는 난새같은 세 딸은 행실이 맑고,
유고(裕蠱)[5]한 여섯 아들은 마음이 깨끗하도다.
교목(喬木)이 지난 밤에 시들어 버리니,
깊은 안방에는 지는 해가 가려졌네.
연관(練冠)[6]을 쓰고 있으니 오히려 슬픈데,

---

1 김현성(金玄成) : 1542~1621. 조선 중기의 선비 서화가. 본관은 김해(金海). 자는 여경(餘慶), 호는 남창(南窓). 1564년(명종 19) 식년문과에 병과로 급제하였다. 관직은 교서관정자(敎書館正字)와 봉상시주부(奉常寺主簿)·양주목사 등을 거쳐, 1617년에 동지돈녕부사(同知敦寧府事)에 이르렀다. 시·서·화에 두루 능하였는데, 그림보다는 글씨에 뛰어났으며 특히 시에 능하였다고 한다. 글씨는 조선초에 유행하였던 우아하고 균성된 모습을 지닌 송설체(松雪體)를 따랐다. (한국민족문화대백과, 한국학중앙연구원)

2 화고(花誥) : 임금이 내려준 내명부의 직첩을 말한 것임.

3 주슬(朱瑟) : 비파(琵琶)를 가리켜 하는 말이다.

4 어찌 … 것인가 : 『시경(詩經)』 패풍(邶風) 「녹의(綠衣)」에 "고운 갈포며 굵은 갈포여, 바람이 싸늘하게 불어오도다. 내가 옛사람을 생각하노니, 정말 내 마음을 알아주도다.[絺兮綌兮 凄其以風 我思古人 實獲我心]"라는 말이 나온다. 남편을 그리워하는 마음을 읊는 것을 말한다.

5 유고(裕蠱) : 『주역(周易)』 「고괘(蠱卦)」 초육(初六)에 나오는 '간부지고(幹父之蠱)'를 줄여 간고(幹蠱)라고 하는데, 아들이 부친의 뜻을 계승 발전시키는 것을 말하는데, 유고도 같은 뜻으로 쓰였다.

6 연관(練冠) : 돌아간 지 1년에 연제를 지내는데, 이때 쓰는 모자를 가리켜 말함.

새로 무덤이 생기니 더욱 답답하네.
슬퍼하고 영화로웠던 일들이 모두,
새벽이슬 마르듯 순간의 일이 되었네.

從夫爲命婦, 花誥有光輝.
但喜調朱瑟, 寧愁賦綠衣.
鳴鑾三女淑, 裕蠱六男頎.
喬木凋前夕, 深閨掩落暉.
練冠猶慘惔, 新塚又崔巍.
可是哀榮事, 同歸曉露晞.

又

완숭군完崇君 이순경李順慶[1]

근인(巹酳)에서 말미암은[2] 부덕은 향기로운데,
우형(于刑)[3]을 대궐에까지 미쳐 가정이 넉넉해졌네.
연지(連枝)[4]의 보배스런 나무는 진실로 여경이고,
함께 아름답게 화려하게 봉해진 것 드물다.
남편을 여읜지 일년 만에 애훼(哀毁)가 다하여,
한달 동안 앓다가 생을 마치기를 원하였네.
어느날 저녁 갑자기 난새가 봉황을 따르니,
내가 어찌 슬퍼하랴? 이것이 편안한 것인데.

巹酳由來婦德馨, 于刑貽闕裕家庭.

1 이순경(李順慶) : 1549~?. 자는 선응(善應)이고, 본관은 전주이다. 아버지는 창선대부(彰善大夫) 행구산부령(行龜山副令) 이선(李善)이다. 20세 때인 1568년(선조1)에 진사시 증광시(增廣試)에 3등 63위로 합격하였다.

2 근인(巹酳)에서 말미암은 : 『예기』 「혼의(昏義)」의 "한 그릇에 음식을 함께 먹고[共牢而食], 한 잔에 술을 함께 마시는 것[合巹而酳]은 두 몸이 한 몸이 되고 신분의 존비(尊卑)를 동일시하여 서로 친애한다는 뜻을 드러내기 위함이다."라고 한 주에 "공뢰이식(共牢而食)은 한 마리의 희생을 함께 먹는 것이고 다른 희생을 먹는 것이 아니다. 한 술잔에 함께 마시는 것은 두 몸을 한 몸으로 합하는 뜻이 있고, 한 마리의 희생을 함께 먹는 것은 신분의 존비를 동일시하는 뜻이 있다." 하였다. (고전번역원)

3 우형(于刑) : 『시경(詩經)』 대아(大雅) 문왕지십(文王之什) 「사제(思齊)」에 "처에게 모범이 되어서 형제에 이르고 집과 나라를 다스린다.[刑于寡妻, 至于兄弟.]"라고 하였다. 이에서 '형우의 화[刑于之化]'라는 말도 나왔는데, 이는 지아비가 창도하고 지어미가 따르는 뜻이다.

4 연지(連枝) : 형제들을 일컫는 말이다.

連枝寶樹眞餘慶, 並美華封亦罕榮.

善哭經年哀毁盡, 沈痾彌月願言成.

翻然一夕凰隨鳳, 夫我何悲是所寧.

又

동지중추부사同知中樞府事 이덕형李德馨[1]

곧은 자태로 덕을 기른 것 고문에서 나왔으니,
명경(名卿)의 짝이 되어 복록이 번성하였네.
집 주인은 영광스럽게 은고(恩誥)가 빛나고,
집안은 돈목하여 가모(家母)의 의범을 높였네.
눈 앞에서 색동옷 입고 춤추는 이는 대부자이고,
슬하에서 엿을 문 것은 내외의 손자로다.
비로소 한 해를 지나 쌍검(雙劍)이 만나니,
천년 동안 이 일은 높은 언덕을 빛내리.

貞姿毓德出高門, 配作名卿福履繁.
宅主光榮恩誥煥, 閨庭敦睦母儀尊.
眼前舞彩大夫子, 膝下含飴內外孫.
纔過一朞双劍會, 千秋玆事賁高原.

1 이덕형(李德馨) : 1561~1613. 조선 중기의 문신. 자는 명보(明甫). 호는 한음(漢陰) 쌍송(雙松). 선조 25년(1592)에 예조 참판에 올라 대제학을 겸임하였다. 임진왜란이 일어나자 동지중추부사로서 일본 사신 겐소(玄蘇)와 화의를 교섭하였으나 실패했다. 그 후 왕을 정주까지 호종하였고, 청원사(請援使)로 명나라에 파견되어, 원병을 요청하여 성공을 거두었다. 광해군 즉위 후에 영의정에 올랐다. 저서에 『한음문고(漢陰文稿)』가 있다.

又

이조참의吏曹參議 유희발柳希發[1]

손님을 공경하는 규문(閨門)의 법도는 엄숙하고,
마름 풀을 캐는 아낙의 도리는 한가해졌네.
다시 보니 남편과 함께 흰머리가 되어,
서로 이어서 청산으로 돌아가는 꿈꾸네.
임금이 주신 옥축(玉軸)에 몸은 이내 귀하게 되고,
지란(芝蘭)이 가득한 뜰에는 경사가 더욱 늘어졌네.
고봉(高峰)[2]으로 돌아가 장례하는 일이 멀어서,
붉은 명정(銘旌)이 길에서 펄럭펄럭 휘날리네.

賓敬閨門肅，蘋蘩婦道閑.
更看偕白首，相繼夢青山.
玉軸身仍貴，芝庭慶益蔓.
高峰歸葬遠，丹旐路漫漫.

---

1 유희발(柳希發) : 1568~1623. 조선 중기의 문신. 본관은 문화(文化), 자는 인초(軔初)이다. 1568년(선조 1) 문양부원군(文陽府院君) 류자신(柳自新)의 넷째 아들로 태어났다. 여동생이 광해군의 비 문성군부인(文城郡夫人) 유씨(柳氏)이다. 1590년(선조 23) 생원시와 진사시 양시에서 합격하고 1609년(광해군 1) 증광시문과에서 병과로 급제하였다. 여러 관직을 거쳐 종2품 이조참판에 올랐다. 1623년 인조반정으로 광해군이 폐위 당하자 이에 연루되어 형 유희분(柳希奮)과 함께 참형되었다. (두산백과)

2 고봉(高峯) : 경기도 고양시에 있는 산 이름.

又

행부호군行副護軍 유희량柳希亮[1]

세간에서 복과 덕을 오로지 받은 사람으로,
대부인과 같은 사람은 드물고 드물다네.
높은 지위는 정고(貞誥)[2]에 봉해진 것이고,
두텁고 어진 마음으로 여러 친척과 화목했네.
입 밖으로 말을 내면 모두 궤범이 되니,
턱을 숙인 사람들 모두 높은 벼슬아치라네.
슬퍼하다 몸을 상하여 병이 되었으니,
하늘의 마음이 혹 여린 것을 막은 것인가?

世間專福德, 稀似大夫人.
崇位封貞誥, 敦仁睦衆親.
出言皆軌範, 低頷盡簪紳.
哀毁仍成疾, 天心或塞愞.

1 유희량(柳希亮) : 1575~1628. 조선 중기의 문신. 본관은 문화(文化), 자는 용경(龍卿). 호는 제교(霽嶠)·봉음(峯陰)이다. 광해군의 처남. 1603년(선조 36) 생원이 되고, 1608년(광해군 즉위년) 별시문과에 을과로 급제하여, 검열·설서·정언·전한·이조정랑·교리·수찬·지평·직제학 등을 역임하고, 1610년 분승지(分承旨)·사복시정(司僕寺正) 등을 거쳐 예조참판에 이르렀다. 1623년 인조반정으로 집안이 화를 당할 때 거제도에 유배되었고, 1628년(인조 6) 아들 두립(斗立) 및 조카 효립(孝立)의 역모사건에 연좌, 유배지에서 교수형을 받았다. (두산백과)

2 정고(貞誥) : 내명부에서 내리는 직첩을 가리키는 말로 보인다.

又

군기시정軍器寺正 남이준南以俊[1]

비현(媲賢)[2]으로 어질어서 귀한 아들이 많았으니,
인간세상의 영화와 경사가 누가 이와 같을까?
밤에 기도하는 진실한 효가 의지할 데가 없고,
낮에 울며 우울해진 것 끝내 고칠 수 없다네.
같은 무덤에 묻히길 맹세하고 돌아감이 급하여,
나이가 일흔에도 미치지 못한 것 이해하기 어렵네.
거친 산은 적막하여 해로가(薤露歌)도 끊어졌는데,
여러 아들들이 피눈물을 흘리는 것 차마 못보겠네.

賢以媲賢多貴子, 人間榮慶孰如斯.
夜祈誠孝嗟無賴, 晝哭沈綿竟不醫.
誓重同原歸太忽, 年虧及耋理難知.
荒山寂寞薤歌斷, 忍見諸孤血涕垂.

1 남이준(南以俊) : 1566~?. 조선 중기의 문신. 본관은 의령(宜寧)이고 자는 사수(士秀)이다. 아버지는 위(瑋)이며, 좌의정을 지낸 이웅(以雄)의 형이다. 1609년(광해군 1) 별시문과에 병과로 급제하고 이듬해 정언(正言)이 되었다. 이어 지평 · 헌납 · 지평 · 장령을 지내고, 1615년 사간(司諫)이 되기에 앞서 대북파 이이첨(李爾瞻) · 정인홍(鄭仁弘) 등이 영창대군(永昌大君)을 폐하여 서인(庶人)으로 한 뒤 살해하고, 국구(國舅) 김제남(金悌男)을 살해할 때 가담하여 세운 공으로 활 1벌을 하사받았다. (두산백과)

2 비현(媲賢) : 어진 아낙을 가리켜 하는 말이다.

又

사헌부집의司憲府執義 김질간金質幹[1]

모아 기른 아낙의 곧은 도리 무리 가운데 뛰어나고,
황리(黃離)[2]의 덕에 맞음은 문설주에 빛났네.
뜰에는 계옥(桂玉)[3]이 이어져서 여러 아들들이 영화롭고,
관고(官誥)의 발바닥 꽂을 한 때 사람들이 경사스럽게 생각했네.
옥갑(玉匣)의 난새가 나뉜 지 몇 년이나 되었나 아니,
용진(龍津)의 검[4]이 합함이 여기에 있었네.
집안이 이어져 일찍이 욕되게 당에 올라 절하고,
영구를 울며 보내려고 하니 눈물이 흐르네.

---

1 김질간(金質幹) : 1564~1621. 조선 중기의 문신. 본관은 광산(光山). 자는 문오(文吾), 호는 쌍매(雙梅). 1588년(선조 21) 생원시에 합격하고, 1601년 식년문과에 병과로 급제하여 전적(典籍)에 임명되었다. 그 뒤 병조좌랑 등 내외의 여러 관직을 역임하다가 1608년(광해군 즉위년)에 지평(持平), 1612년 병조정랑에 승진하였다. 1613년 겸보덕(兼輔德), 1616년 보덕이 되었으며 직강(直講)으로 『선조실록』 편찬의 기주관(記注官)을 겸임하기도 하였다. 선조의 옥책(玉冊)을 올릴 때 참여한 공로로 당상관에 승진하여, 1618년 여러 차례 승지에 오르고 판결사를 지내다가, 1621년 대사간·이조참판이 되었으나 곧 죽었다. (한국민족문화대백과, 한국학중앙연구원)

2 황리(黃離) : 『주역(周易)』 이괘(離卦)에서 온 말로, 이(離)는 문명(文明)함을 뜻한 것이고, 황(黃)은 중(中)의 뜻으로서, 즉 중도(中道)를 얻어 문명한 위칭에 있게 됨을 뜻함. (한국고전번역원)

3 계옥(桂玉) : 계수나무와 옥과 같이 훌륭한 자제들을 가리켜 하는 말이다.

4 용진(龍津)의 검 : 연진(延津)의 검과 같은 말이다. 진(晉) 나라 뇌환(雷煥)이 용천(龍泉)과 태아(太阿) 두 명검을 얻어 하나는 자기가 차고 하나는 장화(張華)에게 주었는데, 그 뒤에 장화가 복주(伏誅)되면서 그 칼도 없어졌다. 그런데 뇌환의 칼을 아들이 차고 다니다가 복건성(福建省) 연평진(延平津)에 이르렀을 때, 차고 있던 칼이 갑자기 물속으로 뛰어들면서, 없어졌던 장화의 칼과 합하여 두 마리의 용으로 변한 뒤 사라졌다는 고사가 전한다. 『晉書』 「張華傳」 (한국고전번역원)

鍾毓坤貞絶等夷, 黃離中德耀門楣.
庭聯桂玉榮諸子, 官誥蹯花慶一時.
玉匣鸞分知幾歲, 龍津劍合會在斯.
連門早忝升堂拜, 哭送靈輀涕泗洏.

又

전부사前府使 이흘李忔[1]

일찍이 꽃다운 이웃에 의탁하여 왔는데,
이어서 아낙의 덕이 온전함을 흠모했네.
규문에서의 의모는 법으로 삼을 만하고,
난옥이 어찌 그리 이어지는지 경하하네.
쪽머리를 자르는 일은 보통의 일이었고,
눈썹을 가지런히 한[2] 지 50년이 되었네.
연진(延津)의 검이 서로 따라 변화하니,
기이(奇異)한 자취는 모두 전할 만하네.

早托芳隣下, 仍欽婦德全.
閨門儀可範, 蘭玉慶何綿.
剪髻尋常事, 齊眉五十年.
延津劍隨化, 奇績儘堪傳.

1 이흘(李忔) : 1568~1630. 조선의 학자. 자는 상중(尙中), 호는 설정(雪汀), 시호는 충장(忠章). 본관은 경주(慶州). 천일(天一)의 아들. 1591년(선조 24) 문과에 급제, 성균 학유(成均學諭)를 거쳐 괴원(槐院)에 속하였다. 1597년(선조 30) 중시(重試)에 급제, 공조 정랑(工曹正郎)이 되어 명나라 유격(遊擊) 진우충(陳禹衷)을 접대, 그의 중국어 실력을 과시하였다. 그 후 호조·예조 양 정랑(正郎)을 지내고, 1621년(광해군 13) 종부시정(宗簿寺正)에 올랐으나 모함으로 한때 야(野)에 있다가 인조반정으로 복귀, 지제교(知製敎)에 이르렀다. (인명사전, 2002.1.10, 민중서관)

2 눈썹을 가지런히 한 : 거안제미(擧案齊眉)의 고사를 말함. 후한(後漢)의 현사(賢士)인 양홍(梁鴻)의 처 맹광(孟光)이 밥상을 들고 올 때에도 양홍을 감히 마주 보지 못하고 이마 위에까지 들어 올렸다고 한다.

又

전장령前掌令 강홍중姜弘重[1]

한 번 앓은 것 몸을 상한 것 때문이니,
해를 넘겨도 곡은 그치지를 않았구나.
삼의(三醫)[2]는 부질없이 생기가 돌기를 바라고,
이수(二豎)는 문득 고황(膏肓)에 깃들어 산다네.[3]
큰 꿈에 호접(胡蝶)을 놀라게 했는데,
외로운 혼은 봉황에 의탁했네.
부인은 아직도 돌아가지 않았으니,
남아도는 경사가 여러 아들에게 있다네.

---

1 강홍중(姜弘重) : 1577~1642. 조선 중기의 문신. 본관 진주(晋州), 자 임보(任甫), 호 도촌(道村). 1603년(선조 36) 사마시를 거쳐 1606년(선조 39) 식년문과에 을과로 급제, 조랑(曹郎)·통례(通禮)를 지냈다. 1623년 인조반정 후 문사랑(問事郎)으로서 광해군 때 횡포를 자행하던 대북파(大北派)를 다스렸다. 승문원판교로 있다가 회답부사(回答副使)로 일본에 다녀온 후 군자감정이 되었다. 이때 일본의 화포술(火砲術)을 전하였다. 그 후 강원도관찰사·동지의금부사 등을 거쳐 성천부사가 되었다. 묘는 경기도 고양시 덕양구 대자동에 있다. (두산백과)

2 삼의(三醫) : 옛날 양주(楊朱)의 친구 계량(季梁)이 죽게 되었을 때, 그의 아들이 데려왔던 세 의원[三醫]. 교씨(矯氏)·유씨(兪氏)·노씨(盧氏)를 데려와 부친의 병을 진찰한 결과, 교씨는 한온(寒溫)과 허실(虛實)에 절도를 잃은 것이니 점차로 치료할 수 있다 하였고, 유씨는 하루아침에 생긴 병이 아니니 치료할 수 없다고 하였으며, 노씨는 이미 타고난 명이 다했으니 어찌할 수 없다고 했던 데서 온 말이다. 『列子』「力命」(한국고전번역원)

3 이수(二豎)는 … 산다네 : 춘추(春秋) 때에 진(晉) 나라 경공(景公) 이 병이 들어 진(秦) 나라의 명의(名醫) 를 청하였는데, 그가 오기 전에 경공의 꿈에 두 수자(豎子) 가 서로 말하기를, "내일 명의가 오면 우리를 처치할 것이다. 그러니 우리가 고(膏) 의 밑과 황(肓) 의 위로 들어가면 명의도 어찌 하지 못할 것이다." 하였다. 다음 날 명의가 와서 진찰하고는, "병이 고황(膏肓) 의 사이에 들어갔으니 치료할 수 없다." 하였다. (한국고전번역원)

一疾緣哀毁, 踰年哭未亡.

三醫空望氣, 二竪忽居肓.

大夢驚蝴蝶, 孤魂托鳳凰.

夫人還不死, 餘慶在諸郎.

又

전군수前郡守 곽열郭說[1]

부드럽고 아름다운 의덕에 누가 더할 수 있으랴?
집과 가정에 모두 아름다운 기운이 넘치도다.
상홀(象笏)[2]이 상에 가득하여 문호가 성대하고,
조헌(雕軒)[3]에 잇달아 수레가 오니 여러 휘장이 빛나도다.
황천에서 검이 합하니 기쁨이 끝이 없고,
외로운 나무 바람에 꺾이니 한이 깊도다.
세 번 이사한 가르침이 있는지 알고자 하니,
고양의 재자들이 모두 자랑할 만하구나.

柔嘉懿德孰能加, 宜室宜家美氣多.
象笏滿床門戶盛, 雕軒聯駕郡章華.
重泉劍合歡何極, 獨樹風摧恨未涯.
欲識三遷遺敎在, 高陽才子摠堪誇.

1 곽열(郭說) : 1548～1630. 본관은 청주(淸州)이고, 자(字)는 몽득(夢得)이며, 호(號)는 서포이다. 1601년(선조 34) 식년문과에 갑과로 급제하여 전적(典籍)을 지냈다. 외숙(外叔)인 김자점(金自點)이 권세를 남용하여 간(諫)하였으나 받아들이지 않자, 병을 핑계로 원주(原州)로 은퇴하였다. 이조판서에 추증되었다. (두산백과)

2 상홀(象笏) : 상아로 된 홀(笏)을 말하는데, 높은 벼슬아치들이 쓰던 것이다.

3 조헌(雕軒) : 화려하게 조각을 한 가마라는 뜻으로 고관대작이 타는 가마를 의미함.

又

형조정랑刑曹正郞 곽천호郭天豪[1]

아름다운 물음 빛나고 가상하여 들을만하고,
가성(家聲)이 애울하여 남은 향기를 퍼뜨리네.
비현(媲賢)과 규곤(閨壼)은 경월(卿月)[2]에 휘황하게 빛나고,
덕을 쌓은 문은 난만하게 덕성이 모여드네.
봉황의 굴이 비로소 비니 약속을 어겼고,
용천의 검이 다시 합하니 저승으로 바뀌었네.
영광스런 맑은 행실 전혀 손색이 없으니,
응당 장림(張林)[3]이 부도(婦道)를 적은 명에 들어가리.

---

1 곽천호(郭天豪) : ?~1628. 조선 중기 선조, 광해군 때의 문신. 본관은 현풍(玄風), 자는 정부(挺夫), 호는 죽창(竹窓)이다. 1605년(선조 38) 증광문과에 병과로 급제하여, 1607년 함경도병마병사(兵馬兵事)로 나갔다. 1617년(광해군 9) 장령 ·부교리에 이어 필선(弼善)이 되고, 그해 인목대비(仁穆大妃)에 대한 폐모론이 일어나자 적극 찬성하여 이의 단행을 주장하는 상소를 올렸다. 인목대비가 유폐된 뒤에도 유폐된 서궁(西宮)의 규모를 줄이라고 건의하였으며, 1618년 교리가 되었다. 1623년(인조 1) 인조반정(仁祖反正) 뒤 파직과 함께 중도부처(中途付處)되었다. 1628년 정월 유효립(柳孝立)의 모반사건에 연루되어 죽었다. (두산백과)

2 경월(卿月) : 『서경(書經)』「홍범(洪範)」에 경사(卿士)는 오직 1년 중 월(月)에 대하여 살펴야 한다는 것에서 나온 말로, 경상(卿相)의 소임(所任)을 맡았음을 나타내는 말이다. 여기서는 갈암이 이조 판서를 역임한 것을 두고 하는 말이다. (한국고전번역원)

3 장림(張林) : 당(唐) 나라 때에 한림학사(翰林學士)를 지낸 장열(張說)을 가리킨다. 장열은 자가 도제(道濟)이며, 범양(范陽) 사람이다. 현종(玄宗) 개원(開元) 19년에 여러 학사(學士)들과 함께 『개원례(開元禮)』를 찬집(撰輯)하였으며, 특히 비문(碑文)을 잘 지어서 「봉선단송(封禪壇頌)」을 지어 황제의 덕을 기록하였는데, 명문으로 이름이 높다. 그가 지은 부친의 비문인 「증단주자사척비문(贈丹州刺史隲碑文)」을 현종이 보고는 직접 비액(碑額)을 써서 하사하기까지 하였다. 부인의 덕을 칭송한 장림부덕비(張林婦德碑)도 있다고 한다. 『舊唐書』 卷97 「張說列傳」 (한국고전번역원)

令問徽嘉有足聽, 家聲藹鬱播餘馨.
媲賢閨壼輝卿月, 積慶門闌聚德星.
鳳穴纔空違契闊, 龍泉還合化幽冥.
榮光淑行俱無讓, 應入張林婦道銘.

又

함경도사咸鏡都事 목취선睦取善[1]

글슬이 어찌하여 문득 줄이 끊어졌던가?
가련하다! 푸른 하늘에 닿도록 슬피우네.
양산(梁山)의 기운 곳에서 진실로 바위에 통하고,
상죽(湘竹)에 무늬가 생기니[2] 눈물이 황천에 이르네.
육십에 셋을 보태니 장수한 줄을 알겠고,
팔룡(八龍)[3]에서 둘이 빠졌지만 모두 어질다네.
마음 아픈 것은 바로 고봉의 아래에서,
묵은 풀 무성하게 한 해를 지낸 것이네.

琴瑟如何忽斷絃，可憐號哭徹蒼天.
梁山傾處誠通石，湘竹斑來淚到泉.
六袠加三知有壽，八龍除二況皆賢.
傷心最是高峰下，宿草萋萋過一年.

1 목취선(睦取善) : 1574~1619. 조선 중기의 문신. 본관은 사천(泗川)이고, 자는 집중(執中)이며, 호는 죽오(竹塢)이다. 의금부도사를 지낸 목수흠(睦守欽)의 아들이다. 1601년(선조 34)에 진사가 되었으며, 1606년에 참봉으로 있으면서 문과(文科)에 합격하였다. 1607년에 한림원봉교와 승정원주서를 지내고, 1609년(광해군 1)에 세자시강원(世子侍講院)의 사서가 되었다. 1617년에는 함경도도사(咸鏡道都事)에 임명되었고 예빈시정에 추증되었다. 묘는 경기도 남양주시 평내동(坪內洞)에 있다. (두산백과)

2 상죽(湘竹)에 … 생기니 : 상죽은 상수(湘水) 가의 대나무라는 뜻인데, 순임금이 창오산(蒼梧山)에서 죽자 두 비가 상수 가에 이르러 피눈물을 흘리며 울러 상수 가의 대나무에는 붉은 피 같은 무늬가 생겼다는 전설이 있다. 여기서는 남편이 죽었을 때 슬퍼하던 일을 말한 것이다.

3 팔룡(八龍) : 순숙(荀淑)의 집안의 뛰어난 여덟 자제를 가리키는 말이다.

又

경기도사京畿都事 신득연申得淵[1]

요대(瑤臺)[2]에 잠시 여선(女仙)의 통행이 그치니,
명문(名門)에 짝을 한 부도(婦道)가 빛이 난다네.
사옥(謝玉)[3]이 잇다라 셋 나오니 난은 모두 빼어나고,
순룡(荀龍)[4]에서 둘이 빠지니 산앵두 일제히 꽃폈네.
하늘의 때는 지난 해였는데 비로소 이번 해이고,
인사는 앞의 상사가 있더니 또 뒤의 상사가 있네.[5]
지는 해에 고봉(高峰)의 산 아래 길에는,
더욱 슬프고 처량하여 상여노래 부르지 못하네.

瑤臺暫輟女仙行, 配德名門婦道光.
謝玉聯三蘭並秀, 荀龍除二棣齊芳.
天時去歲纔今歲, 人事前喪又後喪.
落日高峰山下路, 不堪薤唱更悲涼.

---

1 신득연(申得淵) : 1585~1647. 조선 후기의 문신. 본관은 고령(高靈). 자는 정오(靜吾), 호는 현포(玄圃). 1603년(선조 36) 생원시에 합격하고, 1610년(광해군 2) 식년문과에 을과로 급제하여 문한관(文翰官)을 거쳐 성균관전적으로 『선조실록』 편찬의 기사관(記事官)으로 참여하였고, 검열·정언·사예·형조정랑 등을 역임하였다. 1632년(인조 10)에는 강원도관찰사가 되어 그의 아버지가 편찬한 『가례언해』를 간행하였고, 다음해 도승지에 임명되었고, 경상좌도양전사(慶尙左道量田使)를 역임한 뒤 세자시강원빈객(世子侍講院賓客)으로 청나라에 파견되기도 하였다. (한국민족문화대백과, 한국학중앙연구원)

2 요대(瑤臺) : 유융(有娀)의 미녀가 산다는 누대 이름이다.

3 사옥(謝玉) : 사씨 집안의 옥같은 자제처럼 훌륭한 자제라는 말이다. 여기서는 세 딸을 말했다.

4 순룡(荀龍) : 순씨 집안의 용같은 자제처럼 훌륭한 자제라는 말이다.

5 이 두 구절은 지난 해에 남편이 돌아가고 올해에 아내가 돌아간 것을 말했다.

又

전판관前判官 조위한趙緯韓[1]

마을 문을 접하였는데 잇다라 인척이 되어,
당에 오른 것은 소참(篠驂)[2] 때부터라네.
곧은 빛은 나라 안에서 말미암은 것이고,
의범은 『시경』의 「주남(周南)」 편[3]에서 얻었도다.
아름다운 덕으로 높은 작록에 봉해지고,
어진 이를 임신하며 여섯 남자를 어루만졌네.
하물며 금이 쌍검(雙劍)으로 합하여 졌으니,
황천(黃泉) 아래는 눈을 응당 감고 있으리.

接閈仍聯戚, 升堂自篠驂.
貞徽由國內, 儀範得周南.
媲德封巍爵, 娠賢撫六男.
況今双劍合, 泉下目應含.

1 조위한(趙緯韓) : 1567~1649. 조선 중기의 문신. 본관은 한양(漢陽). 자는 지세(持世), 호는 현곡(玄谷). 1592년(선조 25) 임진왜란이 일어났을 때는 김덕령(金德齡)을 따라 종군하였으며, 1601년 사마시를 거쳐 1609년(광해군 1) 증광문과에 갑과로 급제, 주부(主簿)·감찰 등을 지냈다. 1623년 인조반정으로 재등용 되어 사성에 제수되었다가, 상의원정을 거쳐 장령·집의에 제수되고 호당(湖堂)에 뽑혔다. 그 뒤 양양군수가 되었다가 1624년(인조 2) 이괄(李适)이 난을 일으키자 토벌에 참였고, 그 뒤 동부승지·직제학을 지내고, 벼슬이 공조참판에 이르렀으며, 80세에 자헌대부에 오르고 지중추부사(知中樞府事)를 지냈다. (한국민족문화대백과, 한국학중앙연구원)

2 소참(篠驂) : 죽마(竹馬)를 달리 표현한 말이다. 죽마 타던 어린시절을 말한다.

3 『시경』의 「주남(周南)」 편 : 『시경』의 제일 첫머리에 실려 있는 것으로 후비의 덕을 노래한 것이다.

又

행사과行司果 남이웅南以雄[1]

아름답고 어진 덕은 마땅하지 않은 것이 없고,
인간세상에는 이처럼 축하를 받는 아낙이 없다네
경강(敬姜)이 낮에 울어 이내 몸을 상하게 되었고[2],
해숙(解叔)이 밤에 기도하였지만 끝내 고치지 못하였네[3].
쌍수(雙樹)가 물가 언덕에 있는 것은 옛 예를 따지만,
대가(大家)의 규범은 다시 누구를 본받을 것인가?

---

1 남이웅(南以雄) : 조선 중기의 문신. 본관은 의령(宜寧), 자는 적만(敵萬), 호는 시북(市北), 시호는 문정(文貞)이다. 1613년(광해군 5) 증광문과(增廣文科)에 병과로 급제하여 정언(正言)・수찬(修撰)・응교(應教)를 역임하였다. 1623년 인조반정 뒤 오위장(五衛將)・황해도관향사(管餉使)・안악군수를 지내고, 이듬해 이괄(李适)의 난 때 황주수성대장(黃州守城大將)으로 도원수 장만(張晩)을 도와 공을 세워 진무공신(振武功臣) 3등에 책록, 춘성군(春城君)으로 봉해졌다. 1636년 병자호란 뒤 소현세자(昭顯世子)가 선양[瀋陽]으로 끌려갈 때 우빈객(右賓客)으로 시종하였고, 돌아와 부원군(府院君)에 봉해졌다. 1646년(인조 24) 우의정이 되어 민회빈(愍懷嬪) 강씨(姜氏)의 사사(賜死)에 반대하고 사직했다가, 1648년 좌의정이 되었다. (두산백과)

2 경강(敬姜)이 … 되었고 : 문백(文伯)은 노 애공(魯哀公) 때의 대부(大夫)인 공보 문백(公父文伯)이고, 문백의 어머니는 제(齊)나라의 여자로 노(魯)나라 경상(卿相)인 계강자(季康子)의 종조숙모(從祖叔母)가 되는 경강(敬姜)이다. 일찍이 공보 문백이 죽었을 적에 그의 어머니 경강이 곡하지 않았다는 말을 들은 계손(季孫)이 말하기를 "공보 문백의 어머니는 정녀(貞女)이다. 그 자식이 죽었는데도 곡하지 않은 것은 반드시 곡절이 있어서일 것이다." 하고는, 사람을 시켜 물어보게 하니, 그 어머니가 말하기를 "옛날에 내가 아들에게 중니(仲尼)를 섬기라고 하였다. 그런데 중니가 노나라를 떠나갈 적에 전송하면서 교외 밖으로 나가지 않았으며, 물품을 보내 주면서 집안의 보배를 보내지 않았다. 아들이 병이 들었을 적에 와서 문병을 하는 선비들을 볼 수가 없었으며, 죽은 날에는 상복을 입고 따라가는 궁녀가 10여 명이었다. 이는 아들이 선비들은 대단하게 여기지 않고 부녀자들만 대단하게 여긴 것이다. 그러므로 내가 곡하지 않은 것이다." 하였다. 『韓詩外傳 卷1』 (한국고전번역원)

3 해숙(解叔)이 … 못하였네 : 미상.

당에 오르는 사람 옛날 순씨(荀氏)의 여덟 아들 같고,
애사(哀詞)를 쓰려고 하니 눈물이 절로 흘러내리네.

媲德娠賢無不宜, 人間毋媜祝如斯.
敬姜晝哭仍成毁, 解叔宵祈竟不醫.
双樹泌原從古禮, 大家閨範更誰師.
升堂昔日同荀八, 欲寫哀詞涕自垂.

又

행사과行司果 이경직李景稷[1]

남편을 잃고 곡하면서부터
병이 들어서 오랫동안 누웠네.
생사에 모두 정과 예 갖추었고,
존망에는 다만 선후가 있네.
많은 후손들 여경이 족하고,
「내칙」의 아름다운 의범 전하네.
가장 눈물을 참기 어려운 것은,
외로운 영정이 새벽달 아래 있는 것.

自從哭夫子, 哀疚臥沈綿.
生死俱情禮, 存亡只後先.
螽斯餘慶足, 內則令儀傳.
最是難禁淚, 孤旐曉月邊.

1 이경직(李景稷) : 1577~1640. 조선 인조 때의 문신. 자는 상고(尙古), 호는 석문(石門)이다. 회답사(回答使) 오윤겸을 따라 일본에 다녀왔으며, 폐비론이 일어나자 이에 반대하고 고향에 내려갔다. 정묘호란 때 병조참판이 되어 임금을 강화에 호종하였고, 병자호란 때에는 남한산성으로 임금을 호종하고 후에 호조 판서 등을 지냈다.

又

행사과行司果 목서흠睦叙欽[1]

눈 깜짝할 사이의 인간세상에서,
63년의 세월동안 살았다네.
영광스럽게 높은 2품에 봉해지고,
여경이 많은 아들들에게 있다네.
고봉 아래에 붉은 영정이 이르니,
낙수 남쪽에는 새 무덤이 생겼네.
만가를 부르니 행동이 멈추려하고,
슬픈 눈물은 절로 감당하기 어렵네.

倏忽人間世, 光陰六十三.
崇封榮二品, 餘慶有多男.
丹旐高峰下, 新阡洛水南.
挽歌行欲絶, 哀淚自難堪.

1 목서흠(睦叙欽) : 1571~1652. 조선의 문신. 자는 순경(舜卿), 호는 매계(梅溪), 시호는 충정(忠貞). 본관은 사천(泗川). 대흠(大欽)의 형. 1610년(광해군 2)에 알성시(謁聖試)에 급제, 좌승지에 이르러 사임하고, 오랫동안 집에 있다가 금나라가 침입했을 때 남한산성에 호종(扈從)한 공으로 우승지가 되었고, 후에 송도 유수(松都留守)로 있으면서 치적이 많았으며, 1647년(인조 25)에 동지 중추부사를, 1650년(효종 1)에는 노병(老病)으로 상소하여 사직하자 지중추부사와 기로소 당상관(耆老所堂上官)의 겸직이 내려졌다. 사후 좌찬성에 추증되었다. (인명사전, 2002.1.10, 민중서관)

又

전좌랑前佐郞 이목李楘[1]

높고 영화로운 이름 받아 집이 바야흐로 흥성한데,
인간세상의 복록이 집안에 넘쳐흐르네.
단장(端莊)하고 맑은 덕은 지금 비교할 것이 없고,
요조(窈窕)한 아름다운 의범은 옛날에도 드물었네.
학사(學舍)를 세 번 옮겨 훈회에 부지런하였고,
가정의 여러 선비들은 문득 광휘가 빛나네.
남편을 곡하다 몸을 상하여 생애를 마치고,
가성(佳城)[2]에 갇히니 눈물이 옷에 가득하네.

錫號尊榮家正肥, 人間福履溢門闈.
端莊淑德今無比, 窈窕徽儀古亦稀.
學舍三遷勤訓誨, 家庭諸彦動光輝.
哭君哀毁生涯盡, 一閉佳城涕滿衣.

---

1 이목(李楘) : 1572~1646. 조선 중기의 문신. 본관은 전주(全州). 자는 문백(文伯), 호는 송교(松郊)이다. 1603년(선조 36) 생원시에 합격하고, 1612년(광해군 4) 식년 문과에 갑과로 급제하고, 사재감직장(司宰監直長)·병조좌랑 등을 역임하였고, 1623년 인조반정과 함께 출사해, 정언·수찬·교리 등을 지냈다. 1624년(인조 2) 이괄(李适)의 난이 일어나자 공주로 왕을 호종(扈從)하고, 다음 해 정묘호란 때에는 강화도로 왕을 호종했으며, 그 뒤 부제학·형조참판 등을 역임하였다. 1636년 겨울 병자호란 때에 남한산성으로 왕을 호종하였다. (한국민족문화대백과, 한국학중앙연구원)

2 가성(佳城) : 가성(佳城) : 무덤을 뜻한다. 한나라 등공(滕公)이 말을 타고 가다가 동도문(東都門) 밖에 이르자 말이 울면서 앞으로 나아가지 않은 채 발로 오랫동안 땅을 구르기에 사졸(士卒)을 시켜 땅을 파 보니, 깊이 석 자쯤 들어간 곳에 석곽(石槨)이 있고 거기에 "가성(佳城)이 울울(鬱鬱)하니, 3천 년 만에 해를 보도다. 아! 등공이여, 이 실(室)에 거처하리라."라는 글이 새겨져 있었다 한다. 『西京雜記』 卷4 (한국고전번역원)

又

전현감前縣監 허실許宲[1]

그윽하고 한가하며 맑은 행실은 어렸을 적부터이니,
안방문 안에서 화목하게 지냄은 어찌 소홀하랴?
보배스런 자손들이 뜰에 가득하여 복을 누리고,
기성(杞城)이 무너져 곡하다 하늘 향해 울부짖는다.
인간 세상의 부귀는 원래 세상에 드문 것이고,
죽은 뒤의 아름다운 이름은 비길 데가 적다.
장림(張林)이 높은 절개에 대해 명을 짓는 일 기다리지 않고,
구비(口碑)에서는 이로부터 곧 유전되리라.

幽閑淑行自髫年, 和穆閨門豈間然.
寶樹盈庭方享福, 杞城崩哭竟呼天.
人中富貴元稀世, 身後芳名少比肩.
不待張林銘苦節, 口碑從此便流傳.

1 허실(許宲) : 1583~1625. 조선 중기의 문신. 본관은 양천(陽川), 자는 약허(若虛)이다. 1601년(선조 34) 진사시에 합격하였다. 1606년(선조 39) 증광문과에 병과로 급제하여 세자시강원설서·병조정랑 등을 거쳐 지제교가 되어 『선조실록』 편찬에 참여하였다. 1610년(광해군 2) 정언 등을 역임한 후에 성환도찰방(成歡道察訪) 등을 지냈다. 1618년(광해군 10) 작은아버지 허균(許筠)의 역모사건에 연좌되어 유배되었다. 인조반정 후 사면되었으며, 1624년(인조 2) 경성판관(鏡城判官)이 되어 선정을 베풀었다. (두산백과)

又

승문정자承文正字 이명한李明漢[1]

도헌(都憲)[2]의 성명은 주졸(走卒)도 아는데,
부인은 아름다운 덕이 자손에게 맞도다.
존망은 단지 인간세상에서의 고통일 따름이니,
회합은 어찌 지하에서의 만날 약속이 아니랴?
연수(延水)의 놀란 물결이 옛 칼을 삼켜 버리니,
장림(張林)의 커다란 붓으로 써서 새 비석에 새기네.
여러 아들들 올망졸망 끝내 누구를 의지할까?
피눈물을 흘리며 최마를 입고 또 한 해가 지났네.

都憲聲名走卒知, 夫人媲德子孫宜.
存亡只是人間痛, 會合寧非地下期.
延水驚波沈古劍, 張林大筆勒新碑.
諸孤纍爾終何恃, 泣血衰麻又一朞.

1 이명한(李明漢) : 1595~1646. 조선 인조 때의 문신. 자는 천장(天章). 호는 백주(白洲). 이괄의 난 때 왕을 공주로 호종하여 팔도에 보내는 교서를 작성하였다. 벼슬은 예조 판서와 공조 판서를 지냈다. 성리학에 밝았고, 시와 글씨에도 뛰어났다. 저서에 『백주집』이 있다.

2 도헌(都憲) : 사헌부 대사헌을 달리 이르는 말이다. 남편인 홍이상(洪履祥)이 대사헌을 지냈다.

又

전정자前正字 남명우南溟羽[1]

아들과 사위 뜰에 가득하여 봉린을 다하였는데,
세상에서의 풍복(豊福)을 누구와 비교할 수 있으랴?
남편을 잃고 우는 곳에 긴 밤을 재촉하니,
오락한 푸른 문이 길가는 사람 울게 하네.

子壻盈庭盡鳳麟, 世間豊福孰爲倫.
崩城哭處催長夜, 寥落青門泣路人.

1 남명우 : 자는 구만(九萬)이고, 본관은 의령(宜寧)이다. 임진(壬辰) 1592년(선조 25)에 태어났다. 아버지는 남계하(南啓夏), 조부는 남수신(南守身)이다. 광해군(光海君) 2년(1610) 경술(庚戌) 식년시(式年試) 진사 2등(二等) 18위로 합격하였다. 광해군(光海君) 6년(1614) 갑인(甲寅) 전주별시(全州別試) 을과(乙科) 1위[亞元]으로 합격하였다. 벼슬은 평양부서윤(平壤府庶尹), 이조좌랑(吏曹佐郎) 등을 지냈다.

又

척질戚姪 송연宋淵[1]

맑고 밝아서 명현의 짝이 되는 것은,
종래로 곤칙(壼則)[2]의 단서가 되었네.
아들을 낳으니 모두 빼어나고,
딸 가르치기를 유한한 것으로 하네.
복덕을 사람 중에 누가 모두 누리랴?
더구나 존영은 아무도 잡을 수 없네.
남편이 먼저 세상을 떠났는데,
아름다운 아들은 이미 청반이 되었네.
밝은 날은 어찌 그리도 빨리 지나나?
부생은 마치 왔다가 돌아가는 것 같네.
어찌 쌍검이 합할 줄 알았으랴?
문득 이년이 지났도다.
장례와 제례에 빠진 것이 없으니,
경영하는 일은 더욱 어렵다네.
분향이 책상과 탁장에 연이었고,
친한 친척으로 얼굴을 뵈었네.

1 송연(宋淵) : 생졸년 미상. 조선 중기의 사인. 본관은 여산(礪山). 호는 둔암(芚菴). 문장과 덕망이 뛰어났으며, 강화부윤으로 있던 이안눌(李安訥)과 교류하였다. 인조 때에는 중추부경력(中樞府經歷)을 거쳐 진산현감(珍山縣監)을 지냈다.

2 곤칙(壼則) : 여자의 범절을 말함. 곧 內法.

흰 막으로 진택을 열었으니,
붉은 영정이 옛 산에 들어가네.
일문의 종족이 성대하니,
상엿줄 잡고 눈물을 뚝뚝 흘리네.

淑哲名賢配, 從來壼則端.
生男皆秀朗, 教女必幽閑.
福德人誰倂, 尊榮不可攀.
大夫先卽世, 令子已淸班.
白日何流邁, 浮生若往還.
豈知双劒合, 忽在二年間.
葬祭禮無缺, 經營事益艱.
焚香聯几卓, 銜戚見容顔.
素幞開眞宅, 丹旒入故山.
一門宗族盛, 執紼濟淚淚.

정명공주의 시[1]

풍우가 아 어찌하여 이르렀는가?
부생이 깃털 하나처럼 가볍다.
푸른 산에 몸소 산소자리를 정하였는데,
흰 얼굴로 아직 이름을 이루지 못했네.
아낙은 살아남아서 해로를 걱정하는데,
아이가 어지니 뒷날의 명성 의탁해도 되겠네.
해마다 한강 가에서는,
봄풀에 마음을 이기지 못하네.

風雨嗟何及, 浮生一羽輕.
青山躬卜兆, 白面未成名.
婦在患偕老, 兒賢托後聲.
年年漢江上, 春草不勝情.

---

1 『만사 · 제문』 뒷 표지 내면에는 초서로 쓴 시 한 수가 있고, 앞 표지에 있는 것과 같은 정명공주의 인장이 찍혀 있다. 이 시는 5언율시의 작품인데, 누구의 시이고 누가 썼는지는 분명히 드러나 있지 않다. 그런데 정명공주의 인장이 바로 그곳에 찍혀 있으며, 『만사 · 제문』의 글씨체와 달리 초서를 섞어 또박또박 격조 있게 쓰고 또 시의 내용으로 보아 정명공주가 직접 짓고 쓴 것으로 보인다.

『輓詞 · 祭文』에 드러난 慕堂 洪履祥의 面貌와 그에 대한 여러 가지 哀悼의 感情*

윤호진尹浩鎭**

1. 머리말

모당(慕堂) 홍이상(洪履祥)은 개성유수로 나갔다가 임기가 끝나 그만 두면서 고향인 고양으로 물러나 살다가 병이 들어 이내 일어나지 못하고 세상을 떠났다. 그가 돌아갔을 때 수많은 사람이 만사와 제문을 지었다.

대개의 경우 만사와 제문은 문집의 부록으로 실려 전하는 경우가 많다. 따라서 고인의 만사와 제문을 참고할 경우 우선적으로 문집의 부록으로 실린 만사와 세문을 참고하고, 혹시 누락된 것이 있는가 확인할 경우는 그 시대 인물들의 문집을 검색하여 찾아내기도 한다.

* 이 논문은 열상고전연구회의 『열상고전연구』 42집에 수록된 것이다.
** 경상대학교 한문학과, 남명학연구소 소장.

홍이상의 경우도 『모당집』에 만사와 제문이 실려 있는데, 만사가 대략 4제 8수, 제문이 10편이다. 이처럼 문집에 부록으로 수록된 것 이외에 개별 문집에서 검색하여 찾기도 하여, 이들을 모아 『모당집』을 번역해 낸 바 있다.

하지만, 모당(慕堂)의 14대손(代孫)이며 홍이상의 장자인 지계(芝溪, 洪雱)의 사파종손(私派宗孫)인 홍기홍(洪起弘) 님이 소장하고 있던 책에는 홍이상에 대한 만사가 71제 83수가 수록되었고, 제문이 13편 수록되었다. 여기에는 이뿐만 아니라, 홍이상의 모부인인 문경 백씨에 대한 만사와 홍이상의 부인인 안동 김씨에 대한 만사도 함께 수록되어 있다. 홍이상의 만사는 문집에 수록된 것과 중복되는 경우도 있으나 이는 아주 소수에 불과하고 대부분 문집에 수록되지 않은 것이며, 작자의 문집에도 수록되지 않은 것이 대부분이다.

여기에서는 이처럼 홍이상에 대한 만사가 다수 새로 발굴됨에 따라 이를 통하여 당대 문인들이 홍이상이 돌아간 뒤에 홍이상에 대해 주로 어떠한 생각을 가지고 있었던가 하는 점에 대해 살펴보고자 한다. 좀 더 구체적으로 말하자면, 이 논문에서는 『만사 · 제문』이란 책에 실린 것 가운데 홍이상에 대한 만사를 중심으로, 그 만사에 드러난 홍이상의 여러 가지 면모와 그에 대한 만사 작자의 감정 등을 자세히 논하고자 하는 것이다.

2. 『만사(輓詞) · 제문(祭文)』이란 책에 대하여

이 책은 홍이상의 장자인 지계(芝溪) 홍방(洪雱)의 후손으로 홍이상의 14대손인 홍기홍 씨 가장본(家藏本)이다. 이 책에는 모당(慕堂) 홍이상(洪履祥)의 모부인 문경(聞慶) 백씨(白氏)에 대한 만사(輓詞), 모당(慕堂)에 대한 만사(輓詞)와 제문(祭文), 홍이상의 부인 안동(安東) 김씨(金氏)에 대한 만사가 함께 수록되어 있다.

이 책은 책 표지 외면(外面)에 만사(輓詞) 제문(祭文)이라고 세로로 두 줄로 쓰여 있으며, 표지 내면에는 낙서가 되어 있다. 두 번째 장에는 모당 홍이상의 손자인 홍주원(洪柱元)에게 시집온 정명공주(貞明公主)의 인장이 찍혀 있다. 가로 세로 대략 5센티 정도의 큰 도장이 붉은 인주로 짙게 찍혀 있다. 이 책은 한 면이 20자 10행으로 정갈한 행서로 되어 있으며, 처음부터 끝까지 한 사람의 필체로 필사되어 있다.

이 책의 첫 장에는 홍영택방(洪霙澤芳)이라는 인장이 찍혀 있는데, 이는 정명공주의 시아버지인 홍영의 인장으로, 홍영의 자가 택방이다. 이 책의 내용에 32인이 지은 모당 홍이상의 모부인 문경 백씨에 대한 만사가 실려 있고, 이어서 71인이 쓴 홍이상에 대한 만사와 제문이 실려 있다. 그리고 맨 뒤에 41인이 쓴 안동 김씨에 대한 만사가 실려 있다.

뒷 표지 내면에는 초서로 쓴 시 한 수가 있고, 앞 표지에 있는 것과 같은 정명공주의 인장이 찍혀 있다. 이 시는 5언율시의 작품인데, 누구의 시이고 누가 썼는지는 분명히 드러나 있지 않다. 그런데 정명공주의 인장이 바로 그곳에 찍혀 있으며, 『만사 · 제문』의 글씨체와 달리 초서를 섞어 또박또박 격조 있게 쓴 것으로 보아 정명공주가 직접 짓고 쓴 것일 가능성도 배제할 수는 없다. 시는 다음과 같다.

풍우가 아 어찌하여 이르렀는가?	風雨嗟何及,
부생이 깃털 하나처럼 가볍다.	浮生一羽輕.
푸른 산에 몸소 산소자리를 정하였는데,	青山躬卜兆,
흰 얼굴로 아직 이름을 이루지 못했네.	白面未成名.
아낙은 살아남아서 해로를 걱정하는데,	婦在患偕老,
아이가 어지니 뒷날의 명성 의탁해도 되겠네.	兒賢托後聲.
해마다 한강 가에서는,	年年漢江上,
봄풀에 마음을 이기지 못하네.	春草不勝情.

이 시의 내용은 대략 아낙이 집안 일을 걱정하는 것이라 할 수 있다. 성명(成名)을 하지 못한 채 세상을 떠난 뒤의 어려운 사정을 이야기함과 동시에 아이들이 훗날 명성을 드날려 주기를 바라는 심경을 그린 것으로 보인다. 집안의 어른

으로서 일찍 가장을 잃은 아낙을 위로하는 글로 생각되는데, 아마도 정명공주가 자신의 아들을 일찍 잃고 쓴 것이 아닌가 한다.

정명공주(1603~1685)는 선조의 첫째 딸로, 어머니는 령돈녕부사(領敦寧府事) 연흥부원군(延興府院君) 김제남(金悌男)의 딸 인목왕비(仁穆王妃)이다. 광해군이 즉위하여 영창대군을 역모죄로 사사하고 계비 인목대비를 폐출시켜 서궁(西宮)에 감금할 때 공주도 폐서인(廢庶人)되어 서궁에 감금되었다. 인조반정으로 인조가 즉위하면서 공주로 복권되고, 1623년(인조 1)에 동지중추부사 홍영(洪霙)의 아들인 홍주원(洪柱元)에게 시집을 갔다.[1]

정명공주에게는 네 명의 아들이 있었는데, 첫째는 홍만용(洪萬容)이고 둘째는 홍만형(洪萬衡)이었는데, 바로 홍만형이 37살의 젊은 나이에 일찍 세상을 떠났다. 그래서 정명공주가 가장을 잃은 둘째 아들집에 기거하며 집안을 돌보았다고 한다.[2] 그리고 정명공주는 글씨를 잘 썼으며 특히 대필에 뛰어났다고 한다. 이 시의 내용과 서체, 그리고 홍만형의 요절 등의 여러 가지 사실은 , 이 시의 작자가 정명공주일 가능성을 더욱 높여주는 단서가 되는 것들이라 하겠다.

이 책의 첫 장에는 '문경백씨위만(聞慶白氏位輓)'이라는 조그만 간지(簡紙)가 있고 이어서 만사라는 말이 있고, 같은 행에 이어서 의정부 영의정 이덕형(李德馨)의 만사가 실려 있다. 그 아래에는 홍영(洪霙)의 인장이 찍혀 있다. 그 다음 시는 又라는 제목 아래 작자를 관직명과 함께 소개하였다.

여기에는 의정부 영의정 이덕형, 의정부 좌의정 이항복(李恒福), 의정부 우의정 심희수(沈喜壽) 등 삼정승을 비롯하여 당시의 이름난 인물들이 대거 포함되어 있는데, 만사를 지은 사람과 수록된 시를 개관하면 다음과 같다.

1 한국학중앙연구원, 『한국민족문화대백과』

2 이는 문중 사람들의 증언에 따른 것이다.

작자의 관직	작자	시형식	작품 수
議政府領議政	李德馨	7언율시	1
議政府左議政	李恒福	5언율시	1
議政府右議政	沈喜壽	7언율시	2
淸平府院君	韓應寅	5언율시	1
海平府院君	尹根壽	5언율시	1
晉原府院君	柳 根	7언율시	1
行兵曹判書	朴弘耇	7언율시	1
議政府右贊成	鄭昌衍	7언율시	1
行禮曹判書大提學	李廷龜	7언율시	2
行吏曹判書	李尙毅	7언율시	1
議政府左參贊	李 準	7언율시	1
議政府右參贊	姜 紳	7언율시	1
工曹判書	徐 渻	7언율시	1
行司直	許 筬	7언율시	1
同知中樞府事	吳億齡	5언율시	1
司憲府大司憲	鄭賜湖	5언배율	1
同知中樞府事	申 湜	7언율시	1
工曹參判	許 晉	7언율시	1
同知中樞府事	韓 述	7언율시	1
行護軍	李尙信	7언율시	1
吏曹參判	宋 諄	5언율시	1
行護軍	朴而章	7언율시	1
弘文館副提學	崔 瓘	7언율시	1
成均館大司成	鄭 曄	7언율시	1
行護軍	李睟光	7언율시	1
行榮川郡守	姜 綖	5언율시	1
戶曹參議	洪慶臣	7언율시	1
司憲府執義	李廷馣	7언율시	1
奉常寺僉正	郭 說	7언율시	1
吏曹正郎	蔡慶先	5언율시	1
弘文館副修撰	睦大欽	7언율시	1
成均館典籍	郭止善	7언율시	1

1585년(선조 18) 11월 7일 홍이상 61세 때 그의 어머니 문경 백씨가 돌아가자, 그에 대한 만사는 32인이 지었다. 모두 한 수씩 지었는데, 심희수(沈喜壽)와 이정구(李廷龜)만이 두 수씩 지었다. 따라서 시는 모두 32제 34수이다. 시는 정사호(鄭思湖)의 5언 배율을 제외하면 모두 율시이다. 그리고 5언율시가 7수이고, 나머지는 모두 7언율시이다. 다시 정리하자면, 34수 가운데 5언율시가 5제 7수, 5언배율이 1제 1수, 7언율시가 24제 26수가 된다.

지은 사람으로는 의정부의 영의정, 좌의정, 우의정이 모두 포함되어 있으며, 이름난 인물로는 이덕형, 이항복, 심희수, 한응인(韓應寅), 윤근수(尹根壽), 유근(柳根) 등 당대의 명사가 거의 망라되어 있다. 아들 홍이상은 이때 사헌부 대사헌으로 임명되었다가 문경 백씨가 위독하자 체직을 청하여 그만두었다.

바로 직전에 그만 두기는 했지만, 아들 홍이상이 대사헌이란 중앙관서의 권요직을 맡고 있었고, 뿐만 아니라 좌의정 이항복과는 매우 가까웠으며, 이정구와는 사돈관계에 있었으므로, 이처럼 많은 명사들이 만사를 지었던 것으로 보인다. 의정부의 삼의정이 동시에 한 사람에 대해 만사를 지은 것은 그리 흔하지 않았을 것이고, 더구나 지금까지 작품이 한데 이처럼 모아져 전해지는 거의 없을 것으로 생각된다.

다음은 을묘년(1615) 9월에 홍이상이 돌아갔을 때 지은 홍이상에 대한 만사를 모아놓은 것인데, 여기에 수록된 인물과 관직은 모부인 때와 마찬가지로 대단한 인물들이 모두 홍이상에 대한 만시를 지었음을 볼 수 있다.

작자의 관직	작자	시형식	작품 수
鰲城府院君	李恒福	7언율시	1
議政府領議政	奇自獻	7언율시	1
領敦寧府事	沈喜壽	7언율시	4
海平府院君	尹根壽	7언율시	1
議政府右議政	鄭昌衍	7언율시	1

唐興府院君	洪 進	7언율시	1
延原府院君	李光庭	7언율시	1
晉原府院君	柳 根	7언율시	1
行兵曹判書	朴承宗	5언율시	2
文昌府院君	柳希奮	7언율시	1
議政府左贊成	朴弘耉	7언율시	1
行吏曹判書	韓孝純	7언율시	1
行戶曹判書	李廷龜	7언율시	2
行工曹判書	李尙毅	5언율시	1
行漢城府判尹	李 準	7언율시	1
判敦寧府事	閔夢龍	5언절구	1
行京畿觀察使	盧 稷	5언율시	1
吉昌君	權 悏	7언율시	1
晉興君	姜 紳	7언율시	1
行議政府右參贊	李慶全	7언율시	1
海昌君	尹 昉	5언배율	1
知敦寧府事	金尙容	7언율시	1
知中樞府事	李時彦	7언절구	1
光城君	鄭賜湖	7언배율	1
義寧君	宋 諄	5언율시	1
凝川君	朴震元	7언율시	1
知中樞府事	申 軾	5언율시	1
驪城君	李志完	5언배율	1
戶曹參判	張 晩	5언배율	1
同知中樞府事	權 憘	7언율시	1
行司直	鄭 曄	5언율시	1
行司果	沈 惇	7언율시	1
韓昌君	李慶涵	7언율시	1
前禮曹參判	辛慶晉	7언율시	1
行副護軍	崔 瓘	5언율시	2
福川君	吳百齡	7언율시	1
行司直	許 晉	7언배율	1
行司勇	金尙寯	7언율시	1
行司勇	金尙寯	7언절시	1

行司直	韓德遠	5언율시	1
同知中樞府事	宋 駰	7언율시	2
兵曹參判	李 沖	7언율시	1
行青松府使	朴而章	5언배율	1
行司丁	柳永詢	5언배율	1
行判決事	李順慶	7언율시	1
同知敦寧府事	金玄成	7언율시	1
漢城府左尹	曺 倬	7언율시	1
晉寧君	姜弘立	7언율시	2
同知中樞府事	宋英耈	5언배율	1
禮曹參議	柳 澗	5언율시	1
行司直	任 章	7언배율	1
承政院左承旨	金止南	5언율시	2
分兵曹參議	李廷馦	5언율시	1
分兵曹參議	金 湧	7언율시	2
弘文館直提學	柳希發	7언율시	1
司僕寺正	柳希亮	5언배율	1
議政府舍人	丁好善	7언율시	1
司果	李忠養	5언율시	1
右通禮	韓 懷	5언율시	1
前府使	李 忔	5언배율	1
前府使	朴孝生	7언율시	1
前正郎	郭 說	7언배율	1
前郡守	金昌一	7언절구	2
弘文館副校理	金質幹	7언율시	1
吏曹正郎	朴鼎吉	7언율시	1
兵曹正郎	高用厚	7언율시	1
兵曹正郎	南以雄	7언절구	1
前正言	李 涏	7언절구	1
前佐郎	李 棨	7언율시	1
前典籍	洪千璟	5언배율	1
承文院正字	辛慶衍	5언배율	1
承文院正字	南溟羽	7언절구	2

이상에서 볼 수 있는 바와 같이 홍이상에 대한 만사는 모두 71제 83수가 수록되어 있다. 모두 1수씩 지었는데, 남명우(南溟羽) 2수, 김창일(金昌一) 2수, 金湧 2수, 김지남(金止南) 2수, 강홍립(姜弘立) 2수, 송일(宋馹) 2수, 김상준(金尙寯) 2수, 최관(崔瓘) 2수, 심희수 4수를 지었다. 김상준은 2수인데, 7언율시 1수, 7언절구 1수이다.

시형식으로는 절구는 모두 6제 8수인데, 오언절구는 1제 1수뿐이다. 배율은 모두 10제 10수이고, 나머지는 5,7언 율시이다. 율시는 모두 39제 50수이다. 5언율시가 11제 14수이고, 나머지는 7언율시이다. 배율은 10제 10수인데, 모두 5언배율이다.

벼슬아치는 의정부 영의정, 우의정 등이 지었고, 좌의정이 빠진 대신에 부원군이 모두 여섯이나 된다. 만시를 지은 유명한 인물로는 이항복, 기자헌(奇自獻), 심희수, 윤근수 등이 있다. 홍이상의 모부인이 돌아갔을 때보다 훨씬 많은 사람이 만사를 지었음을 볼 수 있다. 지방관을 지낸 사람도 있으나, 대부분 중앙의 현직 관료이거나 관료를 역임한 사람들로 당대 권력의 핵심부에 있던 인물들이 거의 망라된 느낌이다.

홍이상의 부인 안동 김씨는 홍이상이 세상을 떠나자 슬픔이 지나쳐 건강을 해친 탓에 겨우 1년만인 1616년 연상(練祥)을 지나자 운명하였다. 홍이상이 돌아간 뒤 치른 홍이상의 부인 상사에 몰려든 만사는 그 이전만은 못하지만, 그래도 빛나는 관직에 있는 쟁쟁한 사람들이 만사를 지었다. 특히 이항복, 심희수, 이안눌 등은 이번에도 빠지지 않고 시를 지어 보냈다. 홍이상의 부인에 대한 만사를 정리하면 다음과 같다.

작자의 관직	작자	시형식	작품 수
鰲城府院君	李恒福	5언율시	1
一 松	沈喜壽	7언율시	2

延陵府院君	李好閔	5언율시	1
晉原府院君	柳 根	5언율시	1
行同知中樞府事	朴弘耇	7언율시	1
驪川府院君	閔馨男	5언율시	1
吉昌君	權 悏	7언율시	1
海昌君	尹 昉	7언율시	1
帶原君	尹孝全	7언율시	1
知中樞府事	申 湜	5언율시	1
行司直	鄭 曄	7언율시	1
戶曹判書	李 沖	5언율시	1
行護軍	沈 惇	7언율시	1
行副護軍	金尙寯	7언율시	1
行司直	權 憘	7언율시	1
戶曹參判	崔 瓘	7언율시	1
同知敦寧府事	金玄成	5언배율	1
完崇君	李順慶	7언율시	1
同知中樞府事	李德馨	7언율시	1
行護軍	金止男	7언율시	1
行護軍	李安訥	7언율시	1
行司直	睦長欽	5언율시	1
吏曹參議	柳希發	5언율시	1
行副護軍	柳希亮	5언율시	1
軍器寺正	南以俊	7언율시	1
司憲府執義	金質幹	7언율시	1
前府使	李 忔	5언율시	1
前掌令	姜弘重	5언율시	1
前郡守	郭 說	7언율시	1
刑曹正郎	郭天豪	7언율시	1
咸鏡都事	穆取善	7언율시	1
京畿都司	申得淵	7언율시	1
前判官	趙緯韓	5언율시	1
行司果	南以雄	7언율시	1
行司果	李景稷	5언율시	1
行司果	睦叙欽	5언율시	1

前佐郞	李 棨	7언율시	1
前縣監	許 寀	7언율시	1
承文正字	李明漢	7언율시	1
前正字	南溟羽	7언절구	1
戚姪	宋 淵	5언배율	1

홍이상의 부인에 대한 만사는 전체 41제 42수인데, 7언 절구 1제 1수, 5언 배율이 2제 2수이고, 나머지는 모두 율시이다. 율시 가운데 5언율시가 13제 13수이고, 나머지는 모두 7언율시이다. 작자로 이름난 사람은 오성, 일송, 이호민, 유근 등이다. 만사를 짓는 데 참여한 벼슬아치는 이번에는 의정부에서 아무도 참여하지 않았고, 다만 부원군이 3명이 있다. 전체적으로 이전의 홍이상의 장례 때는 물론 홍이상의 모부인이 돌아갔을 때 보다도 훨씬 만사를 지은 사람도 적고 고급 관원도 빠져 있다. 만사 가운데 7언절구도 있고, 5언율시도 없지 않으나, 칠언율시가 압도적으로 많은 양을 차지하고 있은 것을 볼 수 있다.

이 책은 이상과 같이 홍이상의 모친, 홍이상 자신, 홍이상의 부인에 대한 만사를 수록한 것이다. 돌아간 시기가 각기 다르므로, 만사가 지어진 시기도 달랐을 것인데, 이 책은 이 세 분에 대한 만사를 한꺼번에 정리하여 책으로 만든 것으로 보인다. 정확한 시기는 알 수 없으나, 일단 홍이상의 부인인 안동 김씨가 돌아간 뒤인 1616년 이후가 될 것이다.

편자가 드러나 있지 않아 누가 모아서 책으로 냈는가도 알 수 없다. 다만 정명공주의 커다란 인장이 이 책의 앞뒤에 있고, 정명공주가 직접 지은 것으로 보이는 시도 있는 것으로 보아 이 책을 정명공주가 엮었을 가능성을 배제할 수 없다. 만약 정명공주가 편찬한 것이라면 1623년 자신이 홍씨 문중으로 시집오기 훨씬 이전 1585년 시증조모 문경 백씨가 돌아갔을 때의 만사와 시조부모인 홍이상과 그 부인 안동 김씨가 각각 1615년과 1616년 돌아갔을 때에 지은 만사를 모두 모아 하나의 책으로 엮어서 간직하여 후손에게 물려준 것으로 보인다.

만사의 주인공 세 분이 돌아갈 때는 정명공주가 홍씨 집안에 시집오기 훨씬

전이었지만, 시댁의 시증조모와 시조부모 때 들어온 만사가 당대 최고의 지위에 있던 명사들에 의해 지어진 것을 보고 뒤늦게 정리하여 한 책으로 만들었던 것으로 보인다.

3. 『만사 · 제문』에 드러난 모당의 면모와 그에 대한 애도의 감정

1) 와병과 죽음에 대한 애도

만사는 대개 고인의 평생을 추념하며 애도의 심정을 읊는 것이 일반적이다. 만사 가운데에는 이상에서 살필 바와 같이 어떤 개별적인 사안에 중점을 두어 강조하거나 특정한 부분을 강조한 것이 있다.

홍이상은 임자년(1612) 9월에 64세의 나이로 개성유수로 나갔고, 66세에 임기를 끝내고 고양으로 돌아갔다. 홍이상의 죽음에 대해 읊은 시는 개성유수를 끝으로 벼슬길에서 물러나와 고향인 고양으로 은퇴하여 강호를 벗삼아 살던 것에 대해 읊은 것에서부터 시작된다. 병조정랑(兵曹正郎) 남이웅(南以雄)은 이에 대해 "적막한 고양은 오늘부터 시작이니, 고봉(孤峰)의 눈 위에 뜬 달이 분신이라네. 적막고양종차일(寂寞高陽從此日), 고봉설월시분신(孤峰雪月是分身)."이라 하며, 홍이상이 돌아가니 고양이 적막해 질 것이라 하였다. 행호조판서(行戶曹判書) 이정구(李廷龜)는 두 번째 작품에서 다음과 같이 말하였다.

개성에서 속절없이 삼 년의 교화 남겼고,	畿輔謾留三載化,
강호에서 물러나 겨우 한 해 봄 보냈어라.	江湖纔卜一年春.

삼년 간 개성유수로 지내다가 고향인 고양으로 돌아온 지 일년만에 돌아갔음을 애도하며 이렇게 읊었다. 그는 은퇴하면서 아예 은거할 생각을 하였는데, 전전적(前典籍) 홍천경(洪千璟)은 "사포(蛇浦)에서 푸른 들에서의 계획을 경영하

였고, 은퇴해 있기도 잠시 돌아가는 슬픔을 당했네. 사포방영녹야계(蛇浦方營綠野計), 토구아몽백계비(菟裘俄夢白鷄悲).”라 하였다. 홍이상이 벼슬을 떠나 은거할 계획을 세웠다가 갑자기 돌아갔음을 말하였고, 지돈령부사(知敦寧府事) 김상용(金尙容)도 “한평생의 세상일이 부질없이 지나가니, 만년에 전원에 살려는 계획 이루지 못했네. 백년세사량초숙(百年世事粱初熟), 만세교비계미성(晩歲郊扉計未成).”라고 하여, 만년에 전원에 살고자 하였으나, 그 계획을 이루지 못하고 일찍 돌아갔음을 애석해 하였다.

그는 갑인년(1614)에 은퇴한 지 1년만인 을묘년(1615) 그의 나이 67세 때에 병이 깊어져서 4월에 서울 집으로 돌아갔고, 9월에 돌아갔다. 홍이상이 병이 들었을 때, 승문원(承文院) 정자(正字)를 지낸 신경연(辛慶衍)은 이렇게 읊었다.

> 많은 병에 필요한 것은 옛집으로 돌아가는 것이지만, 多病所須還舊宅,
> 어진 이를 빼앗음이 어찌 그리도 빠른지 하늘이 원망스럽네. 奪賢何速怨蒼穹.
> 어진이가 오래 사는 법도 어그러져 70에 차지 못하고, 壽仁猶欠七旬滿,
> 덕을 비교하여 누가 팔좌보다 우뚝하다 하였던가? 較德誰言八座嵩.

신경연의 이 시는 홍이상이 오래 살지 못한 것에 대한 애석함으로 꽉 차 있다. 사람은 누구나 한 번 죽는 것이지만, 그래도 70도 되지 못하고 돌아가니 애석하다는 것이다. 행사직(行司直) 임장(任章)은 “임금께서는 바야흐로 주즙으로 쓸 것을 기약하셨고, 친한 벗들은 문득 기둥과 들보가 부러졌다고 슬퍼하네. 성주방기주즙용(聖主方期舟楫用), 친붕홀도동량최(親朋忽悼棟樑摧).”라고 하여 홍이상이 세상에 제대로 쓰지 못한 것을 아쉬워 하였고, 지돈령부사(知敦寧府事) 김상용(金尙容)은 “친구들이 요즈음 영락하여 모두 죽으니, 늘그막에 어느 곳에서 남은 인생 의지하나? 지구향래영락진(知舊向來零落盡), 모도하처탁여생(暮途何處托餘生).”라고 하여 자신의 벗들이 모두 죽어 자신이 의지할 바가 없다고 한탄하였다.

이처럼 홍이상에 대한 만사는 홍이상이 병이 들어 죽음에 이르기까지인 고양으로부터 은퇴했던 일에서부터 관심을 보였으나, 주된 내용은 그의 죽음에 대한 것이다. 만사가 고인을 애도하는 글이니, 너무도 당한 것이지만, 만사의 주된 내용은 고인의 죽음을 슬퍼하는 것이 중심이다. 홍이상이 돌아간 뒤에 그의 죽음에 대한 여러 사람들의 느낌은 매우 다양하다.

대개의 경우 애석함을 드러내거나 아쉬움을 나타낸 것이 많으며, 슬픈 마음을 읊은 것이 다수를 차지한다. 이 가운데에는 마치 홍이상의 죽음을 부러워하는 것처럼 읊어 고인에 대한 슬픔을 드러낸 것도 있다. 행호조판서(行戶曹判書) 이정구(李廷龜)가 지은 것으로 그는 그의 만시 첫 번째 시에서 다음과 같이 말하였다.

인생 백년이면 누군들 죽지 않을쏘냐,	人生百歲誰無死,
돌아갈 곳 얻은 그대가 몹시 부럽구려.	深羨吾君得所歸.

이정구는 이 시에서 사람은 누구나 죽게 되어 있는데, 돌아갈 곳을 얻은 고인이 부럽다는 말이다. 하지만 이것은 정말 부러운 것이 아니라, 그의 슬픔을 반어적으로 나타낸 것이라 하겠다. 이정구는 이에 이어 바로 두 번째 시에서 "새벽 별 묵은 풀에 벗들은 사라져 가니, 눈 덮인 외로운 집에서 눈물로 수건 적신다 신좌숙초교유진(晨坐宿草交遊盡), 설리고재루만건(雪裏孤齋淚滿巾)."라고 애석함과 슬픔을 동시에 드러내었다. 이러한 감정이 만사의 내용에서는 일반적인 서정의 표출양상이라고 하겠다. 행병조판서(行兵曹判書) 박승종(朴承宗)도 자신이 지은 첫 번째 시에서 이러한 마음을 다음과 같이 말하였다.

선조 때에는 훌륭한 선비가 많았는데,	先朝多士美,
금일에 몇 사람이나 남아 있는가?	今日幾人存.
三事를 마치기를 기다리다가,	佇待終三事,
도리어 九原으로 떨어지니 마음 아프네.	翻傷隔九原.

선조 대의 선비들이 하나 둘 떠나가 자신의 시대에는 거의 남아 있지 않다고

하며 마음 아파하였다. 특히 홍이상이 개성유수에서 물러나 이제 삼사를 기다리다가 세상을 떠나게 된 것을 매우 슬퍼하였다. 지중추부사(知中樞府事) 이시언(李時彦)도 다음과 같이 읊었다.

벼슬은 2품에 이르고 여섯 아들이 있는데, 官資二品六男兒,
나이도 칠십에 이른 것은 세상에 드므네. 七十年齡世並稀.

고인의 죽음을 아쉬워하는 경우에도 여러 가지 원인이 있을 수 있다. 한 사람의 동일한 죽음에 대해 많은 사람들은 각각 자신의 마음에 와닿는 부분에 대해 나름 슬퍼하였다. 진흥군(晉興君) 강신(姜紳)은 또 다음과 같이 말하였다.

지위가 덕에 차지 않은 것 모두 명으로 말미암았고, 位非滿德皆由命,
나이가 칠십도 안됐으니 누가 하늘을 어질다 하랴? 壽欠稀年孰謂仁.
술동이 놓고 웃으며 이야기하던 일 모두 꿈만 같고, 樽酒笑談渾似夢,
부유한 세상일은 이미 먼지가 되어 버렸네. 浮休世事已成塵.

강신은 강홍립의 아버지로서 홍이상과는 어머니를 위한 잔치를 베풀 때 함께 했던 사람으로 특별한 인연이 있던 사람인데, 그의 시에 다양한 슬픔과 느낌이 담겨 있음을 볼 수 있다. 의녕군(義寧君) 송순(宋諄)은 다음과 같이 말하였다.

시를 읊조리며 항상 평상을 함께 사용하였고, 吟詩常並榻,
학문을 강론하며 거의 방석이 닳게 했네. 講學幾連茵.
蘭堂에서 늦게까지 동이의 술을 마시고, 樽酒蘭堂晩,
봄날 거리를 수레타고 관복입고 지나갔네. 軒裳綺陌春.
함께 어울려 노닐던 옛날의 일들을, 遊從昔年事,
그대 떠나가면 누구와 더불어 다시 하랴? 君去與誰申.

송순은 주로 과거를 회상하며, 그대마저 떠나가면 자신은 누구를 믿고 의지하여 살아 갈 것인가 하고 슬픈 마음을 드러낸 것이다. 고인에 대한 슬픔을 나타낸 것으로 평생의 지기였던 오성부원군(鰲城府院君) 이항복(李恒福)이 지은 시에는 더욱 서글픈 마음이 드러나 있음을 볼 수 있다.

늙은 나이 겨우 육순을 조금 지났을 뿐인데,	衰年纔過六旬强,
옛 친구들은 지금 반쯤 세상을 떠났네.	舊友如今半在亡.
나는 한가함을 얻어 조금 위로가 되었는데,	我偶得閑差慰意,
그대가 먼저 세상을 떠나니 마음이 아프네.	君先去世益摧腸.
동서로 강호의 흥을 나누어 차지하고서,	東西分占江湖興,
모두 풍월을 즐기며 휘파람부는 사람이 되었네.	風月俱爲嘯傲郎.
이 일은 인간세상에서 함께 있기가 어려운데,	此事人間難竝美,
하늘이 두 마리 새가 마주 나는 것을 싫어하였네.	天憎雙鳥對翶翔.

당시 육십이면 그리 적은 나이는 아니라고 할 수 있겠지만, 자신의 곁은 하나 둘 떠나가는 벗들을 보며 홍이상마저 세상을 떠난 것에 대한 슬픔을 드러낸 시이다. 홍이상의 모부인 상사 때에는 우의정으로 있던 심희수(沈喜壽)는 연로하여 실직을 떠나 영돈령부사(領敦寧府事)로 있으면서 네 수를 시를 지었는데, 그 가운데 세 번째 시에서는 "달이 소미성(少微星)을 범하니 조야가 마음 아파하고, 뜰에 가득한 훌륭한 자제들은 집안 이름을 떨쳤네. 월범소미조야통(月犯少微朝野痛), 만성란옥진가성(滿城蘭玉振家聲)."라고 슬픔과 그 슬픔을 달래주는 일에 대해 읊었다. 홍이상은 비록 저세상 사람이 되었지만, 그 자제들이 모두 훌륭하여 집안의 이름을 떨치고 있다는 것이다.

이상의 시에서는 홍이상이 만년에 개성에서의 벼슬을 끝으로 고향에 은퇴하고자 했으나, 일년 만에 병이 들어 세상을 떠나가게 된 것을 애도하는 내용이 담긴 만사를 살펴보았다. 이들 시에는 홍이상이 벼슬에서 벗어나 뜻한 바를 이루고자 하였으나 그렇게 하지 못한 것을 안타까워하는 심경이 잘 드러나 있다.

2) 학문과 행실에 대한 평가

홍이상은 「행장(行狀)」에서 "궁벽한 시골에서 태어나서 사우의 도움이 없었지만 예닐곱 살 때부터 이미 책을 읽을 줄을 알았고 나이 일곱 여덟 살이 되어서 참판 이식(李栻)이 견달산(見達山) 아래에서 여묘살이를 하니 곧바로 가서 절하고 배우기를 청하였다."[3]라고 한 데에서 보듯 어려서 이식에게 배우고 뒤에는 "늘 새로운 것을 듣기를 원하는 뜻이 있어서 마침내 습정(習靜) 민선생(閔先生)을 행촌(杏村)으로 가서 뵙고, 사서 및 선유들의 성리학에 관한 책을 강론하면서 오묘한 뜻을 연구하고 의리를 탐색하며, 부지런히 학문에 힘쓰면서도 마치 부족할까 두려워하는 듯이 하였다."[4]라고 말한 것처럼 민순에게 나아가 본격적인 공부를 하였었다. 그러나 만년에 탄식하여 말하기를, "내가 어려서 학문을 좋아하여 스스로 기약한 바가 있었으나, 중년에 벼슬하느라 공부를 전일하게 하지 못하고 늙어버려 이룬 것이 없으니, 이것은 학자들이 마땅히 깊이 경계해야 할 것이다."[5]라고 했다고 전한다. 어려서 스승에게 나아가 공부하다가 과거를 보고 벼슬깅에서 평생을 보낸 뒤 회한을 담아 한 말이다.

홍이상에 대한 만사에서도 홍이상의 학자로서의 자질을 아까워하며, 그가 이룩한 학문에 대해 칭송하는 등의 감정을 드러낸 경우도 많다. 이에 대해 전좌랑(前佐郎) 이목(李楘)은 "태산처럼 높은 이름 후대에 드러날 것이고, 연원이 깊은 학력도 전현과 딱 들어맞네. 태악고명경후대(泰嶽高名傾後代), 연원학력계

3 洪霶, 「行狀」(洪履祥, 『慕堂集』 附錄)(문집총간본) "生於窮僻之鄕, 顧無師友之益, 而自在髫齡, 已能讀書, 年甫七八, 聞李參判栻居廬于見達山下, 卽往拜願學焉."

4 洪霶, 「行狀」(洪履祥, 『慕堂集』 附錄)(문집총간본), "常有願聞之志, 遂往拜習靜閔先生於杏村, 講論四書及先儒性理之書, 研窮奧旨, 探索義理, 孶孶爲學, 如恐不及."

5 洪霶, 「行狀」(洪履祥, 『慕堂集』 附錄)(문집총간본), "吾少好學問, 有所自期, 而中年仕宦, 用功不專, 以致老而無成, 此學者所當深戒也."

전현(淵源學力契前賢).”라고 높이 예찬하였고, 광성군(光城君) 정사호(鄭賜湖)는 “일찍부터 성리서로 드러났고, 영화가 환하게 빛났다네. 조천성리서(早闡性理書), 영화엽연광(英華燁然光).”라고 하여, 그가 성리서에 밝았음을 만시에서 예찬하였다. 동지돈령부사(同知敦寧府事) 김현성(金玄成)은 다음과 같이 말하였다.

스승의 문하에서는 깊이 통서를 탐구하며 주고받았고, 師門授受深探緖,
천인에 대한 책문을 몸소 써서 시험장을 압도하였네. 親策天人獨擅場,

김현성은 홍이상이 스승 민순의 통서를 이어받은 사람으로 평가하고, 그러한 면모가 책문을 써서 시험장을 압도한 데서 드러났다고 제시하였다. 홍이상이 과거에 장원하였던 바탕은 바로 습정재(習靜齋) 민순(閔純)에게서 배운 학문이라는 것이다. 해창군(海昌君) 윤방(尹昉)도 홍이상이 민순에게 학문의 깊은 정수를 전수받았다고 다음과 같이 말하였다.

요즈음의 이름난 학자 習靜齋는, 近時習靜齋,
학문이 조화옹의 영역을 넘본다네. 學窺造化窟.
문하에는 훌륭한 사람들이 넘치니, 門下多其人,
공은 이에 홀로 세상에서 뛰어났다네. 公乃獨超越.
커다란 도를 일찍부터 들어 알았고, 得聞大道早,
조예는 실로 뛰어나고도 우뚝하였네. 造詣實卓絶.

여기에서는 홍이상의 스승인 민순에 대해 그의 학문의 수준이 매우 깊었음을 말하여 조화옹의 영역을 넘볼 정도였다고 극찬하였다. 그리고 그 제자인 홍이상은 민순의 문하에 모여든 수많은 뛰어난 인재들 가운데에서도 두각을 드러냈고, 조예가 깊었음을 말하였다.

이처럼 문하에서 우뚝한 모습을 보였던 홍이상이 세상을 떠나자, 민순의 문하조차 쓸쓸하게 되었다고 사람들은 인식했다. 행의정부(行議政府) 우참찬(右參

贊) 이경전(李慶全)은 "슬프다! 우리 학문이 적막하게 바뀌어서,杏翁의 문과 거리에 풀만이 우거졌도다. 초창사문전적막(怊悵斯文轉寂寞), 행옹문항초천천(杏翁門巷草芊芊)."라고 하여, 홍이상이 학문을 하지 않아 행촌 민순의 문하가 적막하게 되었음을 안타까워 하였다. 영돈령부사(領敦寧府事) 심희수(沈喜壽)은 세 번째 작품에서 다음과 같이 말하였다.

> 杏村의 당일에 문생이 몇이나 되었던가?　杏村當日幾門生,
> 성품이 민첩해도 배우기를 좋아하는 것 겸하기 어렵다네. 性敏難兼好學誠.
> 박약하는 공부는 깊지만 躐等하지 않았으니,　博約功深無躐等,
> 성현의 우뚝한 계단이 앞 길에 있었다네.　聖賢階峻有前程.

홍이상은 학문과 동시에 문장을 잘한 선비로 평가를 받았다. 학문은 그의 인품과 덕성을 보여주는 것이지만, 문장은 그 재주를 보는 것이다. 홍이상이 학문과 문장 모두 사람들에게 높은 평가를 받았다는 사실은 그가 인품과 재주 모두 뛰어났음을 말하는 것이라 하겠다. 이에 대해 홍이상을 가장 잘 알고 있는 행호조판서(行戶曹判書) 이징구(李廷龜)는 두 번쌔 시에서 다음과 같이 말하였다.

> 경술과 문장으로 일찍 벼슬길에 올랐나니,　經術詞華早致身,
> 그 화락한 풍모가 조정에서 환히 빛났어라.　雍容風裁暎簪紳.

이정구는 홍이상이 경술과 문장 모두 뛰어나 벼슬길에 올랐을 뿐만 아니라, 조정에서도 훤히 모습을 드러내었다고 하였다. 행병조판서(行兵曹判書) 박승종(朴承宗)도 첫 번째 작품에서 "사화(詞華)는 진실로 전아하였고, 학문은 연원을 얻었도다. 사화진전아(詞華眞典雅), 학문득연원(學問得淵源)."라고 하여 홍이상이 사화와 학문 모두 뛰어났음을 말하였다.

학문과 재주를 바탕으로 그의 실제 행동이 아름답게 드러날 때 사람들은 그 인물을 높이 평가한다. 승정원좌승지(承政院左承旨) 김지남(金止南)은 홍이상의 내면과 외면이 완벽하게 조화를 이루며 다른 사람보다 뛰어난 모습을 보이는 점에 대해 다음과 같이 말한 바 있다.

선비들이 전배로서 추중하였고,	士類推前輩,
시험장에서는 홀로 실력을 발휘했네.	名場擅獨鳴.
높은 벼슬하면서 보무를 따르고,	靑雲隨步武,
한낮에도 承明殿 가까이에 있네.	白日近承明.
출입함에 모두 남은 칼날이 있고,	出入俱餘刃,
나아가고 물러남이 문득 법에 맞네.	行藏動合程.
충담하고 온화한 것 누가 지적했던가?	冲和誰指摘,
온자한 것은 덫과 구덩이를 멀리하네.	蘊藉遠機坑.

명망은 이러한 훌륭한 행실을 바탕으로 나오는 것이다. 병조정랑(兵曹正郎) 고용후(高用厚)는 홍이상이 명망이 높았음에 대해 "이생의 향기나는 덕을 어찌 다시 얻으랴? 삭운과 한설이 흐르는 눈물을 돕는다. 훈덕차생영복득(薰德此生寧復得), 삭운한설조첨영(朔雲寒雪助沾纓)."라고 홍이상의 향내나는 덕을 잃은 슬픔을 말하였다. 의정부사인(議政府舍人) 정호선(丁好善)은 다음과 같이 말하였다.

봉황과 같은 거동은 유림에서 성가가 중하였고,	鳳擧儒林聲價重,
붕새가 날개를 치듯 벼슬길은 명예와 높음을 기대했네.	鵬搏雲路望譽尊.

두 사람 모두 홍이상의 학덕이 조정에서 빛을 발하였음을 밝힌 것인데, 특히 정호선은 홍이상의 덕이 있는 모습을 봉황과 붕새에 비겨 그 우뚝함을 기렸다.

이러한 행실 가운데 가장 뛰어난 점이 홍이상은 효성이 지극하였다는 점이다. 홍이상의 효성은 그의 호에서도 이미 드러나 있으며, 삼년상이 끝난 뒤에도 어린 아이가 부모를 사모하듯이 하는 마음을 그칠 수 없어 자호를 모당(慕堂)이라고 하여, 영원히 사모한다는 뜻을 담았다."[6]라고 하여, 더욱 자세히 호를 홍이상이라 한 까닭을 밝혀 놓았다. 이러한 홍이상의 효성은 평소 사람들에게 널리 인정을 받았는데, 이에 대해 前典籍 洪千璟은 다음과 같이 말하였다.

> 응당 순임금과 같은 효성으로 평생 사모하고,　　應將舜孝平生慕,
> 반여에게 분부하여 가르침을 후예에게 드리웠네.　分付潘輿後裔垂.

홍이상의 효성이 자신을 죽이려 했던 계모까지 감동시켰던 순임금과 같음은 물론, 어머니를 수레에 모시고 다녔던 반악과 같다고 하였다. 전정랑(前正郎) 곽열(郭說)은 "학력은 이미 마음 속에서부터 얻었고, 충성은 또한 효 가운데에서 나온다. 학력이종심상득(學力已從心上得), 충성역자효중래(忠誠亦自孝中來)."라고 하여, 그가 충성했던 것이 효에서 나왔다고 하였다. 해창군(海昌君) 윤방(尹昉)은 다음과 같이 말하였다.

> 어버이를 모심에 정성을 다 하여서,　奉親極吾誠,
> 늘상 부모님의 마음을 기쁘게 했네.　常得親心悅.

홍이상의 효심은 임진왜란을 당하여 임금을 모시고 피란을 가있던 상황에서도 드러났다. 그는 어머니가 보이지 않자 임금께 바로 아뢰고 어머니를 찾아나서서 결국 안전하게 모시고 왔다. 당시 사람들에게 이러한 홍이상의 효심은 세상에 널리 알려져서 굳이 효자문을 세우지 않아도 될 정도라고 생각했다. 행병조판서(行兵曹判書) 박승종(朴承宗)은 그의 첫 번째 작품에서 "울울한 고양리를, 당시에서 효제문이라 일컫네. 울울고양리(鬱鬱高陽里), 시칭효제문(時稱孝悌門)."라고 하였다. 홍이상이 살고 있는 고양리 자체가 효자문과 같다는 것이다. 박승종이 얼마나 홍이상의 효심에 감동을 하였던가를 알 수 있다.

6 李峻, 『蒼石文集』 卷16 「贈大臣輔國崇祿大夫議政府領議政, 行嘉義大夫, 司憲府大司憲洪公墓誌銘」 "六月, 丁外艱, 另加恩賻, 人皆榮之. 執喪過制, 服闋, 孺慕不已, 自號曰慕堂, 以寓永慕之意."

3) 장원(壯元)과 벼슬살이에 대한 선망(羨望)

홍이상의 손자이며 정명공주의 남편인 홍주원은 할아버지의 「묘표음기(墓表陰記)」에서 홍이상에 대해 소개하면서, "공은 가정(嘉靖) 기유년(1549)에 태어나 계유년 사마시에 장원으로 합격하였다. 무인년 정시(庭試)에서 장원하여 곧바로 문과를 볼 수 있는 은전을 하사받아서 기묘년에 또 전시(殿試)에서 장원하였다." 고 세 번 장원했던 것을 드러내어 기록하였다.

옛날 한 개인의 생애사 가운데 가장 중요한 것이 과거에 관한 것이라 할 수 있다. 과거 합격여부에 따라 그의 생애가 크게 달라지기 때문이다. 물론 과거를 통하지 않고 자신의 가치를 추구하고 실현하여 오늘날 높은 평가를 받는 사람도 있지만, 전통시대에 과거를 통하지 않고는 입신하기가 여간 어려운 것이 아니었다. 행호조판서(行戶曹判書) 이정구(李廷龜)는 그의 첫번째 시에서 다음과 같이 말하였다.

> 모범이 되는 조행은 포의 때부터 이름났고, 模範高名自布衣,
> 장원급제의 그 명성은 대궐을 진동하였었지. 壯元聲價動宸闈.

장원급제를 하는 경우 대개 그러했겠지만, 발표되는 순간은 물론이고 일정한 시간이 지날 때까지는 그에 대한 이야기가 그치지 않았을 것인데, 홍이상의 경우도 궁중에서 임금을 비롯한 많은 사람들의 입에 오르내렸던 것으로 보인다.

전정랑(前正郎) 곽열(郭說)은 "대단했던 성명은 팔해를 진동시켰고, 어린 나이에 장옥(場屋)에서 문과에 장원하였네. 자심성명동팔해(藉甚聲名動八垓), 조년장옥관문괴(早年場屋冠文魁)."라고 하여 그가 어린 나이에 문과에 장원하였음을 기렸다. 과거에 합격하기도 쉬운 일이 아닌데, 더구나 장원을 차지한다는 것은 여간 어려운 것이 아니었다.

더구나 장원을 세 번씩이나 차지하였던 일은 흔하지 않았던 것으로, 당시 사람들에게 매우 높이 평가되었던 것으로 보인다. 물론 8장원이니 하여 보는 시험마다 장원을 놓치지 않은 경우도 있지만, 이는 극히 드문 일이었다. 홍이상이 장원을 한 것에 대해 만사에서도 많은 사람들이 언급을 한 것을 볼 수 있다. 홍문관직제학(弘文館直提學) 유희발(柳希發)은 다음과 같이 말하였다.

문장은 두 번 과거시험에서 장원을 하였고, 文章再首龍墀策,
벼슬은 무성한 군영을 거듭 열었다네. 仕宦重開蔽芾營.

장원을 한 뒤에는 바로 벼슬에 나아가는 길이 열렸다. 비록 말단이지만 실질을 받음으로써 다른 사람보다도 한 발 앞서 높은 자리를 향하여 나아갈 수 있었던 것이다. 의정부좌찬성(議政府左贊成) 박홍구(朴弘耉)는 그가 장원을 한 뒤에 옥당에 가서 함께 일하였던 사실을 추념하며 다음과 같이 읊었다.

재주 있다는 이름이 장원방에 매우 크게 났는데, 才名藉甚壯元坊,
이십년 전에 함께 옥당에 들어가 일했네. 二十年前共玉堂,

그가 재주가 있어 이름이 크게 드러났다는 것과 이십년전 옥당에서 함께 일한 것을 매우 잊지 못하는 추억으로 말하였다. 홍이상을 그리워하는 마음이 은은히 드러나 있음을 볼 수 있다.

홍이상의 일생 가운데 장원급제를 하였던 일은 자신에게 영광이고 출세의 지름길이기도 했지만, 당시 사람들에게 상당히 깊은 인상을 주었다. 만사에서 장원급제를 하였던 일에 대해 많은 사람들이 읊고 있는 사실을 통해서 이를 감지할 수 있다.

과거합격한 뒤에 주로 청요직을 거쳤는데, 선조와 광해 두 임금 때에 무난히 벼슬한 것을 높이 평가하였다. 홍문관(弘文館) 직제학(直提學) 유희발(柳希發)은 "이십년 동안의 남다른 은혜 경악에서 총애했고, 두 조정에서의 특별한 대접은 죽든 살든 영광이다. 입재이은경악총(卄載異恩經幄寵), 양조수우사생영(兩朝殊遇死生榮)."라고 하였고, 전정랑(前正郎) 곽열(郭說)도 이에 대해 다음과 같이 말하였다.

西掖에서 임금의 뜻을 기록함에 健筆을 휘둘렀고,	西掖演綸揮健筆,
東銓에서는 지론으로 여러 인재를 선발하였네.	東銓持論揀群材.
두 조정에서 가까이 모심은 明主 때문이고,	兩朝侍幄緣明主,
백리에 符節을 나누어 간 것은 봉양하기 위함이네.	百里分符爲養陔.

이처럼 그가 글 짓는 신하로서 당시에 높이 평가되었고, 이조에서는 인재를 선발하는 일을 잘 하였다고, 높이 평가를 받았다. 그가 글을 잘 지었다는 것은 광성군(光城君) 정사호(鄭賜湖)가 만시에서 "청쇄문에서 비영을 발휘했고, 채봉이 아침 햇살에 빛나네. 비영청쇄달(蜚英靑瑣闥), 채봉휘조양(彩鳳輝朝陽)."라고 한 데에서도 드러난다.

이러한 홍이상의 벼슬살이에 대해 행병조판서(行兵曹判書) 박승종(朴承宗)은 다음과 같은 개괄적인 평가를 하고 있음을 볼 수 있다. 그는 자신의 두 번째 시에서 "대각에서는 풍재를 지녔었고, 경연에서는 격언을 올렸었네. 대각지풍재(臺閣持風裁), 경연진격언(經筵進格言)."라고 하여, 그가 대간으로서 활약하였던 것을 읊었다. 진흥군(晉興君) 강신(姜紳)도 이에 대해 "조정의 끝에 고니가 선 듯 제일가는 사람이 되었고, 옥당(玉堂)과 금마문(金馬門)에서 옛날 글 짓는 신하였네. 곡립조단제일인(鵠立朝端第一人), 옥당김마구사신(玉堂金馬舊詞臣)."이라 하였다.

그런데 한 인물을 평가함에 있어 제일가는 사람이라 하기가 쉽지 않으며, 그렇게 하더라도 다른 사람의 공감과 인정을 받아내기가 또 어려운 법인데, 홍이상에 대해서는 모두 제일가는 사람이라 평하고 있음을 볼 수 있다. 길창군(吉昌君) 권협(權悏)은 다음과 같이 말하였다.

천재일우의 만남으로 총애와 영광이 넉넉하였고,	遭逢千載寵光優,
鑾坡에서의 재주와 명망은 제일가는 부류였네.	才望鑾坡第一流.

행사과(行司果) 심돈(沈惇)은 "높은 재주 세상에 으뜸인데 경륜마저 온축하였고, 문아한 것도 맑은 때에 제일가는 사람이었네. 고재절세온경륜(高才絶世蘊經綸), 문아청시제일인(文雅淸時第一人)."라고 하였고, 행의정부우참찬(行議政府右參贊) 이경전(李慶全)은 "두 조정에서 경악(經幄)의 제일가는 사람이라 손꼽고, 중세에는 의론으로 가장 共益의 편에 들었네. 경악량조추제일(經幄兩朝推第一), 의론중세최공편(議論中歲最公便)."이라 하였다.

광해군 시절 아무도 광해군에게 바른 말을 하지 못하는 상황에서 홍이상은 서슴치 않고 광해에게 직언을 하였다. 위 시들은 광해군은 홍이상에게 어찌하지 못하고 오히려 '간관제일인(諫官第一人)'이라고 칭송하여 마지 않았던 일을 읊은 것이다. 그래서 또 많은 사람들이 홍이상이 백부 즉 사헌부에서 엄격하게 법을 집행하고 직언을 하였던 일을 기렸다. 행사직(行司直) 허진(許晉)은 이에 대해 "백부(柏府)에서 일찍이 삼엄하게 법을 집행하였고, 송도에서는 또한 한선하게 정신을 길렀네. 백부삼엄증병헌(柏府森嚴曾秉憲), 송도한선역이신(松都閑善亦頤神)."라고 하였고, 분병조참의(分兵曹參議) 이정험(李廷馦)은 "난파에서는 일찍이 임금을 설득함 있었고, 백부에서는 옛날 친리마를 닸있지. 란파증납약(鑾坡曾納約), 백부구승총(柏府舊乘驄)."라고 하였다.

그는 이처럼 뛰어난 면모가 있었고, 남다른 능력이 있었다고 하겠으나, 평소의 언행은 매우 겸손하였던 것으로 보인다. 그래서 동지중추부사(同知中樞府事) 송영구(宋英耈)는 "과거에 합격함에 용방에서 으뜸을 차지하고, 반열을 따르면서도 들에 나는 쑥을 먹었네. 등제수룡방(登第首龍榜), 수반식야평(隨班食野苹)."라고 하여, 그가 남에게 자랑하고 과시할 만한 위치에 있었다고 할 수 있지만, 홍이상은 매우 겸손하고 검박하였음을 이렇게 읊었다.

홍이상은 주로 중앙관서에 있었고 평생 지방직으로 안동부사, 경상감사, 개성유수 등 그리 많지 않은 관직을 지냈는데, 홍이상에 대한 만사에서는 다른 지방직에 대해 언급한 예는 그리 많지 않다. 행병조판서(行兵曹判書) 박승종(朴承宗)은 그의 두 번째 시에서 "대장기를 나누어 옥절을 세웠고, 나라를 걱정하고 백성을 사랑했네. 분휘장옥절(分麾杖玉節), 우국애여원(憂國愛黎元).”라고 한 것처럼 어쩌다 지방관으로서의 홍이상에 대해 읊은 것이 있으나 그리 많지 않다.

홍이상은 임진왜란이 끝나갈 무렵 경상도관찰사를 맡아 영남지역에 흩어져 있던 왜적의 잔당을 물리치고, 영남지역을 정비하는 데 혼신의 힘을 쏟았다. 그러나 만시에서 홍이상의 영남관찰사 시절을 읊은 것도 거의 없다. 다만 전정랑(前正郎) 곽열(郭說)이 지은 시에 다음과 같이 말한 것이 있다.

> 영남의 백성들 오랫동안 덕정을 베푸는 사랑을 받았고, 嶺民久結甘棠愛,
> 조정의 의론은 조서를 쓸 재주라고 길이 생각했네. 朝議長思詔草才.

영남 사람들은 훌륭한 감사로 인식을 하였지만, 조정에서는 지방관으로 지내기보다는 조정의 중앙관서에 있어야 할 재주라고 생각하였다는 것이다. 이처럼 지방관으로서의 홍이상에 대해 읊은 시는 많지 않은 가운데, 개성유수를 지냈던 일을 언급한 것은 매우 흔하다. 이것이 그의 마지막 벼슬이었고, 임기를 마치자 고향으로 돌아갔다가 병이 들어 별세하였기 때문이었다. 병조정랑(兵曹正郎) 고용후(高用厚)도 이에 대해 “몇 년이나 길이 채찍을 잡는 정성을 가졌던가? 일찍이 송도를 지나며 비로소 이름을 들였었네. 기년장포집편성(幾年長抱執鞭誠), 증과송도시납명(曾過松都始納名).”라고 읊었다. 승문원정자(承文院正字) 신경연(辛慶衍)은 이에 대해 다음과 같이 말하였다.

> 직임을 맡기니 부지런히 정치하여 새 은혜가 무겁고, 圖任政勤新渥重,
> 한가함을 빌어 유수가 되니 故都의 으뜸이라. 丐閑留守故都雄.
> 벼슬을 그만 두고 이미 三逕을 널리 다스리고, 休官已博治三逕,
> 낙양으로 돌아오니 쓸쓸히 두 아이만 있네. 歸洛蕭然有二童.

개성유수가 된 것도 중앙직에서 한가한 틈을 타서 하게 되었다고 하였다. 그러나 그는 개성유수 임기를 마치면서 고양으로 돌아가 은거하게 되었음을 노래하였다. 의정부(議政府) 우의정(右議政) 정창연(鄭昌衍)도 40년 전의 기억을

되살려 홍이상을 기리고 있음을 알 수 있다.

글 잘하는 아름다운 명망 세상에서 다투어 전하고,	圭章令望世爭傳,
임금께서 사랑하신 지가 지금 40년이 되었네.	親愛今垂四十年.
과거에서 장원하실 때에 나도 그 아래를 차지하고,	擢冠龍頭駑忝下,
이조에서 이름을 날릴 때 내가 그 앞에서 지냈네.	歷敭銓席粃居前.
호당에서의 옛 자취가 모두 어제 일과 같은데,	湖堂舊迹渾如昨,
송악에서 떠난 뒤로 영원히 생사가 나뉘었네.	松嶽行旌永隔泉.

정창연은 우의정으로 있으면서 생전에 홍이상과 함께 하였던 여러 가지 일을 회상하며 조상하는 가운데, 개성 유수로 있다가 그만둔 뒤로 영원히 생사가 나뉘었다고 애닯아 하였다.

이상에서 살피 바와 같이 홍이상에 대한 만사 가운데에는 그가 과거에 합격한 뒤로 청요직을 거치며 선조와 광해 두 임금을 섬겼으며, 지방직으로는 주로 경상관찰사와 개성유수 특히 개성유사를 지낸 것에 대한 언급이 많음을 볼 수 있다.

4) 자손의 번성함을 통한 위로

홍이상의 13대손 통정대부 돈령부(敦寧府) 도정(都正) 홍중인(洪重寅)이 찬한 「시조국학공묘표음기(始祖國學公墓表陰記)」에 홍이상의 자손에 대한 설명이 자세하다. 그는 여기에서 여러 파별로 그 후손 가운데 드러난 인물을 정리하였다.

홍이상은 아들이 방(霶), 립(雴), 집(霵), 영(霙), 박(䨚), 착(靏) 등 여섯이 있었다. 그런데 이들 여섯 아들이 모두 훌륭하여 당대의 사람들이 사씨(謝氏) 집안의 자제들, 혹은 순씨(荀氏)의 여덟 아들들에 비겨 이야기하였고, 만사에서도 이에 대해 많이 읊었음을 볼 수 있다.

앞서 살펴본 바와 같이 고인의 죽음에 대해 슬퍼하고 슬픔과 아쉬움을 달래려고 하는 것이 만사의 기본 속성이라 할 것이다. 만사는 고인의 행적이나 품평 등 여러 가지 생애사를 두고 읊다 보니, 포폄이 분명하게 나뉘는 경우도 있을 것으로 보인다.

그런데 홍이상의 죽음에 대해서 슬픔이나 아쉬움을 드러낸 것도 많으나, 사실 위로의 감정을 드러낸 것도 많이 보인다. 고인의 죽음을 두고 위로 내지는 위안을 삼거나 위안을 삼도록 한다는 것이 얼핏 납득하기 어렵다. 하지만 홍이상에 대한 만사에는 이러한 위로의 감정을 표출해 낸 것이 매우 많다. 위로를 삼는 기준도 매우 다양할 수 있겠으나 홍이상의 경우는 거의 대부분 자손을 통하여 위로를 삼으라 고인에게 뜻을 전달하는 것이다. 전전적(前典籍) 홍천경(洪千璟)의 시를 보기로 한다.

여섯 용은 순가의 여덟 용 적대할 만하고,	陸龍可敵荀家八,
아름다운 나무에서는 사씨의 가지가 많이 나네.	瓊樹多生謝氏枝.

위의 시는 홍이상에게 여섯 아들이 모두 훌륭하니 위안으로 삼으라는 것이다. 홍이상의 자제들에 대한 칭찬은 봉황, 용, 난목, 고양의 팔현, 순가의 여덟 용, 사씨의 가지 등 매우 다양한 비유를 통하여 이루어졌다. 병조정랑(兵曹正郎) 고용후(高用厚)는 "사씨(謝氏) 집안의 뜰처럼 난옥이 많다고 사람들이 다투어 말하고, 한유(韓愈)와 같은 문장에 세상에서는 이미 놀라네. 사정난옥인쟁도(謝庭蘭玉人爭道), 이부문장세이경(吏部文章世已驚)."이라 하여, 사씨 집안의 뜰에 가득한 난옥과 같이 뛰어난 자제들이라고 하였다. 홍문관직제학(弘文館直提學) 유희발(柳希發)은 홍이상의 자손을 봉황이라 일컬으며 다음과 같이 말하였다.

지금 봉황의 굴에 남은 털이 있으니,	卽今鳳穴遺毛在,
다른 날 벼슬길에서 명성을 떨어뜨리지 않으리.	雲路他年不墮聲.

이 시에서는 봉황같은 자제들이기에 벼슬길에서 홍이상이 쌓아온 명성을 떨어뜨리지는 않을 것이라 하였다. 그렇다면 자제들에 대한 이런 칭찬은 어떤 측면에서 이루어졌던가? 분병조참의(分兵曹參議) 김용(金涌)은 "여러 자제들은 뜰에 가득한데 발탁된 사람이 많고, 겸김(兼金)을 허리에 둘러도 더욱 청빈하다네. 군옥만정다묘선(群玉滿庭多妙選), 겸김횡대익청빈(兼金橫帶益淸貧)."라고 하여, 뜰 가득한 자제들 가운데 발탁된 사람이 많다고 했다.

진녕군(晉寧君) 강홍립(姜弘立)은 두 번째 시에서 "순씨의 아손같은 아들은 모두 시원한 기상이 있고, 영공의 가법이 모두 좋은 규율이 되었네. 순씨아손개상기(荀氏兒孫皆爽氣), 영공가법진양규(榮公家法盡良規)."라고 하여, 홍이상의 가법이 좋은 규율이 되었기 때문이라고 하였다.

그런데 이처럼 홍이상의 자제들이 훌륭하게 되었던 까닭은 대부분의 사람들이 바로 홍이상이 적선을 하였기 때문이라 하였다. 이에 대해 전부사(前府使) 이흘(李忔)과 의정부사인(議政府舍人) 정호선(丁好善)도 각각 적선을 하였기 때문에 자제들이 훌륭하며 여경이 이어진다고 하였다.

蘭玉의 경사가 이어지는 것은 적선으로 말미암았고,	蘭玉慶綿由積善,
임진년 세월이 가까우니 어진 이에게 곡하네.	龍蛇歲逼哭賢人.
積善하여 바야흐로 여경이 길이 있을 것을 아니,	積善方知餘慶遠,
아름다운 난초의 빛나는 잎이 높은 문을 빛내네.	猗蘭奕葉賁高門.

적선지가 필유여경이라는 뜻을 만사에 담아 고인의 영령을 위로하고자 한 것인데, 이는 홍이상의 자제들 여섯이 모두 훌륭한 실상이 있었기에 가능한 것이었다. 행경기관찰사(行京畿觀察使) 노직(盧稷)도 "모름지기 적선의 효과를 알아야 하니, 세상에 있을 때 여섯 아이 어질도다. 수지적선효(須知積善效), 재세육아현(在世六兒賢)."라고 한 내용도 이러한 뜻을 반영한 것이다.

그런데 모강의 자제들을 높이 칭찬하고 홍이상에게 위로를 하도록 한 것은 자제들이 단순히 뛰어나다는 것에 근거한 것이기도 하지만, 이보다는 사실 자제들이 집안의 명성을 이어가거나 더욱 빛낸다는 믿음과 가능성 때문이었다.

승문원정자(承文院正字) 신경연(辛慶衍)도 "오직 사륜(絲綸)을 관장하여 세상의 아름다움에 능하였고, 난옥과 같은 자제들 모두 보니 가풍을 이을 만하구나. 계장사륜능세미(繼掌絲綸能世美), 총간난옥속가풍(摠看蘭玉續家風)."라고 하였고, 승정원좌승지(承政院左承旨) 김지남(金止南)은 "문과 뜰 안에 용과 봉 같은 아이가 있어, 응당 집안의 명성을 떨어뜨리지 않으리. 문정용봉재(門庭龍鳳在), 응부타가성(應不墮家聲)."라고 하였다.

이 시들에서는 모두 홍이상의 자손들이 훌륭할 뿐만 아니라 집안의 명성을 떨어뜨리지 않을 것이라 읊고 있다. 예조참의(禮曹參議) 유간(柳澗)의 시를 보면 "청전은 이을 사람이 있음을 아니, 여러 아들은 모두 구슬 반지와 같네. 청전지유계(青氈知有繼), 제자진요환(諸子盡瑤環)."라 하였으니, 여기서는 다른 표현 즉 청전을 이을 것이라 하며, 집안의 명성을 이어갈 것을 말하였다. 동지중추부사(同知中樞府事) 송일(宋馹)이 다음에서 말한 것을 통해서도 이러한 것을 십분 이해할 수 있다.

아버지의 가르침은 여러 아들들이 있어 이을 수 있고,	趨庭賴有諸郎在,
오히려 다행히 青氈의 舊業을 새롭게 할 수 있네.	猶幸青氈舊業新.

이조정랑(吏曹正郎) 박정길(朴鼎吉)은 "경서를 전함에 후손이 있는 것에 힘입으니, 고양의 팔현이라 일컫는 이와 더불어 머무네. 전경뢰유후곤재(傳經賴有後昆在), 유여고양칭팔인(留與高陽稱八人)."라 하였다. 이처럼 자손들이 훌륭하게 되어 궁극적으로 고양의 팔현과 같이 일컬어지기를 바라는 마음을 노래했다. 고양의 팔현은 고양을 대표하는 인물 여덟 사람으로 홍이상도 여기에 속해 있다. 동지중추부사(同知中樞府事) 송영구(宋英耈)은 이에 더하여 아들들뿐만 아니라 딸 셋까지를 포함하여 모두 훌륭하여 위안을 삼을 수 있다고 하였다.

딸 셋이 스스로 집안 일을 잘 하고,	三女自家道,

여섯 아들은 모두 세상의 영웅이라.	六男皆世英.
지란 같은 아이들에게 후사가 남았으니,	芝蘭留後事,
바람과 눈에도 선영으로 향한다.	風雪向先塋.

이상의 내용은 홍이상의 여섯 자제가 모두 훌륭하여, 용과 난, 난과 옥, 사씨 집안의 여러 자제들, 순가의 여덟 아들들에 비유되었는데, 이러한 것은 적선을 많이 하였기에 자제들이 이처럼 훌륭하게 되었다고 하였다. 그리고 자제들은 모두 훌륭할 뿐만 아니라, 아버지의 가르침을 이었고 가업을 이어 집안의 영화나 명성을 추락시키지 않을 것이며, 더욱 나아가서 청전의 구업을 새롭게 할 수 있다고 하여 집안의 명성을 더욱 발전시킬 것이라는 점을 말하였다.

5) 기타 평생의 행적에 대한 칭송

홍이상이 돌아간 뒤 평생의 행적을 추념하며 읊은 시는 홍이상에 대한 만시 가운데 상당한 부분을 차지한다. 홍이상의 만사에서는 앞서 살펴본 바와 같이 홍이상의 평생이 대략 네 부분으로 나뉘어 이야기되고 있음을 알 수 있다. 이 네 가지에 대한 언급 이외에는 그의 성품에 대해 언급한 것, 경로잔치를 벌였던 사실 등에 대해 읊은 것이 많다. 하지만 이에 그치지 않고 생애의 전반적인 내용이나 평생의 행적을 말한 경우도 매우 흔하다. 홍이상에 대한 만사도 예외는 아니다. 우선 성품에 대한 것을 살펴보기로 한다. 승문원정자(承文院正字) 신경연(辛慶衍)은 그의 성품을 봉황에 비하여 다음과 같이 말하였다.

맑은 성품 모인 바가 우리나라에서 으뜸인데,	清淑攸鍾挺我東,
봉황이 천길을 날아올라 오동나무에 앉았네.	鳳翔千仞止梧桐.

신경연은 홍이상이 보여준 인품의 특징으로 맑은 성품을 지적하여 드러내고, 봉황이 천 길을 날아올라 오동나무에 앉은 것 같다고 하였다. 행사정(行司正)

유영순(柳永詢)도 "우리 장원께서 돌아가셨다고 하는데, 타고난 바탕은 순수하고 따듯하셨네. 운망오장원(云亡吾壯元), 천질수이온(天質粹而溫)."라고, 홍이상이 돌아왔다는 말에 이어 바로 그의 타고난 바탕에 대해 이야기하고, 그 타고난 바탕이 순수하고 따듯하였다고 묘사하였다. 행청송부사(行靑松府使) 박이장(朴而章)도 우선적으로 홍이상의 성품과 모습에 대해 다음과 같이 말하였다.

> 자상하신 성품은 하늘이 내려주신 것이고, 慈詳天所植,
> 온자하신 모습을 세상에서 모두 말하네. 醞藉世皆云.

성품은 자상하였다고 하며 이는 하늘로부터 타고난 것이라 했고, 모습은 온자하였는데 이는 자신만 그렇게 생각하는 것이 아니라 세상 사람 모두 그렇게 일컫는다고 하였다. 이것들에서는 주로 성품에 대해 여러 가지 측면에서 이야기하였다. 이러한 자상하고 온자한 성품과 모습에 걸맞게 그는 교우관계를 유지함에 있어서도 한 번 맺은 우의를 바꾸지 않았던 것으로 보인다. 이러한 사실은 광성군(光城君) 정사호(鄭賜湖)가 지은 시에 드러나 있다.

> 늘그막에도 절조를 바꾸지 않았고, 末路不變調,
> 朱絃에서 峩洋曲을 들었네. 朱絃聽峩洋.

홍이상은 젊었을 시절은 물론이고 늘그막에 이르러서도 절조를 바꾸지 않았다는 내용이다. 주현은 조정에서 연주하는 음악을 말하니, 두 번째 구절은 임금으로부터 절친한 친구처럼 지우를 받았음을 말한 것이다. 선조는 물론 광해군에게까지 신임을 받았던 일을 말하는 것으로 보인다. 이처럼 타고난 성품을 바탕으로 관직생활도 원만하였던 것으로 보인다.

비록 그의 능력에 비추어 높은 지위에는 이르지 못하였으나, 청반에서 명예를 지키고 이름을 날렸다. 행사직(行司直) 허진(許晉)은 이에 대해 "청반을 두루 역임하여 명예는 흘러 넘치고, 재상의 반열에 번듯하게 있으니 총장이 새롭도다.

역편청반명예흡(歷遍淸班名譽洽), 단거재열총장신(端居宰列寵章新).”라고 한 바 있다. 복천군(福川君) 오백령(吳百齡)도 홍이상이 평생동안의 관력에 대해 다음과 같이 말하였다.

은하수에 날아오른 지 36년 동안에, 雲漢飛騰卅六年,
조정을 누른 명성 누구에게 선두를 허락하랴? 壓朝聲價許誰先.
모두들 유아로는 금세 최고라 일컫고, 共稱儒雅推今世,
또한 마음의 근원이 옛현인에 닿았음을 아네. 却識心源遡古賢.

오백령은 홍이상이 벼슬길에 나선 지 36년이라고 정확한 숫자까지 제시하며 그가 그 오랫동안 조정에서 청명을 드날렸다고 하였다. 해창군(海昌君) 윤방(尹昉)도 이와 비슷하게 숫자까지 제시하며 다음과 같이 말하였다.

조정에서 벼슬한 지 사십년 동안에, 立朝四十秋,
기본이 되는 행실을 조금도 잃지 않았네. 素行無少闕.
명예와 명망이 한 때에 높이 드러나, 譽望著一時,
높은 벼슬아치들이 모범으로 삼았네. 縉紳取爲律.

오백령과 윤방의 시는 전혀 다른 시이지만, 그 구조에 있어서는 매우 유사하다. 첫구에서 벼슬살이한 햇수를 말한 것도 그렇고, 2-4의 구절의 내용도 서로 비슷하다고 할 수 있다.

홍이상의 생애 가운데 가장 두드러지는 것은 효성이 깊었다는 것이다. 그래서 그는 어머니를 위해 잔치를 벌였다. 따라서 그의 만사에는 벼슬하던 일 다음 어머니와 아버지에 대해 잔치를 베풀었던 것이 많이 묘사되고 있다. 홍이상과 관련된 잔치 그림으로는 장원계회도 등 벼슬하던 때의 것과 평생도 등을 비롯하여 이거(李蘧)의 어머니와 함께 잔치를 하사받았던 일, 그리고 안동에서 잔치를 베풀었던 일 등이 그것이다.

만사 가운데에는 특히 그가 어머니를 위해 경로잔치를 벌였던 것에 대해 이야

행장行狀

홍방洪雱

공의 처음 이름은 인상(麟祥)이었고, 자는 군서(君瑞)였으며, 호는 가모당(可慕堂)이었다. 뒤에 이름을 이상(履祥)이라 고쳤고, 자는 원례(元禮)라 하였다. 홍씨(洪氏)로서 안동의 관내에 있는 풍산이 관향이다. 원조(遠祖)의 휘는 지경(之慶)인데, 고려 충헌왕(忠獻王) 때에 장원으로 과거에 합격하였고 벼슬은 국학직학(國學直學)에 이르렀다. 이 분이 휘 간(侃)을 낳으셨는데 벼슬은 도첨의사인(都僉議舍人)에 이르렀고, 세상에 시로 이름이 났다. 저서로 『홍애집(洪厓集)』이 있는데, 지은 시가 『청구풍아(靑邱風雅)』, 『동문선(東文選)』, 『삼한시구감(三韓詩龜鑑)』, 『대동시림(大東詩林)』 등의 책에 많이 수록되어 지금까지도 사람들이 자주 전해 가며 외운다. 이 분이 휘 유(侑)를 낳으셨는데 벼슬은 밀직사사(密直使事)를 지냈고, 이 분이 휘 연(演)을 낳으셨는데 자금어대(紫金魚袋)를 하사받았고 보문각대제학(寶文閣大提學)을 지냈다. 이분이 용기순위사 우령낭장(龍騎巡衛司 右領郎將)이라는 벼슬을 지낸 휘 구(龜)를 낳으셨는데, 공에게는 오대조가 된다. 고려 말에 처음으로 고양(高陽)의 고봉산(高峯山) 아래에 복거(卜居)한 뒤로 이곳에서 대대로 내리 살았다. 고조의 휘는 숙(俶)으로 진용교위 좌군사정(進勇校尉 左軍司正)을 지냈고, 증조의 휘는 계종(繼宗)으로 사포서 별제(司圃署別提)를 지냈고, 통훈대부(通訓大夫) 통례원 좌통례(通禮院 左通禮)에 증직이 되었다. 할아버지의 휘는 우전(禹甸)인데 선략장군(宣畧將軍) 행충무위 부사용(行忠武衛 副司勇)을 지냈고 통정대부(通政大夫) 승정원 좌승지 겸 경연참찬관(承政院 左承旨 兼 經筵參贊官)에 증직이 되었다. 아버지의 휘는 수(脩)인데 과

의교위(果毅校尉) 충무위 부사직(忠武衛 副司直)을 지냈고, 숭정대부(崇政大夫) 의정부 좌찬성 겸 판의금부사(議政府 左贊成 兼 判義禁府事)에 증직이 되었다. 승지공이 자손이 없어 이 분을 데려다가 대를 이었으니, 사실은 승지공의 재종제로 부장(部將)을 지낸 세경(世敬)의 아들이다. 어머니는 문경 백씨(聞慶白氏)로 정경부인(貞敬夫人)에 증직이 되었는데, 의서습독관(醫書習讀官) 승수(承秀)의 따님으로, 고려 판전농시사(判典農寺事) 돈(敦)의 후예이다. 가정(嘉靖) 28년 기유년 9월 18일 갑신에 고봉산 아래 귀이동(歸耳洞)에서 공을 낳았다.

용모는 단정하고 의젓하게 숙성하여 어린아이들과 장난을 칠 때에도 행동거지가 남달라서 보는 사람이 칭찬하지 않는 이가 없었는데, 모두들 홍씨 집안에 인물이 났다고 하였다. 궁벽한 시골에서 태어나서 사우의 도움이 없었지만 예닐곱 살 때부터 이미 책을 읽을 줄을 알았고 나이 일곱 여덟 살이 되었을 때, 참판 이식(李栻)이 견달산(見達山) 아래에서 여묘살이를 하니 곧바로 가서 절하고 배우기를 청하였다.

참판이 한 번에 그가 보통아이가 아니라는 것을 알고, 깊이 장려하고 칭찬을 하며 가르쳐줄 것을 허락하였다. 마침내 책 보따리를 짊어지고 십여 리나 되는 거리를 비가 오나 눈이 오나 왕래하며 그만둔 적이 없었다. 열 살이 되기 전에 이미 『사략(史略)』, 『소학(小學)』, 『시경』과 『서경』의 대문(大文)의 뜻에 대해 훤히 통하였고, 조금 자라서 경사(京師)에 가서 공부함에 학업이 더욱 힘을 얻게 되었다. 날마다 경사經史를 외우고 엄격하게 과정(課程)을 세워서 잠시도 방심하거나 게을리 한 적이 없었다. 비록 이웃의 같은 또래의 아이들이 문에 와서 불러도 읽어야 할 분량을 채우지 않으면 문을 나서려고 하지 않았다. 이로 말미암아 문장이 날로 발전하였고, 그 글이 크게 드러났다.

나이 겨우 어렸을 적에 이미 학당(學堂)에서 일등을 하였지만 그 뜻은 과거에 있지 않았다. 늘 새로운 것을 듣기를 원하는 뜻이 있어서 마침내 습정(習靜) 민선생(閔先生)을 행촌(杏村)으로 가서 뵙고, 사서 및 선유들의 성리학에 관한 책을 강론하면서 오묘한 뜻을 연구하고 의리를 탐색하며, 부지런히 학문에 힘쓰면서도 마치 부족할까 두려워하는 듯이 하였다. 그리고 경(敬)이란 한 자를 함양(涵養)의 바탕으로 삼아 남들이 보지 않고 듣지 않는 가운데에서도 경계하고 조심하며 두려워하고 무서워하면서 옳지 않은 생각이 하나라도 싹트거나 움직일 때에는 더욱 삼갔다. 선생이 마음속으로 크게 허락하였으나, 늘 뜻을 돈독하게 해서 힘쓰게 하기 위해서 칭탄하는 것을 입으로 용납하지 않으나, 당시 문하에 있던 여러 생도들이 모두 그에게 미칠 수 없다고 생각하였다. 이로부터 이름이 날로 드러나서 선비와 벗들 가운데 한 번 만나보고자 하는 사람들이 날로 많아졌다. 뿐만 아니라 명공거공에 이르기까지도 또한 내방을 하는 사람이 있었다. 『논어』를 특히 좋아해서 똑바로 단정하게 앉아서 하루 종일 읽고 외우기를 여러 해 동안 하여 여러 선비들의 집주(輯註)에 이르기까지 관통하지 않는 것이 없었다. 반복하여 몸소 실천하여 일생동안 힘을 쏟을 바탕으로 삼으니, 이 때문에 배움에 자신의 수양을 위하는 데에 힘쓰고 남이 알아주기를 구하지 아니했다. 글을 짓는데 있어서도 또한 모두 전아(典雅)하고 평실(平實)하게 지으며 부화(浮華)한 것을 배척하였다.

계유년에 사마시에 합격하여 성균관에 가서 공부를 하였는데, 함께 묵고 있던 여러 생도들이 자랑으로 여기지 않는 사람이 없었다. 혹 사적으로 모여서 장난을 치다가도 공이 오면 문득 옷깃을 여미고 얼굴빛을 바로 하였다. 당시에 성균관의 유생들이 과거에 합격한 연차대로 앉는 순서를 정하여 폐습이 되었는데, 공은 생각하기를 '인륜을 밝히는 곳에서 어찌 장유(長幼)의 순서가 없어서야 되겠는가' 하고, 마침내 여러 사람의 의견을 물리치고 나이 순서대로 자리를 정하여 앉으니, 선비들의 의론이 옳다고 여기는 사람이 많았다. 무인년의 정시(庭試)에서 장원하여 곧바로 전시(殿試)를 보았고, 기묘년 식년시에서 또 문과 일등으로 뽑혔다. 전후에 시험답안으로 지은 글들이 모두 시무(時務)에 딱 맞았고, 임금의 뜻을 범하는 일도 피하지 않았으니, 자못 옛 사람들이 정대(庭對)하던 체를 얻었다고 하겠다. 소재(蘇齋) 노수신(盧守愼) 이 전시의 시관으로 있었는데, 크게 칭찬을 하며, "이 글은 의리가 투철해서 진짜 유자의 말이다."라고 하였는데, 지금까지도 자제들이 전해가며 외운다.

처음 벼슬할 때 바로 예조좌랑(禮曹佐郎)에 임명되었는데, 겨울에 일로 인하여 파직을 당하였다. 경진년 봄에 다시 호조좌랑(戶曹佐郎)에 서용(敍用)되어 임명되었고, 여름에 사간원(司諫院) 정언(正言)에 임명되었다. 손수 차자(箚子)의 초고를 써서 시폐(時弊)를 극진히 간하며 바로 뜻을 보이고 피하지 아니하였다. 말이 매우 절실하니 사람들이 모두 간관(諫官)의 풍도가 있다고 말하였다. 체직되어 성균관(成均館) 전적(典籍)에 임명되었고, 동지사(冬至使)의 서장관(書狀官)으로 북경에 감에 법을 받들어 자신을 단속하기를 먹줄을 긋는 것처럼 틀림이 없었다. 돌아올 때에도 비록 향과 차 같은 하찮은 물건이라 하더라도 또한 범하지 아니하니, 일행 가운데 윗사람이나 아랫사람이 모두 두려워하며 그의 뜻을 따르지 않는 사람이 없었다. 또한 감히 법을 어기거나 넘어서는 일을 하지 않으니, 중국 사람들이 지금까지도 칭찬하며 아름다운 이야기로 전한다. 당시에 양희(梁喜)가 중국의 관사에서 병으로 돌아가니 공이 몸소 장사를 치렀는데, 한결같이 예문에 맞게 하니, 중국사람 가운데 와서 본 사람들이 조선사람이 예를 안다고 생각하였다. 신사년 봄에 형조좌랑(刑曹佐郎)에 임명되었고, 여름에 홍문관(弘文館) 수찬 지제교 겸 경연 검토관 춘추관 기사관(修撰知製教 兼 經筵檢討官 春秋館記事官)으로 뽑혀 들어가서 경연에서 임금을 모셨다. 임금의 덕을 성취하는 것이 학문을 하여 다스리는 방법이라고 가장 먼저 말을 하고, 부지런히 어진 사대부와 친하게 지내고 환관과 궁첩을 멀리해야 한다는 의론을 진심으로 반복하였다. 6월에 찬성공(贊成公)의 상을 당하였다. 임금께서 해당하는 관청에 명을 내려 은전으로 베풀어주시는 부의를 평상적인 것보다 많게 하도록 하니, 사람들이 모두 영광으로 여겼다. 계미년 팔월에 상을 마치고 곧바로 전적에 임명되었고, 얼마 지나지 않아 수찬과 겸직을 옛날과 같이 제수 받았다. 겨울에 병조좌랑에 임명되었고, 얼마 되지 않아서 이조좌랑 지제교 겸 춘추관 기사관(吏曹佐郎 知製教 兼 春秋館記事官)에 추천을 받아 임명되었고, 독서당(讀書堂)에서 사가독서(賜暇讀書)를 하였다. 을유년 봄에 경시관(京試官)

으로 호남을 왕래 하였고, 가을에 체직을 해달라고 글을 올려 홍문관 교리 지제교 겸 경연춘추관 기주관(弘文館校理 知製敎 兼 經筵試讀官 春秋館記注官)에 임명되었고, 사헌부 지평(司憲府 持平)에 이배移拜되었다. 병술년에 이조정랑 겸 교서관 교리(吏曹正郎 兼 校書館校理)에 임명되었고, 무자년 봄에 감시 시관(監試 試官)에 옮겨졌다가 파직을 당하고, 학관(學官)에 임명되었다. 얼마 지나지 않아 서용되어 다시 정랑에 임명되었다. 또 체직시켜달라는 글을 올려 성균관 직강(成均館 直講)에 임명되었고, 승진되어 집의에 임명되었다. 바뀌어 홍문관 응교 지제교 겸 경연시독관 춘추관 편수관(弘文館應敎知製敎 兼 經筵試讀官 春秋館編修官)에 임명되었고, 의정부 검상사인(議政府 檢詳舍人)에 이배되었다. 기축년 봄에 사간원 사간(司諫院 司諫)에 임명되었고, 또 사인(舍人)에 임명되었다가 집의(執義)에 이배(移拜)되었다가 체직되어 사인에 임명되었다. 또 사간에 임명되었다가 바뀌어서 사복시정(司僕寺正)에 임명되었다. 가을에 사간에 임명되었다가 바뀌어 응교(應敎)에 임명되었는데, 역변(逆變)으로 인하여 문사랑청(兼問事郎廳)을 겸하게 되었다. 겨울에 안무어사(以安撫御史)로서 황해도에 안찰사로 나갔는데, 당시의 해서 지역은 비로소 역변(逆變)을 지냈기 때문에 인심이 흩어지고 원근이 시끄러웠다. 공이 이르는 곳마다 덕을 베풀 뜻을 선포하고 백성들이 편안히 모여살도록 위로하고 고무하였다. 백성들이 당하는 폐단을 조목조목 진술하여 병통을 베어 없애니, 백성들이 안도의 한숨을 쉬며 정치를 잘하는 어사라고 칭찬하였다. 경인년 봄에 사인 겸 선위사(舍人 兼 宣慰使)로 체배(遞拜)되었는데, 병으로 가지를 못하였다. 옮겨져서 집의에 임명되었다가 사재감 첨정(司宰監 僉正)에 체수(遞授)되었고, 곧바로 사간 사인(司諫 舍人)에 임명되었다. 가을에 사복시정(司僕寺正)에 임명되었고, 겨울에 또다시 사인에 임명되었다. 신묘년 봄에 직제학(直提學)에 임명되었고, 여름 4월에 승진하여 승정원동부승지겸 경연참찬관 춘추관 수찬관(承政院同副承旨 兼 經筵參贊官春秋館修撰官)에 임명되었는데, 옛일에 당상서당(堂上書堂)을 두어 후일 큰 일을 맡을 것을 대비하였으니, 대개 세상에서 드물게 거듭 뽑힌 것이다. 당시에 또한 당상관[1] 가운데 재주와 명망이 있는 네 사람을 뽑았는데, 공도 또한 겸하게 되었다. 임금이 또 삼공에게 명을 내려 재보(宰輔)에 합당한 사람을 선택하라고 하니, 당상관으로 선택이 된 여섯 사람 가운데 공이 그 중 하나이다. 6월에 우부승지에 올랐고, 7월에 이조참의에 특별히 임명되었다. 임진년 봄에 일로 인하여 파직을 당하였고, 다시 예조참의에 서용되어 임명되었다. 당시에 왜구가 경성 가까이까지 쳐들어왔으므로, 선조대왕이 수레를 타고 서쪽으로 피란을 가게 되었는데, 공이 호종하여 동파역(東坡驛)에 이르러, 바로 부제학지제교 겸 경연참찬관 춘추관수찬관(副提學知製敎 兼 經筵參贊官 春秋館修撰官)에 임명되었다. 개성부(開城府)에 이르러서는 탑전(榻前)에서 홀로 김공량(金公諒)의 죄를 논하여 목을 베어서 나랏 사람들에게 사죄하기를 청하였다. 공량은 곧 왕비의 지친으로서 안팎의 사람들과 결탁하여 나랏일을 그릇되게 한 사람이었다. 날마다 차자를 올렸는데 말이 피하여야 할 것을 피하지 않는 잘못을 저질러 임금의 뜻과 어긋나게 되었다. 평양에 이르러 적의 군대가 기내(畿內)에 가득하다는 이야기를 듣고 노모가 살아계신지 돌아가셨는지를 알 수가 없어, 이에 소를 올려 노모를 찾기를 청하니, 임금이 허락하였다. 바뀌어서 첨지중추부사(僉知中樞府事)에 부처(付)되었는데, 길을 기나가는 곳을 방백들에게 명을 내려서 그로 하여금 길을 따라 호송할 수 있게 하였다. 공이 적진을 뚫고 위험을 무릅쓰고 마침내 어머니를 모시고 성천(成川)의 분조(分朝)에 이르니, 곧바로 병조참의 임명하였다. 세자의 수레를 따라 용강(龍崗)과 영변(寧邊) 등지로 옮겨 다녔다. 계사년 봄에 선조와 세자 두 궁이 정주(定州)에서 만난 뒤로는 임금의 수레를 따라 영유(永柔)에 이르렀다. 여름에 사간원 대사간에 임명되었고, 오래지 않아 첨지중추부사에 체수(遞授) 되어, 성절사(聖節使)로서 연경에 갔다. 겨

1 『연보』에는 당하관이라 하였다.

울에 조정에 돌아와 승정원 우승지 겸 경연참찬관 춘추관 수찬관(承政院右承旨 兼 經筵參贊官 春秋館修撰官)에 임명되었고, 12월에 좌부승지에 임명이 되었다. 6월에는 좌승지에 임명되었고, 8월에는 경상도 관찰사 겸순찰사(慶尙道觀察使 兼 巡察使)에 임명되면서 특별이 가선대부가 더하여졌다. 당시 왜적이 퇴각하여 도내에 머물러 있었기 때문에 연해의 고을이 적의 차지가 되었다. 조정에서는 영남을 사지死地로 여겼지만, 공은 곧 고삐를 잡고 길을 떠나며 개연히 적을 싹쓸어 버리겠다는 뜻을 가지고 있었다. 경상도에 이르러 여러 고을을 순찰하고 어려운 사람들을 구휼하면서, 적의 소굴을 드나듦에 일찍부터 험하고 막힌 것을 대비하였다. 유민들을 불러모아서 둔전(屯田)을 널리 개간하니, 일년이 안되어 곡식을 수만석 비축할 수가 있었다. 그래서 의승군(義勝軍)을 설치하여, 장정들에게는 적에게 달려가 싸우도록 하고, 노약자들은 먹여살렸다. 기타 구획안의 군사들을 지휘함에 문득 기의(機宜)에 합하도록 하니, 여러 장수들이 그의 위엄을 두려워하였고, 여러 고을에서 그 명철함에 감복하였다. 병사와 백성들이 모두 머리에 이어다가 주기를 좋아하니, 식량을 먹이는 것이 충족하여 잘 다스린다는 소문이 임금에게까지 전해져서 임기가 지난 뒤에 계속 자리에 있었다. 병신년에 비로서 사직하여 바뀌고 나서 첨지중추부사 겸 비변사당상(僉知中樞府事 兼 備邊司堂上)에 임명되었고, 7월에 도총부부총관(都摠府 副摠管)에 임명되었고, 얼마지나지 않아 경기도 관찰사 겸 순찰사 개성부유수(京畿道觀察使 兼 巡察使 開城府留守)에 임명되었다. 당시는 변란을 지낸 뒤라서 경기지역은 매우 피폐해져 있었다. 공이 죽어가는 것을 살리고 폐단을 뜯어고치며 사람을 내쫓고 승진시키는 것을 엄하고 밝게 하니, 백성들이 편안히 모여서 살게 되어 여러 고을이 점점 완전한 모습을 갖추게 되었다. 정유년 6월에 임기가 차서 동지중추부사에 체배되었는데, 비변사(備邊司)에서 또 중국의 병사들이 온 성에 가득하니 바꿔서는 안된다고 하며 계를 올려 계속 임용하기를 청하였다. 가을에 왜적이 다시 쳐들어 오니, 황제가 더욱 많은 병사를 보내어 토벌함에 중국의 장수 가운데 크고 작은 각각의 아문(衙門)에서 많은 병사를 이끌고 잇달아 나아오니 일의 형편이 매우 급하게 되어, 대책에 임시방편으로 응하게 되었다. 공이 이리뛰고 저리 뛰면서 죽을 힘을 다하며, 이렇게 저렇게 형편에 맞추어가니, 땔나무는 쌓이고 식량은 많아져서 중국 병사들을 먹이는 것이 끊어지지 않아 마침내 일을 그르치지나 않을까 하는 걱정을 하지 않게 되니, 사람들이 모두 공의 재주와 국량에 감복하였다. 12월에 또 바뀌어서 동지에 임명되었고, 얼마 지나지 않아 형조참판 겸 비변사 유사당상(刑曹參判 兼 備邊司 有司堂上)에 임명되었다. 무술년 여름에 분호조 참판(分戶曹 參判)으로서 장차 호남으로 내려가려 할 적에 중국 병사들이 식량을 조달하느라 병이 들어 가지를 못하였는데, 중국 장수가 자문咨文을 보내어 파직당하였다. 8월에 다시 서용되어 한성부 우윤(漢城府 右尹)에 임용이 되었고, 12월에 홍문관 부제학 지제교 겸 경연참찬관 춘추관 수찬(弘文館副提學知製敎 兼 經筵參贊官 春秋館修撰官)에 임명되었고, 얼마 지나지 않아서 중국 조정의 포정사(布政使)인 양공(梁公)이 영남에서부터 올라올 때, 그 접반사(接伴使)를 쫓아내고, 다른 신하로 바꿔달라고 청하니, 임금이 특별이 공에게 명하여 가도록 하였다. 옥당에서 유신을 밖으로 내보내서는 안된다고 계문을 올려 머무르게 하라고 청하였다. 그러나 임금이 그 일을 매우 중하게 여겨서 옥당의 청을 따르지 않고, 마침내 바꿔서 의흥위 상호군(義興衛 上護軍)에 임명하여 양공 있는 곳으로 가 중로에서 그를 맞았다. 돌아옴에 특별히 가의대부를 더하였으니, 포정의 청을 따른 것이다. 기해년 3월에 한성부 우윤(漢城府 右尹)에 임명되었고, 4월에 좌윤에 임명되었다가 6월에 사직하여 바뀌어 충좌위 대호군(忠佐衛 大護軍)에 부처되었다. 7월에 행첨지중추부사(行僉知中樞府事)에 임명되었으니, 공이 대부인을 집이 가난하여 봉양할 방법이 없어 마침내 힘써 외직에 보임되기를 구하였고, 또 소를 올려 어머니를 봉양하기를 구하였는데, 말이 매우 간절하고 지극하였다. 임금이 그 사정을 딱하게 여겨서 허락하였다. 이때에 이르러 춘천도호부사(春川都護府使)로 임명이 되었는데, 춘천부에 이르러 제일 먼저 학교를 일으키고, 효의 이치를 가르쳤다. 그리고 청빈함으로 자신을 단속하였고, 백성들에게 자애롭게 은혜를 베푸니, 온 경내 사람들이 편안하게 생각을 하였다. 당시에 권간(權奸)이 요직에 있을 때, 공이 그가 오로지 하고 멋대로 할까 걱정이 되어 그에 대해 말한 적이 있었는데, 마침 그를 추종하는 사람이 암행어사로 강원도에 나아와 민정을 살폈다. 마침내 공을 무고한 죄로 얽어매어서, 경자년 3월에 파직이 되어 돌아오니, 백성들이 이를 원망하며 청덕애민비(淸德愛民碑)를 세웠다. 7월에 호군 겸 만경리접반부사(護軍 兼 萬經理接伴副使)로 서용되어 임명되었다. 8월에 성균관 대사성에 임명되어, 공이 선생의 자리에 앉아 여러 사생들을 불러 『심경(心經)』『근사록(近思錄)』『대학혹문(大學或問)』 등의 책을 강론하며, 의리(義理)에 대해 어려운 부분을 논하였다. 가르치기를 자세하면서도 게으르지 않게 하니, 여러 사생들이 성취하는 바가 있었으므로, 당시의 모든 사람들이 선비들의 스승을 제대로 얻었다고 축하였다. 10월에 도총부 부총관(都摠府 副摠管)을 겸하였다. 신축년 정월에 체직되어 상호군(上護軍)에 임명되었다. 9월에 세자좌부빈객(世子左副賓客)을 겸하였다. 임진년 정월에 호조참판에 임명되었다가 사헌부 대사헌으로 이배(移拜)되었다. 4월에 체직되어 상호군(上護軍)에 부처되었다. 6월에 안동대도호부사(安東大都護府使)에 임명되었는데, 대개 헌장(憲長)으로 있을 때에 일을 논한 것이 당시의 뜻과 맞지 않았기 때문이다. 도임(到任)한 뒤에 잘 다스린다는 소문이 자자하여 포상을 내리라는 계문을 올리는 데에 이르렀다. 갑진년 9월에 벼슬을 그만두고 돌아왔다. 12월에 다시 서용되어 부호군 겸 동지춘추관사(副護軍 兼 同知春秋館事)에 임명되었다. 을사년 4월에 동지중추부사(同知中樞府事)에 임명되었고, 여름에 호조참판에 임명되었다. 병오년 봄에 대사성으로 옮겨져서 임명되었으나, 5월에 사직하여 체직이 되었고, 용양위 부호군(龍陽衛 副護軍)에 임명되었다. 정미년 2월에 또 외직으로 나아가 청주목사(淸州牧使)로 임명되었다. 공이 전후로 외직에 보임이 된 것은 단지 어머니를 봉양하기에 편하기 때문이었으니, 어머니를 모시고 고을에 임하게 되면 영광스러움과 어머니를 봉양하는 것이 모두 갖추어지게 되었다. 사무를 보고 남는 시간에 반드시 악기와 노래를 베풀어서 오래사시라고 술잔을 받들어 올리며 맘껏 그 기쁨과 즐거움을 누렸다. 그러나 또한 관가에 폐를 끼치지는 않았으므로, 이르는 곳마다 창고가 넘치고 백성들이 즐겁게 일하였으므로, 그곳을 떠난 뒤에 잊지못하고 생각하는 사람들이 많았다. 무신년에 선조대왕이 승하하시니 공이 애통해 하며 집례를 함에 마치 친상을 당한 것과 같이 하여 병을 얻기에 이르렀다. 10월에 사간원 대사간으로 부름을 받고 돌아왔으나, 청주목사로 있을 때에 추고를 당한 사람이라는 이유로 체직이 되어 첨지중추부사에 임명되었다. 11월에 특별히 대사헌에 임명되었으나, 또 추고가 아직 끝나지 않았다는 이유로 인피(引避)하였다. 임금이 특별히 타기하도록 명하였지만, 또 아직 해유(解由)가 되지 않았다는 이유로 인피하였다. 임금이 의지하고 뜻을 기울이는 것이 바야흐로 융성하여 전후로 사직서를 올려 피할 때마다 모두 따듯하게 회유하고 외직으로 나갈 것을 권유하였으나, 공은 굳이 사양하여 체직되었다. 12월에 부제학에 임명되었다. 기유년 봄에 사직하여 체직되었다가 예조참판에 임명되었고, 여름에 대사헌에 임명되었다. 그 때에 조사(詔使)가 선조를 조문하고 제사하는 일로 황제의 명을 받들어서 조선으로 나아오게 되었는데, 예조에서 종호(宗號)를 피하고 가주(假主)를 베풀자는 논의가 있었다. 공은 황상(皇上)의 은혜를 입은 것이 막중한데, 어찌 가주를 베풀어서 제사를 지내겠느냐고 생각하였다. 그래서 마침내 여러날 잇다라 글을 올려서 가주한다는 논의를 그만둘 것을 청하니, 사람들이 모두 공의 풍도와 위력에 감복을 받았다. 얼마 지나지 않아 체직되어 대사성에 임명되었다가, 가을에 다시 대사헌에 임명되었으나, 모친이 병이 들어 차자를 올려 사직하여 체직이 되었다. 10월에 대부인의 상을 당하였고, 신해년 겨울에 상이 끝나자 곧바로 부제학에 임명되었고, 옛날과 똑같은 겸직을 받았다. 사직하여 체직되어 호군에 임명되었다. 임자년 봄에 대사간에 임명되었으나 또 사직하여 체직되었고, 여름에 대사성 겸 동지춘추관사(大司成 兼 同知春秋館事)에 임명되었다. 9월에 나가서 개성유수(開城留守)가 되었다. 당시 송도(松都)에는 역변(逆變)이 남아 있었으므로 임금이 그 임무를 중하게 여겨서 공이 이 명에 응하였다. 조정을 떠나는 날에 임금이 불러 보니, 공이 탑전(榻前)에서 붕당(朋黨)의 화에 대해 언급하였다. 임금이 "하북(河北)의 적을 제거하기는 쉽고, 조정에서 붕당(朋黨)을 없애기는 어렵다"는 말을 인용하여 비유하므로, 공이 곧바로 정색을 하고 말하기를, "이것은 혼주(昏主)가 나라를 망하게 하는 말이니, 말하기에 부족한 것입니다. 임금이 먼저 본원(本原)을 세워서 바르고 그른 것을 변별하면, 붕당의 화가 없어지기를 바라지 않아도 저절로 없어지게 됩니다."라고 하였다. 이어서 성의정심(誠意正心)에 관한 논의, 어진이를 나아오게 하고 사악한 사람은 물러가게 하는 이야기들에 대해 반복하여 경계하라고 진언하였다. 그리고 또 『홍범(洪範)』에 있는 건극(建極)의 효과와 대중(大中)·지정(至正)의 도에 대해 극진히 논하기를 자세하게 펴서 말하기를 극도로 명백하게 하니, 임금이 자못 즐겁게 받아들이고 좌우의 사람들도 또한 모두 탄복하였지만, 권력을 잡고 있는 사람들 가운데에는 즐거워하지 않는 사람도 있었다. 공이 늙은 나이에 상을 당하여 몸이 상한 것이 극에 달하여 개성부에 이르렀을 때에는 병이 더욱 심하였으므로, 여러 차례 사양하는 글을 올렸지만 체직되지 못하였다.

갑인년 가을에 임기가 차서 돌아왔는데, 이에 앞서 공이 고양(高陽)의 백암포(白巖浦) 가에 조그마한 집을 지었다. 고봉산(高峯山)의 선영과 서로 마주 보이는 곳이어서, 이곳에서 만년을 보낼 계획을 갖고 있었다. 이때에 이르러 송도에서 바로 이곳으로 돌아오니, 자제들이 노쇠한 나이에 거처하고 받들어 모시는 데에 불편함이 있으므로, 서울 집으로 모시고 가려고 하였지만 공이 문득 거절하였다. 물가에 조그만 정자를 짓고 편액을 하여 '낙양(樂洋)'이라 하였다. 어떤 사람이 그 뜻을 물으니, 공이 대답하기를, "『시경』에서 '비수(泌水)가 넘실넘실 흐르니, 배고픔도 잊겠도다[泌之洋洋, 可以樂飢].'라 하지 않았던가? 지금 내가 이곳에 이르러 강호의 즐거움을 독차지 하고 몇 무(畝)의 밭을 갈면 굶주림이 그 가운데 있을 것이다. 하지만 배가 고프다고 즐거워하지 않는다면 그 즐거움은 오래 갈 수가 없는 것이다. 이것이 내가 내 정자에 이름을 붙여 잊지 않고 기억하고자 하는 까닭이다." 하였다. 날마다 그 가운데에서 노래를 부르고, 시와 술로 스스로 즐거워 하니, 시골 늙은이와 들의 노인들이 술을 가지고 찾아왔다.

그들은 비록 지극히 미천하였지만, 모두 더불어 수작을 하며 술을 마련하여 놓고 맞이하니, 문득 견여(肩輿)를 타고 그곳으로 갔다. 시골 이웃과 종족(宗族)들이 날마다 정자 가운데 모여서 서로 농사에 관한 이야기를 저녁 내내 하면서 한가하게 세월을 보내었다. 더러 조정의 옳고 그른 것과 현감의 장단 득실 등에 대해 이야기를 하면, 반드시 엄히 꾸짖어 못하게 하고 말하기를, "이러한 이야기는 내 집에서 하지 말라"라고 하며, 옛 사람의 좌우명(座隅銘)으로 권면하였다.

만년에 도연명(陶淵明)의 「귀거래사(歸去來辭)」와, 제갈량(諸葛亮)의 「출사표(出師表)」를 굴원(屈原)의 「어부사(漁父辭)」를 좋아하여 늘 자제들에게 베끼도록 하고 그것을 읊조렸다. 정자 앞에는 축대를 쌓고 축대 아래에는 나무를 심었고 못을 파서 물을 담아 두었다. 봄날 날이 따듯하게 되면, 지팡이를 짚고 신을 신고서 걸어 나가서 누대에 올라 맘껏 읊조리기도 하고, 물가에서 이리저리 거닐기도 하며, 스스로 맹세하여 이 즐거움을 잊지 않으며 생애를 마치겠다고 하였다. 다만 시대를 걱정하는 일념은 마음 속에서 한 번도 잊은 적이 없었다. 어떤 사람이 조정의 실책에 대해 물으면 얼굴을 찌푸리며 즐거워하지 않으면서 천정을 쳐다보면 길게 한숨을 쉴 뿐이었다. 늘 말하기를, "내가 지금 위로는 늙으신 부모님이 안계시고, 내 나이가 칠십에 가까우니, 지금 빨리 죽어서 나라의 위태로움을 보지 않는 것이 나의 소원이다."라고 하였다. 더러는 긴긴 밤에 잠을 자지 못할 뿐만 아니라 울기까지 하였다. 더러는 술을 마시고 흠뻑 취하여 흉중의 쌓인 것을 털어 놓았다. 을묘년 4월에 마침내 병이 들어 자제들이 의약을 드리기에 편리하도록 경성 서쪽의 옛 집으로 모시고 들어갔는데, 9월 19일 정침에서 돌아가시니, 향년이 육십칠세였다. 그 해 12월 14일에 고봉산 산록에 있는 부친 묘소 곁 신좌(辛坐) 을향(乙向)의 언덕에 장사를 지냈으니, 그의 뜻을 따른 것이다.

공은 타고난 인품(人品)이 높은데다가 학문을 보태어서 평생 일을 행함에 법규를 따랐고, 힘써 허황되고 과장된 것을 버리며 오로지 독실한 것에 힘썼다. 부모를 섬김에 효도와 공경을 다하였고, 형제와 지낼 때에도 극진히 우애 있게 지냈다. 찬성공(贊成公)이 만년에 풍질(風疾)을 앓았을 때에도 여러 해 동안 침상과 자리 곁을 떠나지 않았다. 공이 날마다 병간호를 하며 옷을 입은 채로 띠도 풀지 않았고, 의원을 보면 반드시 절을 하였다. 그리고 말을 하면 눈물이 함께 쏟아져서 당시의 이름난 의원들이 모두 공의 진심어린 효성에 감복이 되었다. 그래서 혹 부잣집에서 불러도 가지 않다가도 공이 청하면 반드시 이르렀다. 의원에서 약을 파는 사람들 가운데는 또한 값을 따지지 않고 약물로 치료하는 이도 있었다. 이 때문에 비록 궁벽한 곳에 사는 평범한 사람이었지만, 의약과 맛있는 것을 받드는 일은 그 극진한 지경에 이르렀다. 마침내 아버지의 병이 조금 낫게 되어서, 수십 년 동안이나 목숨을 연장하였으니, 사람들이 모두 공의 효성에 감동을 받았기 때문이라고 하였다. 공의 선조는 여러 세대동안 제대로 벼슬길에 나아가지 못하여 가업이 영락하여 거의 지탱하기 어려워서, 두 아우와 두 누이가 모두 결혼을 하지 못하였다. 공은 이를 민망히 여겨서 그들이 성가하기를 바라는 마음으로 병을 간호하는 여가에 몸소 두 아우를 데리고 부지런히 글 읽는 과제를 주었다. 밤을 새워 날이 밝을 때까지 공부를 하기도 하고, 때로는 종아리를 때려서 게으른 것을 꾸짖기도 하기를 마치 엄한 아버지 자식을 가르치는 것과 같이 하였다. 이 때문에 모두 각각의 재주대로 성취를 하였다. 찬성공이 살아 계시는 동안에 잇따라 과거에 합격하였고, 그들이 결혼한 뒤에 공에게 좋은 옷과 음식을 드리니, 공이 그것을 물리치며 말하기를, "나는 한미한 집안에서 태어나 자랐기 때문에 소박한 것을 편안히 여긴다. 또 위에는 늙으신 부모님이 계시니, 어찌 감히 이런 따듯한 옷과 배부른 음식을 받을 수 있겠느냐?"라고 하였다. 이 때문에 부인의 집에 좋은 음식이 있으면 반드시 먼저 공의 부모에게 먼저 드렸는데, 겨울과 여름의 계절에 입는 옷까지도 또한 이와 같이 하기도 하였다. 부인이 시집을 와서는 시부모를 받들며 그 재물을 사사로이 하지 못하였고, 힘을 다하여 옷감을 짜도 또한 감히 사적으로 사용하지 못하였다. 조정에서 벼슬하게 된 뒤에도 녹봉과 기타 집으로 들어오는 물건은 대부인의 처분을 들을 뿐 공과 부인은 이것에 관여하지 않았다.

평상시 거처할 때에 반드시 닭이 울면 일어나서, 세수하고 머리를 빗은 뒤에 당에 올라 옷이 따듯한가 추운가를 물었고, 물러 나와서는 단정히 앉아서 하루 종일 책을 읽었다. 거처하는 곳에 반드시 옛 성현의 잠명(箴銘)과 선유(先儒)의 격언(格言)을 써서 벽 위에 붙여놓고 보면 반성하는 자료로 삼았다. 『소학(小學)』 『심경(心經)』 『근사록(近思錄)』 등의 책을 또한 궤안에 반드시 비치해두고 말하기를, "이들 책은 경솔함을 바로잡고 게으름을 경계하기에 충분하다."라고 하였다. 대부인이 살아계실 때에 공의 나이 이미 늙었지만, 혼정성신(昏定省晨)의 예를 비우거나 폐한 적이 없었다. 관아에 나아갈 때를 제외하고는 어머니 곁은 떠나려 하지 않았다. 집이 가난하여 자주 쌀독이 비었지만, 반드시 술과 고기를 마련하여 술자리를 베풀어서 어머니를 즐겁게 해드렸다. 여러 손자들이 앞에서 가득히 노래 부르고 춤을 추며 번갈아 재롱을 피웠는데, 공도 또한 흰머리에 채색 옷을 입고 얼큰히 취하면 일어나 춤을 추었다. 공의 막내아우가 공보다 먼저 돌아가자 공이 그 처자를 돌보기를 자기의 처자와 똑같이 하였다. 기타 아우와 누이의 자식들도 또한 한 집에서 기르며 자기 소생인양 돌보아 주었다. 때가 되어 시집 장가가게 되면 친척 가운데 가난하고 궁핍한 사람에 이르러서도 또한 두루 구제해 주어서 이 때문에 내외의 종족은 물론 원근의 사람들까지도 우러러보기를 부모와 같이 하였다. 항상 자제들에게 말하기를, "우리 집안은 여러 세대동안 쇠미하다가 내 몸에 이르러서 다행히 과거시험에 합격하고, 지위가 재상의 반열에 이르게 된 것은 오직 선조께서 적을 쌓은 덕분이고, 내 힘으로 이룩한 것이 아니다. 너희들도 항상 이러한 사실에 유념하여 반드시 삼가고 반드시 경계하여 선조들의 교훈을 받들어 따르도록 하라."라고 하였다. 문호를 부지할 것을 마음에 새기고, 자제를 지성으로 가르치되, 반드시 학행을 우선시하고 뒤에 문예를 하며, 어른과 선배를 보면 얼굴빛에 기쁜 빛을 드러내고, 허물이 있으면 하루 종일 기뻐하지 않되 엄한 말로 책망하지는 않았다. 만년에는 과거시험 준비를 권하지 않고, 늘 문공(文公) 한유(韓愈)와 동중서(董仲舒)의 글을 읽고 행하라고 권면하였다. 사람들로 하여금 반드시 먼저 그 굶주리고 추웠을 때를 생각하도록 하였는데, 노복에 이르기까지 또한 반드시 관대하게 임하였고, 한 번도 어려운 일로 꾸짖은 적이 없었다. 가정에서도 은의(恩義)가 아련하였고, 교유하는 것을 좋아하지 않았으며, 방에 우두커니 있었다. 그러다가도 만약 어떤 사람의 어짊에 대해 들으면, 원근을 따지지 않고 방문하였고, 지위의 고하를 따지지 않고 허락하였다. 이로 말미암아 그와 더불어 왕래하는 사우(士友)들은 날마다 더불어 강마(講劘)하고 절차(切磋)하여 도의를 서로 권하였다. 그래서 이름을 내는 곳이나 이익을 추구하는[2] 교제를 마치 더러운 것을 뒤집어 쓴 것처럼 보았다. 이 때문에 비록 신분이 드러난 시절에도 대문에 거마를 타고 오는 손님이 없었다.

성품은 자상하고 친절하며, 공손하고 편안하여, 안으로 수시로 변하는 모습을 끊고, 밖으로는 얼굴을 꾸미는 것을 버렸다. 다른 사람과 상대함에 단지 온화한 기운으로 대하였고, 이해득실에 대해서는 한 번도 따져본 적이 없었다. 손님을 만나면 가난한 가운데에서도 정성을 다하였고, 술을 마시다가 더러 취하더라도 난동을 부르는 데에는 이르지 않았다. 일을 당하여서는 전일한 것을 위주로 하고 이것저것 하지 않았고, 어떤 조치를 취해야 할 때를 당해서는 오로지 의에 맞는가만을 생각할 뿐이었다. 평생 두드러지고 기이한 행동을 미워하여, 다른 사람과 말하고 논할 때에도 이견을 드러내지 않았다. 그러나 지조를 지킴에 있어서는 확고하여 조금도 허술한 곳이 없었다. 자기의 허물에 대해 듣기를 좋아하고, 남의 악함에 대해 말하는 것을 부끄러워하였다. 비록 횡역(橫逆)이 닥치는 때라 해도 얼굴빛이나 말에 드러낸 적이 없었고, 어떤 사람이 남의 드러나지 않은 악함을 말하면 문득 귀를 막고 팔을 내저었다. 오로지 착한 말 한마디라도 듣고 착한 행실 하나라도 보게 되면, 침이 마르도록 칭찬하여 마지않았다.

2 원문에 한 자가 비어 있다.

상을 치르고 장사를 지내는 일은 한결같이 주자의 『가례』에 의거하되, 장사를 지냄에는 반드시 후하게 하였지만 외곽(外槨)을 사용하지 않았고, 유회(油灰)와 송지(松脂) 등의 물건을 많이 사용하였다. 부모님의 상을 지내면서는 죽이나 야채만을 먹으며, 삼년동안 눈물을 흘리니, 슬퍼하여 몸을 상한 것이 예를 넘어서서 거의 건강을 하치는 데에 이르게 되었다. 이로부터 병이 생겨서 마침내 평생의 근심이 되었는데, 대부인의 상을 치를 때에는 나이가 예순이 넘었는데도 여러 차례 최질(衰絰)을 하고, 조석으로 호곡을 하였다. 삼년동안 제사지내며 음식을 올림에 몸소 그 일을 하지 않은 적이 없었다. 그래서 몸이 야위고 초췌한 것이 심하게 되어, 건강을 다시 회복할 수 없었다. 상을 마친 지 겨우 몇 년 만에 마침내 문득 돌아가게 되었으니, 사람들 가운데 감동을 받지 않는 이가 없었다. 선조를 받드는 데에 독실하여 반드시 정성과 공경하는 마음을 다하였고, 제사를 지낼 때에는 반드시 목욕재계를 하였다. 비록 몸에 병이 있어도 참여하지 않은 적이 없었고, 심지어는 임종 즈음하여 병이 들었을 때에 마침 찬성공의 휘일을 맞았지만, 심한 병을 앓으면서도 제사를 행하고자 하였다. 자제들이 간하여 말렸지만, 공이 말하기를, "선조에게 제사를 지내는 것은 사람의 도리 가운데 큰 것이다. 지금 내가 늙어 병이 든 것이 이와 같으니, 다른 날 제사에 참여하는 일을 어찌 기필할 수 있으랴?"라고 하고, 마침내 재계를 하고 예를 행하기를 한결같이 평일과 같이 하였다. 이 때문에 질병이 더욱 심하여졌다.

조정에 계실 때에는 목소리와 얼굴빛에 변화가 없었다. 한 시대의 중망을 입었고 함께 벼슬에 나아간 선비들이 재상의 그릇으로 기대하지 않는 사람이 없었다. 당시에서는 선비의 논의가 서로 어긋나서 조정의 사이에서 서로 다투어서 비록 이름난 선비와 큰 선비가 하더라도 그 지목을 입지 않는 사람이 없었다. 하지만 공은 우뚝하게 홀로 서서 시의(時議)에 흔들리거나 굽히지 않았다. 이로 말미암아 사람들이 감히 지목을 하지 못하였고, 끝내 한 시대의 완벽한 사람이 될 수 있었다. 임금을 섬김에 충성을 다하고 조심하여 직책을 받들어 일을 달갑게 여기지 않는 것을 말단으로 생각하였다. 오로지 임금의 마음이 잘못된 것을 바로잡는 것을 본분으로 삼아 10년 동안 경악(經幄)에 있으면서 빠진 것을 보충한 것이 많아 임금의 칭찬을 여러 차례 받았다. 그래서 강관(講官) 가운데 제일이라는 말씀이 있기에 이르렀다. 대각에 거처할 때에 날마다 조정의 사악하고 잘못된 것을 탄핵하고 다스렸으며, 전형(銓衡)에 처하였을 때에는 그가 추천하여 뽑은 사람들이 모두 뒷날의 듬직한 선비로 국가가 위태로웠을 적에 몸을 던져 나라를 위해 목숨을 버렸다.

편안한 때나 험난한 때에 한결같은 절개를 지키며 항상 몸이 가루가 되도록 나라의 은혜에 보답할 것을 생각하였다. 그러나, 일과 마음이 어긋나서 자신이 할 수 있는 일이 없다는 것을 알고, 마침내 벼슬길에 마음이 식어서 한결같이 사퇴하고자 하였다. 비록 마음으로는 절실하게 봉양하는데 편하고자 해서 세 번 고을 원이 되었으나, 영화로운 벼슬자리에는 끝내 나가는 것을 달갑게 여기지 않았다. 오로지 정성으로 충성하고 사랑하는 마음만 있었고, 벼슬에 나아간다고 해서 혹은 물러난다고 해서 다르지 않았다. 조정에서 벼슬한 지 40년 동안 재상의 반열에 오른 것이 20여년 이었으나, 몸을 간수하고 행실을 조정하는 것이 한결같이 포의 때와 같았다. 돌아가는 날에 창고에 남은 재화가 없었고, 곳간에 남은 곡식이 없었다.

공은 행촌(杏村) 민선생(閔先生)에게 배웠는데 행촌의 학문은 화담(花潭) 서선생(徐先生)에게서 나왔으니, 그의 학문연원(學問淵源)은 유래가 있는 것이다. 쇄소응대(灑掃應對)에서부터 시작하여, 궁리진성(窮理盡性)에서 끝을 맺었고, 채우고 기르는 것이 꾸준한 면이 있어 체용이 겸비되었다. 그리고 오로지 힘써서 위기지학을 하여서 실천을 독실하게 하였고, 겉으로 밝게 드러나도록 해서 사람들이 반드시 알도록 하는 행동은 하지 않았다. 그러므로 그가 나아간 바가 얕고 깊은 것은 다른 사람이 엿볼 틈이 없었다. 가정에서 평상시에 일을 처리하고 사물을 접하는 즈음에는 그 움직이거나 조용히 있을 때, 말을 하거나 조용히 지낼 때 모두 이치에 마땅하지 않은 바가 없었다. 진실로 함양(涵養)한 바가 깊고 근기(根基)가 두텁지 않다면 이와 같을 수가 있겠는가? 만년에 탄식하여 말하기를, “내가 어려서 학문을 좋아하여 스스로 기약한 바가 있었으나, 중년에 벼슬하느라 공부를 전일하게 하지 못하고 늙어버려 이룬 것이 없으니, 이것은 학자들이 마땅히 깊이 경계해야 할 것이다.”라고 하였다.

글을 짓는 일에 대해서는 애초부터 뜻에 달갑게 여기지 않았으나, 조정에 나아간 뒤로부터 비로소 호당(湖堂) 관각(館閣)에 종사하였다. 글을 지음에 조탁을 하지 않고, 글을 지은 것이 맑고 순수하였다. 아울러 평담(平淡)하고 아려(雅麗)하였으며, 성정을 그려 내었다. 그래서 사람들이 말하기를 모두 문형(文衡)에 합당하다고 하였으나, 공은 끝내 문한(文翰)으로 자임을 하지 않았다. 부고를 듣고 임금이 예관을 보내어 조문을 하면서, 제문을 보내고 부의(賻儀)를 전하였다. 셋째 아들 덕분에 증직되어 벼슬이 대광보국숭록대부 의정부영의정 겸영경연 춘추관 홍문관 예문관 관상감사 세자사(大匡輔國崇祿大夫 議政府領議政 兼領 經筵 春秋館 弘文館 藝文館 觀象監事 世子師)에 이르렀다.

공은 안동 김씨에게 장가를 들었는데, 선무랑(宣撫郎) 고언(顧言)의 따님으로 상락공(上洛公) 방경(方慶)의 후예이다. 6남 3녀를 낳았는데, 장남 방(霶)은 문과에 합격하였고, 청현의 직을 지낸 뒤 벼슬이 사헌부 장령에 이르렀다. 둘째 입(雴)은 생원으로 의영고(義盈庫)의 직장(直長)이 되었고, 셋째 집(霵)은 생원으로 형조좌랑이 되었고, 넷째 영(霙)은 생원으로 평택현감이며 다섯째는 박(雹)이고, 여섯째는 착([illegible])이다.

장녀는 참봉 이경유에게 시집갔고, 둘째딸은 조공숙에게 시집갔고, 셋째 딸은 허계에게 시집갔다.

불초 통훈대부 사헌부장령 겸 춘추관 편수관 지제교 홍방 근장

公初諱麟祥, 字君瑞, 號可慕堂. 後改名履祥, 字元禮, 姓洪氏, 安東任內豊山縣人也. 遠祖諱之慶, 在高麗忠獻王朝, 登第壯元, 官至國學直學, 生諱侃都僉議舍人, 以詩名於世, 所著有洪厓集, 且多載青邱風雅, 東文選, 三韓詩龜鑑, 大東詩林等書, 至今人多傳誦之. 生諱侑密直使事, 生諱演賜紫金魚袋寶文閣大提學, 是生龍騎巡衛司右領郎將諱龜, 於公爲五代祖也. 麗朝末, 始卜居于高陽之高峯山下, 仍世居焉. 高祖諱俶進勇校尉左軍司正, 曾祖諱繼宗司圃署別提 贈通訓大夫通禮院左通禮, 祖諱禹甸宣畧將軍行忠武衛副司勇 贈通政大夫承政院左承旨兼 經筵參贊官, 考諱脩果毅校尉忠武衛副司直贈崇政大夫議政左贊成兼判義禁府事, 承旨無后 取以爲嗣, 實承旨公之再從弟部將世敬之子也. 妣聞慶白氏 贈貞敬夫人, 醫書習讀官承秀之女, 高麗判典農寺事敦之後也. 以嘉靖二十八年己酉九月十八日甲申, 生公于高峯下歸耳洞, 容貌端正, 嶷然夙成, 爲兒嬉戱, 擧止不群, 見者莫不稱歎, 皆言洪氏有人焉. 生於窮僻之鄕, 顧無師友之益, 而自在髫齡, 已能讀書, 年甫七八, 聞李參判栻居廬于見達山下, 卽往拜願學焉. 參判一見知其非常兒, 深加奬嘆, 許以敎誨, 遂負笈往來於十餘里之, 風雨寒暑亦不廢焉. 十歲前已通『史略』『小學』『詩書』大文義極通, 稍長到京師, 學業益力, 日誦經史, 嚴立課程, 未嘗一刻放慢. 雖隣里同隊臨門喚出, 而遍數未終, 不肯出戶, 由是文章日就, 大放闕辭. 年堇成童, 已魁於學堂, 然其志不在於科擧, 常有願聞之志, 遂往拜習靜閔先生於杏村, 講論四書及先儒性理之書, 研窮奧旨, 探索義理, 孳孳爲學, 如恐不及, 而以敬之一字, 爲涵養之地, 戒謹恐懼於不睹不聞之中, 而於一念萌動之際, 尤致謹焉. 先生心甚許焉, 常以篤志力學稱歎不容口, 一時諸生之及門者, 皆自以爲不及焉. 自此聲聞日著, 士友之求見者日益盛, 至於名卿鉅公, 亦有來訪者. 尤好『論語』一書, 兀然端坐, 終日讀誦者數年, 以至諸儒輯註, 無不貫通, 反覆體認, 爲一生用功之地, 以此學務爲己, 不求人知. 至於爲文, 亦皆典雅平實, 斥去浮華. 癸酉中司馬, 遊于國庠, 同館諸生莫不矜式, 或有私會戲謔, 而公至輒袵改容焉. 時泮儒以榜之新舊爲坐次, 積成弊習, 公以爲明倫之地, 豈可無長幼之序, 遂排衆議, 爲年齒坐, 士論多之. 戊寅庭試壯元, 直赴 殿試, 己卯式年, 又擢文科第一名. 前後所製, 皆切中時務, 不避犯諱, 頗得古人庭對之體, 盧蘇齋爲殿試試官, 大加歎賞曰, "此篇透徹義理, 眞儒者之言." 至今子弟傳誦焉. 新 恩卽拜禮曹佐郞, 冬因事見罷, 庚辰春, 復敘拜戶曹佐郞, 夏拜司諫院正言, 手草箚子, 極陳時弊, 直示不諱, 言甚凱切, 人皆謂有諫官之風焉. 遆授成均館典籍, 以冬至使書狀官赴京, 奉法律己, 一從繩墨, 及其還也, 雖香茶微物, 亦無所犯, 一行上下, 無不畏服, 亦不敢有法外冒濫之事, 中國之人, 至今稱歎, 傳爲美談. 時梁公喜以其華館病逝, 公親執治喪, 一遵禮文, 華人來見者, 皆以爲東人知禮. 辛巳春, 拜刑曹佐郞, 夏選入弘文館修撰知製 敎兼 經筵檢討官春秋館記事官. 入侍 經筵. 首言君德成就爲學出治之方, 而惓惓以親賢士大夫遠宦官宮妾之論, 丁寧反覆焉. 六月 丁贊成公憂. 上命該曹特加恩賻貤庀之物, 逾於常典, 人皆榮之. 癸未八月服闋, 卽拜典籍, 旋授修撰兼如故, 冬拜兵曹佐郞, 未幾薦拜吏曹佐郞知製 敎兼春秋館記事官, 賜暇讀書堂. 乙酉春, 以京試官往來湖南, 秋呈遆, 拜弘文館校理知製 敎兼 經筵試讀官春秋館記注官, 移拜司憲府持平. 丙戌拜吏曹正郞兼校書館校理, 戊子春, 移監試試官見罷, 拜學官, 未幾敍用, 還授正郞, 又呈遆, 拜成均館直講, 陞拜執義, 遆授弘文館應敎知製 敎兼 經筵試讀官春秋館編修官, 移拜議政府檢詳舍人. 己丑春, 拜司諫院司諫, 又拜舍人, 移拜執義, 遆授舍人, 又拜司諫, 遆授司僕寺正, 秋拜司諫, 遆授應敎, 因逆變, 兼問事郞廳. 冬以安撫御史, 出按黃海道, 時海西一道, 纔經逆變, 人心渙散, 遠近騷屑. 公所至宣布德意, 慰撫安集, 條陳民弊, 剗去疵瘼, 民皆安堵, 稱爲善政御史. 庚寅春, 遆拜舍人兼宣慰使, 以病不得行. 移授執義, 遆授司宰監僉正, 旋拜司諫舍人, 秋拜司僕寺正, 冬又還拜舍人. 辛卯春, 拜直提學, 夏四月陞拜承政院同副承旨兼 經筵參贊官春秋館修撰官, 故事有堂上書堂, 以備他日之任, 盖曠世重選也. 時亦擇堂上中有才望四人, 而公亦仍兼焉. 上又命三公, 選擇可合宰輔之人, 堂上中被選者六人, 而公其一也. 六月 陞右副承旨, 七月 特拜吏曹參議. 壬辰春, 因事見罷, 四月復叙拜禮曹參議, 時倭寇逼京城, 宣祖大駕西幸, 公扈駕到東坡驛, 仍拜副提學知製 敎兼 經筵參贊官春秋館修撰官. 到開城府, 乃於 榻前獨論金公諒之罪, 請斬以謝國人, 公諒乃椒掖至親, 締結內外, 致誤國事者也. 逐日上箚, 語涉不諱, 自此忤旨, 到平壤聞賊鋒遍滿畿內, 而不知老母存歿, 乃陳疏請訪, 上許焉. 遆付僉知中樞府事, 仍 下諭所經方伯, 使沿路護送, 公間關賊藪, 觸冒危險, 遂將母得達於成川分朝, 卽拜兵曹參議, 隨 世子駕遷移於龍崗寧邊等地. 癸巳春, 兩宮會於定州, 仍隨 大駕到永柔, 夏拜司諫院大司諫, 未幾遆授僉知中樞府事, 以 聖節使赴燕, 冬還朝, 拜承政院右承旨兼 經筵參贊官春秋館修撰官, 十二月拜左副承旨. 六月拜左承旨, 八月拜慶尙道觀察使兼巡察使, 特加嘉善, 時倭賊退居道內, 沿海郡邑爲賊所有, 朝廷視嶺南爲死地, 公卽攬轡發程, 慨然有掃清之志. 及至道, 巡歷列, 軫恤瘡痍, 出入賊藪, 備嘗險阻, 招集流民, 廣開屯田, 一年之內, 峙穀數萬石, 設義勝之軍, 使丁壯赴敵而老弱餽餉, 其他指揮區劃, 動合機宜, 諸將畏其威, 列邑服其明, 兵民愛戴, 粮餉充足, 治聲上聞, 秩滿仍任. 丙申 始得辭遆, 拜僉知中樞府事兼備邊司堂上, 七月 拜都摠府副摠管, 未幾拜京畿道觀察使兼巡察使開城府留守, 時經變之後, 畿凋耗, 公蘇殘起弊, 黜陟嚴明, 民生安集, 列邑稍完. 丁酉六月秩滿, 遆拜同知中樞府事, 備邊司又以天兵滿城, 不可遞易, 啓請仍任. 秋倭奴再入寇. 皇帝益發兵征討, 天將大小各衙門, 率大兵陸續出來, 事機甚急, 策應旁午. 公驅馳盡瘁, 左酬右應, 積芻峙糧, 餽餉不絶, 終無僨事之患, 人皆服公之才局. 十二月 又遞拜同知, 未幾拜刑曹參判兼備邊司有司堂上. 戊戌夏, 以分戶曹參判, 將下湖南, 接濟天兵糧餉, 以病不得行, 因唐將移咨見罷. 八月 復敍拜漢城府右尹, 十二月 拜弘文館副提學知製 敎兼 經筵參贊官春秋館修撰官, 未幾 天朝布政司梁公自嶺南上來, 黜其接伴使, 更請他臣, 上特命公往焉. 玉堂以儒臣不可出外, 啓請留之, 上重其任不從, 遂遆授義興衛上護軍, 往迎于中路, 及還特加嘉義, 從布政之請也. 己亥三月, 拜漢城府右尹, 四月 拜左尹, 六月 辭遆, 付忠佐衛大護軍, 七月 拜行僉知中樞府事, 公以大夫人家貧無以奉養, 遂力求補外, 且陳疏乞養, 辭極懇至, 上憫其情事許焉. 至是拜春川都護府使, 至府首興學校, 以孝爲理, 淸以律己, 惠以字民, 一境晏然, 時權奸當路, 公患其專恣, 嘗語及之, 適其黨以暗行御史出按本道, 遂搆揑擠公, 庚子三月罷歸, 民皆寃之, 遂立淸德愛民碑. 七月 敍拜護軍兼萬經理接伴副使, 八月拜成均館大司成, 公坐皐比, 招諸生講讀『心經』『近思錄』『大學或問』等書, 論難義理, 諄諄不倦, 諸生有所成就, 一時皆賀師儒之得人, 十月 兼都摠府副摠管. 辛丑正月, 遆拜上護軍, 九月 兼 世子左副賓客. 壬辰正月, 拜戶曺參判, 移拜司憲府大司憲, 四月 遆付上護軍, 六月拜安東大都護府使, 盖以憲長時論事, 不合時議故也. 到任之後, 治聲藉甚, 至有褒 啓, 甲辰九月棄歸, 十二月, 復敍拜副護軍兼同知春秋館事. 乙巳四月, 拜同知中樞府事, 夏拜戶曹參判. 丙午春, 移拜大司成, 五月辭遞, 拜龍陽衛副護軍. 丁未二月, 又出守淸州牧, 公前後外補, 只爲便養, 奉親莅邑, 榮養備至, 聽理之餘, 必設絃歌奉壽巵, 極其歡樂, 而亦不貽弊於公家, 所至府庫盈溢, 民生樂業, 多有去後思. 戊申 宣祖大王昇遐, 公攀號執禮若親之喪, 以至成疾, 十月以司諫院大司諫召還, 以淸州時推考人被得遞, 拜僉知中樞府事, 十一月特拜大司憲, 又以推考未畢引避. 上特命棄之, 又以未解由引避, 上依注方隆, 前後辭避, 皆降溫諭勸出, 而公固辭得遞, 十二月拜副提學. 己酉春辭遞, 拜禮曹參判, 夏拜大司憲, 時詔使以 宣廟弔祭事, 奉帝命出來, 該曹欲諱宗號, 有設假主之議, 公以爲 皇上莫重之恩, 豈可設假主以祭, 遂累日連章, 請停假主之論, 人皆服公之風力, 未幾遞授大司成, 秋又拜大司憲, 親病陳箚辭遞, 十月丁大夫人憂, 辛亥冬服闋, 卽拜副提學兼如故, 辭遞拜護軍. 壬子春, 拜大司諫又辭遞, 夏拜大司成兼同知春秋館事, 九月出爲開城留守. 時松都留逆變, 上重其任, 而公膺是命, 辭朝日, 上引見, 公於榻前語及朋黨之禍. 上引喩'去河北賊易, 去朝廷朋黨難'之語, 公卽正色曰, "此乃昏主亡國之言, 不足道也. 人君先立本原之地, 以辨邪正, 則朋黨之禍, 不期祛而自祛." 乃以誠意正心之論, 進賢退邪之說, 反覆陳戒, 又極論洪範建極之效, 大中至正之道, 諄諄申誥, 極其明白, 上頗開心嘉納, 左右亦皆歎服, 而當路之人, 有不悅焉者. 公衰年丁憂, 柴敗已極, 至府病益甚, 累上辭狀而不得遞. 甲寅秋瓜滿而歸, 先是公有小築於高陽白巖浦邊, 與高峯松楸相望, 以爲終老之計. 至是自松都直歸, 子弟以衰年居處供奉之不便, 欲奉入京家, 則公輒拒之, 築小軒臨水, 而扁曰, 樂洋. 或問其義, 公曰, "詩不云乎, '泌之洋洋, 可以樂飢,' 今吾到此,專江湖之樂, 而耕數畝田, 餒在其中, 飢而不樂則樂不可久, 此所以名吾軒而識不忘也." 日歌咏其中, 詩酒自娛, 村翁野老, 持酒來訪, 則雖至微賤, 咸與酬酌, 置酒相邀, 則輒以肩輿往赴焉. 鄕隣宗族, 日會軒中, 相與農談竟夕, 以消閑中日月, 而或有言朝廷是非, 縣官長短得失, 則必嚴責止之曰, "不欲爲此等說話於吾家." 以古人座隅銘勉之, 晩好淵明「歸去來辭」, 諸葛亮「出師表」, 屈原「漁父辭」, 每令子弟繕寫而吟詠. 軒前築臺, 種樹臺下, 鑿池儲水, 至於春日和煦, 杖屨步出, 登臺嘯傲, 臨水逍遙, 自誓此樂不諼, 以終餘年. 但憂時一念, 未嘗忘于懷, 或聞朝廷闕失, 則輒愀然不樂, 仰屋長吁, 每曰, "吾今上無老親, 年近七十, 及今早死, 不見邦家之危難, 是吾願也." 或長夜不眠, 至於涕泣, 或飮酒沈醉, 以澆胸中磈磊. 乙卯四月, 遂寢疾, 子弟□[3]醫藥之便, 奉入京城西舊宅, 以九月十九日卒于正寢, 享年六十七. 其年十二月十四日, 葬于高峯山麓先墓之側辛坐乙向之原, 從其志也.

公天品甚高, 加以學力, 平生行事, 動遵規矩, 而力去虛誇, 惟務篤實, 事父母盡其孝敬, 處兄弟極其友愛. 贊成公晩年患風疾, 累歲不離床席, 公日夜侍病, 衣不解帶, 見醫必拜, 言淚俱發, 一時名醫, 皆感公之誠孝, 或不赴巨室之召, 而於公之請則必至焉. 至於醫司賣藥之徒, 亦有不待價而以藥物相濟者, 以故雖窮居布衣, 而醫藥甘旨之奉, 能臻其極, 終至親病少愈, 得保數十年之久, 人皆謂公誠孝所感

3 이 글자는 뭉개져서 보이지 않는다.

也. 在公之先, 累世蹇連, 家業零替, 殆不堪支, 二弟二妹, 皆未婚嫁, 公愍然望其成立, 侍病之暇, 躬率二弟, 勤課讀書. 夜以繼日, 時或撻以警慢, 如嚴父之敎子, 以此皆得隨才成就, 逮贊成公在世之日, 而連取科擧, 及其有室之後, 享公以美衣食, 則公必却之曰, "吾生長寒門, 安於薄素, 且上有老親, 豈敢享此暖飽乎?" 以此夫人家凡有美饌, 必先奉公之親, 寒暑節衣, 亦或如是焉. 夫人之歸, 奉舊姑, 不敢私其財, 竭力紡績而亦不敢私用, 至於立朝之後, 凡祿俸與所入之物, 一聽大夫人處分, 而公與夫人不與焉. 平居必鷄鳴而起, 盥櫛上堂, 問衣煖寒, 退而端坐, 終日讀書, 所居必書古聖賢箴銘先儒格言, 粘付壁上, 以備觀省. 如『小學』『心經』『近思錄』等書, 亦必置諸几案曰, "此等書, 足以矯輕警惰也." 大夫人在世之日, 公年已老, 而定省之禮, 未嘗曠廢, 趨衙之外, 不欲離側, 家貧屢空, 而必有酒肉, 頗設盃筵, 奉歡北堂, 諸孫滿前, 歌舞迭獻, 公亦白首彩衣, 乘醉起舞. 公之季弟先公亡, 公撫恤其妻子, 一如己之妻子, 其他弟妹之子女, 亦皆撫育一家, 一如己出, 資其裝束, 及時婚嫁, 至於親戚之貧乏者, 亦必軫恤周救, 以此內外宗族, 無論遠近, 仰之與父母焉. 常語子弟曰, "吾家屢世衰替, 至吾身, 幸占科第, 位至宰列, 惟先祖積德之致, 非余力堪任, 汝等常宜體念, 必謹必戒, 以奉承先訓." 扶持門戶爲心, 敎子弟至誠, 而必先學行後文藝, 見其長進則喜形於色, 有過則終日不豫, 而待其遷改, 而亦不以嚴辭責之. 晩年亦不勸擧子業, 每誦韓文公董生, 行而勉之, 使人必先念其飢寒, 至於奴僕, 亦必寬以莅之, 未嘗責之以難事. 家庭之間, 恩義藹然, 不喜交遊, 塊處一室, 而如聞某人之賢, 則不計遠近而相訪, 亦不計地位之高下而相許焉. 由是其所與往來, 皆是士友, 日與講劘切磋, 道義相勉, 而至於名場□[4]利之交, 視之若浼, 以此雖在顯揚之日, 門無車馬之賓. 性慈祥愷悌, 恭遜安詳, 內絶機變之態, 外去修飾之容, 與人相對, 只是一團和氣, 而其於得失利害, 未嘗與校, 遇賓則撥貧致款, 而飮或至醉, 亦不及亂. 當事則主一無適, 而處置之際, 惟思合義. 平生惡崖異之行, 與人言論, 不見其有異, 而至其操守則有確然不援處, 喜聞己過, 恥言人惡, 雖有橫逆之來, 未嘗形諸色辭, 而或有言人隱惡則輒掩耳棹臂, 惟聞一善言見一善行, 則爲之稱道嘖嘖不已, 喪葬一依朱子『家禮』, 而葬必從厚, 不用外槨, 而多用油灰松脂等物, 執親之喪, 饘粥蔬食, 泣血三年, 哀毁踰禮, 幾至滅性. 自是疾作, 遂爲終身之患, 及至大夫人之喪, 年踰六秩, 而累然衰絰, 朝夕號哭, 三年祭奠, 未嘗不親執, 以致羸悴頓甚, 不能更蘇, 服闋纔數年, 而遂至奄忽, 人莫不感動焉. 篤於奉先而必致誠敬, 祭必齋戒, 齋必沐浴, 雖有疾恙, 未嘗不與, 至於臨終寢疾, 適當贊成公諱日, 欲强疾行祭, 子弟諫止之. 公曰, "祭先人, 道之大者, 今吾老病如此, 他日參祭, 何可必也." 遂致齋行禮, 一如常日, 以此疾益甚, 至其立朝, 不動聲色, 而負一世重望, 同進之士, 莫不以公輔之器期之. 時士論攜貳, 朝著之間, 互相傾軋, 雖名儒碩士, 無不被其指目, 而公能卓然獨立, 不爲時議所撓屈. 由是人不敢加以指目, 終爲一代完人, 事君盡忠, 恪謹奉職, 而不屑屑於事爲之末, 惟以格君心之非爲本, 十年 經幄, 多所補闕, 累蒙 天獎, 至有講官第一之敎. 居臺閣日彈治朝廷邪枉, 處銓衡則其所薦拔, 皆後日巖廊之彦,

4 한자가 빠져 있다.

建國家艱危之日, 亡身殉國. 夷險一節, 常思糜粉以報國恩, 而事與心違, 知其不可有爲, 遂灰心官路, 一味辭退, 雖心切便養, 三赴專城, 而至於榮官則終不屑就, 惟惓惓忠愛之心, 不以進退而有異焉. 立朝四十年, 陞於宰列餘二十年, 而持身操行, 一如布衣時, 易簀之日, 庫無餘財, 廩無餘粟. 公學於杏村閔先生, 而杏村之學, 出於花潭徐先生, 其學問淵源, 有自來矣. 始於灑掃, 終於窮理盡性, 充養有素, 體用兼備, 而惟其專務爲己, 踐履篤實, 而不爲昭灼之行, 以蘄人之必知, 故其所造淺深, 有非他人所可窺闖, 而其家庭日用之間, 處事接物之際, 動靜語默, 無不當理, 苟非涵養之深根基之厚, 能若是乎? 晩年歎曰, "吾少好學問, 有所自期, 而中年仕宦, 用功不專, 以致老而無成, 此學者所當深戒也." 其於詞藻, 初不屑意, 而至於立朝之後, 始從事於湖堂館閣, 不涉彫琢, 而出語清淳, 平淡雅麗, 寫出性情, 人皆謂合於文衡, 而公終不以文翰自任, 訃聞上遣禮官致弔, 致祭文致別賻, 以三子 恩, 贈爵至大匡輔國崇祿大夫議政府領議政兼領 經筵春秋館弘文館藝文館觀象監事 世子師. 公聘安東金氏, 宣撫郎顧言之門, 上洛公方慶之後也. 生六男三女, 長男曰霶文科, 歷敭清顯, 官司憲府掌令, 次霔生員, 爲義盈庫直長, 次霙生員, 爲刑曹佐郎, 次霎生員爲平澤縣監次霨次霍幼女長適參奉李敬裕次適趙公淑次適許啓

不肖孤 通訓大夫司憲府掌令 兼 春秋館 編修官 知製敎 洪霶謹狀

연보年譜

1549년(명종 4)	1세	9.18. 정묘시(丁卯時). 고양군 구의면 성동 고봉 아래 귀이동에서 태어나시다.
1551년(명종 6)	3세	용모가 단정하고, 외연숙성(巍然夙成)하여 아이의 행동거지가 아니니 보는 자가 칭찬하여 마지않았다.
1552년(명종 7)	4세	글자를 알아서 사략을 배우기 시작함
1555년(명종10)	7세	봄여 참판 이식(參判 李栻)이 문달산(聞達山) 아래에 거함을 듣고 찾아가 배움을 청하니, 참판공이 그 비상함을 아는지라 소학을 가르쳐 암송케 하니 한자도 틀리지 않았다.
1556년(명종11)	8세	이참판 댁까지 10여리의 길을 풍우한서에도 아랑곳 않고 폐한 적이 없이 공부에 열중하였다. 이참판의 여막 생활이 끝나 10리나 되는 집으로 왕래하며 하루도 빠지지 않았다.
1557년(명종12)	9세	사략, 소학, 시서대문(詩書大文)을 통하다. 사략, 소학, 시경, 서경의 대문제 통과하였다.
1558년(명종13)	10세	한결같이 소학을 지키니 친척이 보고 놀랐다.
1559년(명종14)	11세	사서이경(四書二經)의 대문(大文)을 읽고 문의가 통하다.
1560년(명종15)	12세	홀로 서울에 내우(來寓)하여 주야로 학문에 정진하기를 조금도 게으름이 없었다.
1563년(명종18)	15세	사서삼경을 모두 읽는 것이 삼사백편을 넘으니 드디어 대유(大儒)를 이루다.
1564년(명종19)	16세	시험에 합격하여 향교에 들어가기도 하였으나, 과거에 뜻을 두지 않고 스승을 찾아 도를 듣는 것에 뜻을 둠. 시험에서 여러 차례 일등

을 하여 성균관에 들어가 관제를 유지하였다. 그러나 그의 뜻은 과거 시험에 잊지 않았고 훌륭한 스승을 찾아 도에 대해 듣고자 하는 뜻만 있었다.

1568년(선조 1) 20세 봄에 행촌 민순(杏村 閔純)선생이 개강하였다는 소식을 듣고 왕종(往從)하여 사서 및 선유(先儒)의 성리지서(性理之書)를 강론하였다. 심오한 뜻을 연구하고 의리를 탐색하였으며, 경(敬)한자로서 함양지지(涵養之地)를 삼았다. 제 문생이 모두 그를 존경하고 행촌도 흐뭇하여 미치지 못할까 여겼다. 이때부터 그의 명성은 자자하여 그를 찾는 사우(士友) 및 거경(鉅卿)이 매우 많았다.

1569년(선조 2) 21세 안동의 김부인에게 장가드시다.

1570년(선조 3) 22세 참판 이경유(李敬裕)에게 시집간 장녀를 낳다.

1573년(선조 6) 25세 친병(親病)과 집안의 가난으로 뜻을 버리고 사마시에 합격하여 진사가 되시다. 악록 허성(岳麓 許筬)과 구암 우복룡(懼菴 禹伏龍)과 함께 태학에 들어가시다. 장자 방(雱)이 태어나다.

1577년(선조10) 29세 둘째아들 립(雴)을 낳다.

1578년(선조11) 30세 정시(庭試)에 합격하여 문과에 직부(直赴)하시다.

1579년(선조12) 31세 전시에 1등으로 합격하시다. 예조좌랑에 배해졌으나 일로 인하여 파직되었다. 아우오상, 봉상(鳳祥)이 연벽(聯壁)하여 사마시 생원에 합격하다.

1580년(선조13) 32세 봄에 호조좌랑에 배하다. 여름에 사간원 정언이 되시다. 가을에 체직되어 성균관 전적에 배해지고 동지서 서장관으로 부경하시다.

1581년(선조14) 33세 봄에 형조좌랑에 배하시다. 여름에 홍문관수찬지제교겸경연검토관춘추관기사관에 선입(選入)되고 경연에 입시하시다. 6월 초 8일에 찬성공이 돌아가시고 10월에 고양 성동(城洞) 선영에 장사지내다.

1582년(선조15) 34세 삼자(三子) '집(雧)'이 태어났다.

1583년(선조16) 35세 상이 끝났는데도 극진한 사모함이 그치질 않아 자호를 모당이라 하여 영원한 경모의 뜻을 붙였다. 성균관 전적에 배해지다.

1584년(선조17) 36세 수찬 겸 경연 검토관 춘추관 기사관에 배해짐. 겨울에 병조좌랑에 배해졌으며, 어느 때인지는 모르겠으나 율곡 이이가 천거하여 이조좌랑에 배하다. 사가(賜暇)하였다. 호당(湖堂)이 경서를 교정할 유신을 천선하니 공도 이에 참여하시다. 상(上)이 삼공에게 명하여 당하문관

		중에서 학행과 재망이 있는 자를 각각 천거하라 하니 임당 정유길(林塘 鄭惟吉)이 공을 수천(首薦)하시다. 사자(四子) 영(霙)이 태어나다.
1585년(선조18)	37세	봄에 경시관(京試官)으로서 호남을 왕래하였다. 돌아와 홍문관교리에 배해졌다. 사헌 부지평에 이배되시다. 아우 봉상이 식년문과에 합격하다.
1586년(선조19)	38세	이조정랑 겸 교서관교리에 배하시다. 지평 조숙(趙淑)에게 시집간 이녀(二女)가 태어나다.
1588년(선조21)	40세	봄에 감시시관을 파직당하고, 학관에 배하시다. 언제인지는 모르나 이조정랑에 서용되시고, 정체되어 성균관직강, 사헌부집의에 승배, 홍문관응교에 체배, 의정부사인검상사복시정에 이배되시다.
1589년(선조22)	41세	봄에 사간원사간에 배하시고, 또 의정부사인사헌부집의에 배, 의정부사인을 체수, 사간원사간에 이배, 사복시정에 체수되시다. 가을에 사간원사간사헌부집의에 배하시다. 겨울에 안무사로서 황해도 해서일도에 나가시다.
1590년(선조23)	42세	돌아와 의정부사인겸선위사에 배해졌으나 병으로 직무를 수행할 수 없어 사헌부집의 사간원사간의정부사인사제감청정사복시정을 체수하시다. 겨울에 의정부사인에 배하시다. 오자(五子) 박(溥)이 태어나다.
1591년(선조24)	43세	3월 직제학, 4월에 승정원동부승지겸당상호당에 승배되시다. 상(上)이 삼공에게 명하여 재보(宰輔)로 합당한 사람 6인을 당상중에서 천선하라 하니 공도 그 중의 한사람이다. 6월에 우부승지에 오르시다. 7월 어필(御筆)로 이조참의에 제수되시다.
1592년(선조25)	44세	봄에 일로 인하여 파직당하시고 4월에 예조참의에 배하시다. 왜란으로 대가(大駕)가 서행(西行)하실 때 공이 호가(扈駕)하시다. 5월 초1일에 동파역(東坡驛)에 도착하였는데 부제학에 배하시다.
1593년(선조26)	45세	여름에 사간원대사간에 배하시다. 언제인지는 모르나 첨지중추부사에 제수되었다. 성절사로 부경하시다. 겨울에 돌아오니 우승지에 배하시다. 12월에 좌승지 또 우승지에 배하시다. 셋째 딸이 출생하다. 허계에게 시집갔다.
1594년(선조27)	46세	6월 좌승지, 8월에 가선에 특승되시고 경상도관찰사에 배하시다.
1596년(선조29)	48세	봄에 경사도감사 사체하시고, 중추부사겸비변사당상에 부하시다. 7

		월에 경기감사에 배하시다.
1597년(선조30)	49세	겨울에 중추부사로 체부되시다. 11월 동지중추부사, 형조참판, 부제학겸비변사유사당상에 배하시다. 여섯째 아들 착(霍)이 태어나다.
1598년(선조31)	50세	8월 한성우윤, 12월 홍문관부제학겸비변사유사당상에 배
1599년(선조32)	51세	3월 한성좌윤, 6월 충좌위상호군에 체부되시다.
1600년(선조33)	52세	7월 호군겸만경리접반부사, 8월 성균관대사성에 배하시다.
1601년(선조34)	53세	정월 상호군에 체부, 9월 겸세자좌부빈객
1602년(선조35)	54세	정월 호조참판사헌부대사헌에 배, 4월 상호군에 체부, 6월 안동부사에 배하시다.
1603년(선조36)	55세	통감을 간행하시다.
1604년(선조37)	56세	9월 관직을 버리고 귀향함. 12월에 호조참판에 배, 성균관대사성에 이배, 장손 주일(柱一)이 태어나다.
1605년(선조38)	57세	4월 동지중추부사에 배, 호조참판에 이배, 장자 방이 중공무과에, 사자(四子) 영이 사마시 생원에 합격하다.
1606년(선조39)	58세	봄에 성균관대사성에 배, 5월 부호군에 체부하시다. 삼자(三子)집과 조카 정(霆)이 사마시 생원에 합격하다.
1607년(선조40)	59세	2월 청주목사로 출수하시다.
1608년(선조41)	60세	10월 사간원대사간에 배하시고, 중추부사에 체부되시다. 11월 사헌부대사헌에 특배되시고, 12월 홍문관부제학에 배하시다.
1609년(광해 1)	61세	여름에 사헌부대사헌에 배, 성균관대사성에 체배, 대사헌에 배, 가을에 사헌부대사헌에 배하였으나 친병으로 사체되시다. 10월 초 7일에 대부인 백씨가 돌아가시다.
1610년(광해 2)	62세	여름 셋째 아들 집(霪)으로 하여금 백사 이항복에게 찬성공(考)에 묘갈을 받도록 하였다.
1611년(광해 3)	63세	복상이 끝나자마자 부제학겸여고에 배했으나 사양하여 호군에 체부되시다.
1612년(광해 4)	64세	봄 사간원대사간에 배, 사체. 여름 성균관대사성겸동지춘추관사에 배하시다. 9월 개성유수로 출위하시다.
1613년(광해 5)	65세	태종관에서 용두회(龍頭會)가 베풀었는데 모당이 주벽이 없다. 공이 노쇠하여 여러 차례 사직을 올렸으나 체직되지 못하였다. 육자(六子) 착이 사마시 진사시 합격하였다.

1614년(광해 6)	**66세**	임기 만료되어 돌아와서 고양 사포면 백암포(현 고양시 대화동)에 작은집을 짓고 낙양(樂洋)이라 편액을 달았다. 퇴임 후에도 시대를 걱정하는 한결같은 마음을 잊은 적이 없었다. 조정에 실패에 대해 들으면 크게 탄식하며 술로서 울분을 삭히기도 하였다.
1615년(광해 7)	**67세**	9월 19일에 졸하시다. 4월에 병이 깊어 옛집으로 모셨다. 월사 이정구가 파직되어 서호에 있을 때 모당께 문병오다. 9월 19일 서거하시다. 12월 14일 고 봉선영에 장례. 임금이 조제문을 내리고 별도 부의.
1789년(정조13)		**2월 12일** 임금께서 선대 왕릉에 참배하시고 고양의 원로유생 접견하실 때 "홍이상에게 치제하라"고 명령하시다.
1793년(정조17)		**12월 15일** 홍이상의 후손 명주가 급제함을 아시고 영의정 홍낙성을 보내 홍이상에게 치제하시다. **12월 17일** 홍이상에게 증 영의정 증직과 시호 문경을 내리시다.

찾아보기

나

다

라

아

자

만사輓詞 · 제문祭文

영인본

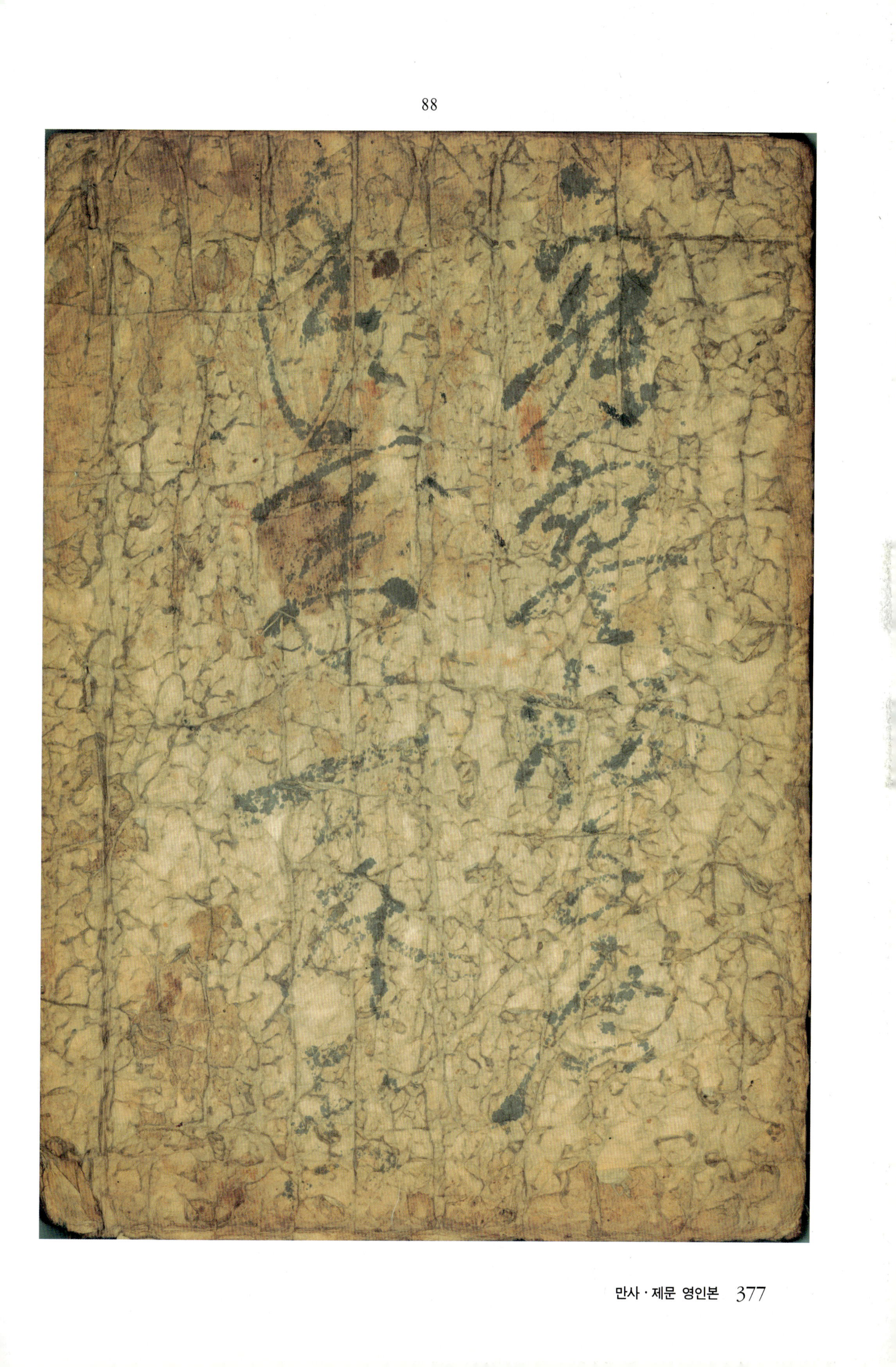

87

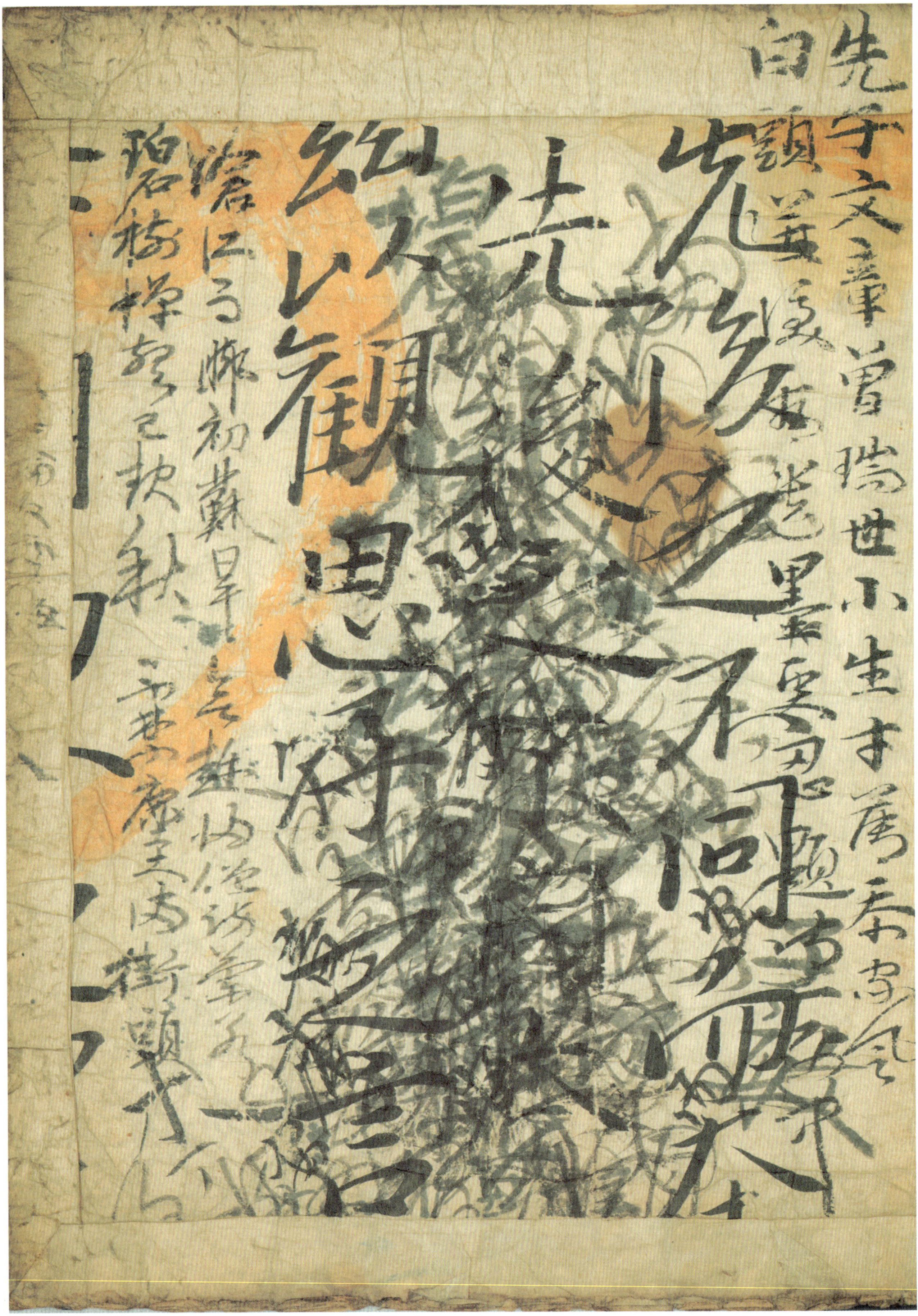

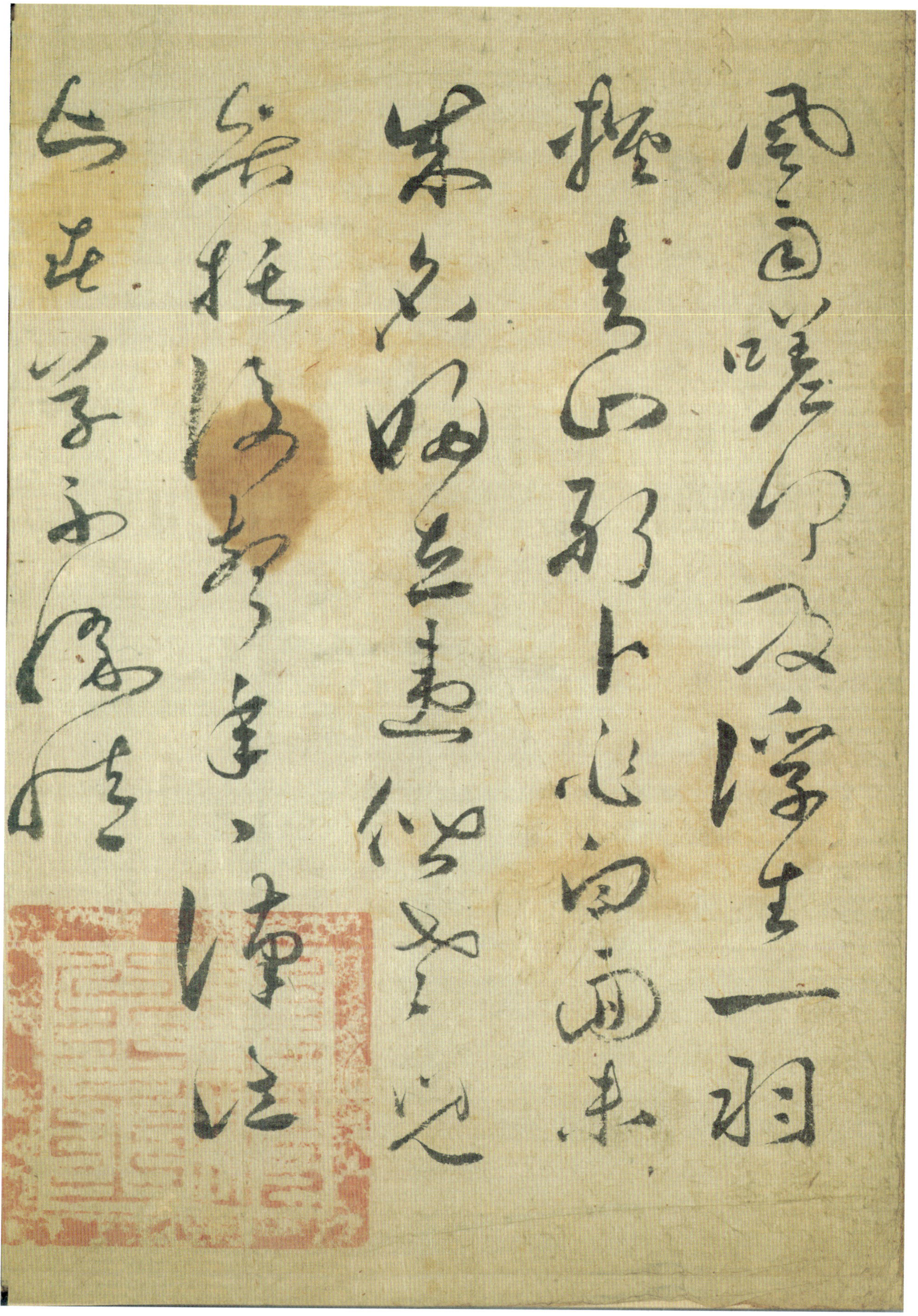

85

福德人誰從尊榮子可攀大夫先即世令子已清班
白日何流邁浮生若往還豈知双劒合忽在二年间
奠祭禮無缺經營事益艱焚香臨几卓衛戚見容顔
素幙開真宅毋能入故山一门宗族盛執紼潸淚々

比肩不待張林銘若鄭口碑足此便流傳

又　族文正字李明漢

都憲聲名圭章知夫人婉德子孫宜存亡只是人間

痛會合寧非地下期延水驚波沉古劍張林大筆勒

新碑諸孤藁苗終何恃泣血衰麻又一春

又　前正字南溟羽

子婿盈庭畫鳳麟世间豐福孰爲倫崗城哭處催長

夜寥落青门泣路人

又　戚姪宗瀾

淑哲名賢配從来壼則端生男皆秀朗教女亦幽閑

又　行司果睦叙欽

倏忽人间世光陰六十三崇封榮二品餘慶有多男
毋旐高峯下新阡洛水南挽歌行欲絶哀淚自難堪

又　前佐郎李桀

錫羅尊榮家正肥人间福履溢门闌端莊淑德今無
比窈窕徽儀古亦稀學舍三遷勤訓誨家庭諸彦動
光輝笑君哀綴生涯盡一閉佳城涕滿衣

又　前縣監許宗

幽閑淑行自髫年和穆閨门宣间然寶樹盈庭方享
福杞城崩哭竟呼天人中富貴元稀世身後芳名少

又　前判官趙緯韓

接閈仍聯戚升堂自絳縣貞徽由閫內儀範得周南

娘德封巍爵娘賢擁六男況今双劒合泉下目應含

又　行司果南以雄

娘德娘賢無不宜人間毋媪祝如斯厥姜書笑仍成

鑁解叔宵祈竟不醫双樹泌原從古禮大家閨範更

誰師升堂昔日同筍八窓寫哀詞淚自垂

又　行司果李景稷

自從笑夫子哀疾臥沉綿生死俱情禮存亡只後先

僉斯餘慶足內則令儀傳寂是雖禁淚孤襟曉月邊

月積慶门閫聚德星鳳穴絡空違契洞龍泉還合佳
幽寘榮光淑行俱無謙應入張林婦道銘

又　咸鏡都事睦取善

琴瑟如何忽斷絃可憐歸矣微蒼天果山傾處誠通
石湘竹斑來淚到泉六袠加三知有壽八龍除二況
皆賢傷心家是高峯下宿草萋、過一年

又　京畿都事中得潤

瑤臺暫謫女仙行配德名门婦道光謝玉蘊三蘭並
秀荀龍除二棣齊芳天時去歲終今歲人事前喪又
後喪落日高峯山下路不堪薤唱更悲涼

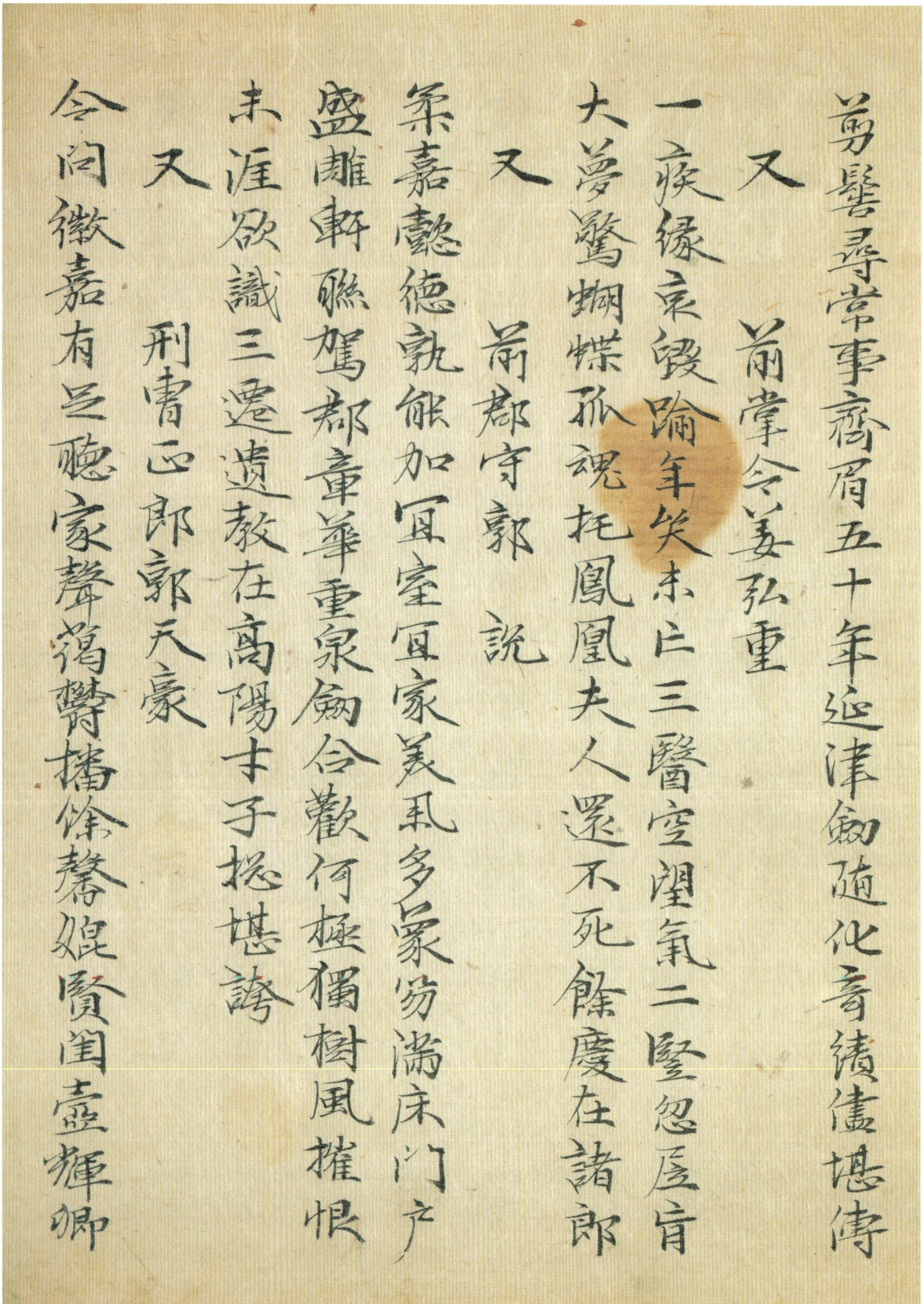
笏髻尋常事齊眉五十年延津劒隨化奇績儘堪傳

又　　前掌令姜弘重

一疾緣衰鍛踰年笑未亡三醫空望氣二竪忽居肓

大夢驚蝴蝶孤魂托鳳凰夫人還不死餘慶在諸郎

又　　前郡守郭　說

柔嘉懿德孰能加宜室宜家美風多笏滿床門戶

盛離軒聯駕郡章華重泉劒合歡何極獨樹風摧恨

未涯欲識三遷遺教在高陽才子揔堪誇

又　　刑曹正郎郭天豪

令問徽嘉有邑聰家聲藹鬱播徐馨媞賢閨壼輝卿

又　軍器寺正南以俊

賢以娘賢多貴子人間榮慶孰如斯夜祈誠孝嗟無
賴晝哭沉綿竟不醫誓重同穴歸太忽年齡及耋理
雖知蒿山寂寞難斷忍見諸孤血淚垂

又　司憲府執義金質幹

鍾毓坤貞純萼夷黃雖中德耀門楣庭聯桂玉榮諸
子官誥蹯花慶一時玉匣鸞分知幾歲龍津劒合會
在斯連門早忝升堂拜哭送靈輀涕泗洏

又　前府使李忔

早托芳隣下仍欽婦德全閨門儀可範蘭玉慶何綿

難憑春坊棣萼聯瓊樹積善終知慶可徵

又　行司直睦長欽

早著坤儀肅未歸積德門玉笄宜象服朱幘飾魚軒
遽委閨中質甘從地下䰟源深流更遠餘慶屬兒孫

又　吏曹參議柳希蕟

賓敬閨門肅蘋蘩婦道閑更看偕白首相繼夢青山
玉軸身仍貴芝庭慶益蔓高峯歸葬遠丹旐路漫〻

又　行副護軍柳希亮

世間專福德稀似大夫人崇位封貞誥敦仁睦衆親
出言皆軌範低頷盡簪紳哀毁仍成疾天心忒塞堙

貞姿毓德出高門配作名卿福履繁宅主光榮恩誥
煥閨庭敎睦母儀尊眼前舞彩大夫子膝下含飴內
外孫從過一朞双會奄千秋茲事責高原

又　行護軍金止男

結髮乘龍婦道全衿纓昭訓動無愆疏封耀後因夫
貴才子盈前爲母賢奄逝泉原纔一歲甲寅人世又
三年病中辜負西郊紼夙忝連家信愴然

又　行護軍李安訥

留後儒林仰勅興夫人婉德共嗟稱六旬詎是仁躋
壽二品曾非位滿能擧世懷賢心若失連年降割理

已纏哀毁一朞隨逝水荒山宿草幸同阡

又　同知敦寧府事金玄成

從夫爲命婦花誥有輝光但喜裯朱瑟寧愁賦綠衣
鳴鑾三女淋浴盡六男傾喬木凋蕭夕滌閨掩落暉
練冠猶慘惔新塚又崔巍可是哀榮事同歸曉露晞

又　完棠君李順慶

蚤醑由來婦道馨于刑貽厥裕家庭連枝寶樹真餘
慶並美華封亦罕榮善哭經年哀毁盡沉痾彌月願
言成翻然一夕風隨鳳夫我何悲是所寧

又　同知中樞府事李德馨

龍門曾御丈人行久識名家婦道光一禍頻年天不
悔六旬浮世夢還忙萱凋堂背春猶惨劍合泉臺夜
自長唯有綿綿餘慶遠佇看蘭玉笏堆床

又　行司直　權憘

柔嘉美質協于歸早托名門婦道宜中饋哭年閨範
正屋孀半載戚容萎三從令德人皆慕五福榮光世
共知夙與藁砧情義篤哀詞欲寫淚先垂

又　户曹參判　崔瓘

高門淑德配名賢琴瑟調絃四十年周澗蘋蘩奠牖
下謝家蘭玉滿庭前鸞回紫誥恩煥重鳳去丹樓病

集朱帷白髮琴瑟和烏啼父母三年血劍逐雌雄萬
里波自是源深流更遠金貂百世可傳家

又　戶曹判書李　沖

晝哭仍成疾冥行未了冬人間同穴誓泉下隔年逢
黼室餘三鳳荀家少二龍白眉情最厚老淚自無從

又　行護軍沈　惇

一代衣冠望老成夙欽貞質媲英名龍巳巨渊人誰
恃鳳拆中霄歲遲更女史儒林堪並錄新封宿草㧾
傷情深知爽世仅餘報舊德芳猷謁後生

又　行副護軍金尚寯

年春自憐夙昔通家好衰白那堪涕滿巾

又　帶原君尹孝全

偕老深盟到老違同死祔窆一時歸塞淵齊邀人間

少聲懿幽閑世上稀三女蕙貞知內則六男蘭茁是

餘輝升堂情義同親黨敬奠單觴釋素幃

又　知中樞府事申　湜

留後總經練夫人又繼薨如何天不弔忽[忍]此禍相仍

舊儷寒帷鎖新阡缺月澄難歌催曉發行路亦沾膺

又　行司直鄭　瞱

配賢貽德福何多中饋蘋蘩禮不頗翠竹蒼梧鸞鵠

又　驪川府院君閔馨男

昔有三遷母如今見一人恩封知貴〻庭訓及詵〻
鳳去幾經歲鸞隨未七旬門中曾慕德此日更沾巾

又　吉昌君權悏

夫子當年荷寵知夙聞閨範一遵規鈌妻嚴慎如賓
日冢婦溫柔舉案時鳳去瑤臺悲莫返劍歸延水好
相隨堂前賴有森〻玉條慶應須不盡期

又　海昌君尹昉

床下六龍翔一世人間五福萃寰親俄驚天柱峯摧
日継見延津劍化辰沙幔未忘前夜業新阡猶帶去

又　延陵府院君李好閔

緬憶于歸日　經今五十年　蘭陵聞善養　玉佩見相傳
剪髻賓筵懃　趍棣子舍賢　襄袁遲一歲　琴瑟會重泉

又　晋原府院君柳根

宿願成偕老　餘生肯獨留　龍先泉下合　鸞影鏡中休
積慶兒孫盛　治家婦道脩　人间享五福　六十又三秋

又　行同知中樞府事朴弘耉

夙著幽貞且塞淵　可嗟人事覺遽然　至今衆澤先侯誼
當日家庭內相賢　六子滿堂尊一毋　百年成說契重泉
永歸其室丘原古　悵望春山宰樹連

氏位挽

挽詞 鰲城

新阡草未宿 舊穴祔何忙 劒合延津古 舟移夜壑涼
定知生草草 誰謂事茫茫 遲暮湘纍恨 因書淚自長

又 一松

琴瑟雍和五十春 采蘋南澗奉精禋 三從婦道曰時
盡 九育慈恩在處均 今歲禍猶前歲禍 未亡人是已
亡人 重泉双劒應歡會 忝此諸孤孺慕新
憶曾頻忝壽親筵 隆養皆稱主饋賢 照座鳳凰愉色
灩 滿堂蘭玉舞衣鮮 人間福德千家頌 地上神仙萬
口傳 豈料如今逮降割 偏教孝子叫蒼天

寥闊神駕 啓路心摧 腸腐 我哭我哀 一奠掬酒 神其知否 嗚呼哀哉

刻去饗

維四十三年歲次乙卯十二月朔癸酉二十八日庚子 西原郭說敢奠于亡友留守洪公之靈 嗚呼 在上
江漢擢秀 山岳降精 公也鍾生 姿質淸粹 受之自天 胎珠出淵 生而岐嶷 頭角嶄然 淸
標映人 其在髫齔 兀乎老蒼 端雅嚴莊 英才脫穎 邁衆超倫 鶴之鷄群 早自惕厲
硏窮奎婁 下帷心篤 典謨是式 不喜祿仕 而公之志 重有嚴親 不能自決 永謝科業 英年
登芳 文思炳烺 嵬捷龍榜 聯英臺閣 出入淸要 乃分之宜 銓曹用人 若衡之平 人服其明
經幄論思 語若懸河 玉音曰嘉 脫出爲善 累莅百里 民受其惠 受命艱危 寒暑棲竹 床左
經右史 凝神塊坐 淡翁野老 杖屨來往 物外逍想 身在田廬 志切愛君 心懸北宸 扶
携藜病發 輦轂故來 丹心未灰 朋知士林 方喜復得 若鵠有鷺 天胡不遺 一病轉劇 罔措
奄及仗策 亡矣吾黨 誰依胡不示憶 嗟余不佞 少同里閭 且其同師 所知一朝 失我良朋
有淚沾膺 山川寥闊 神駕啓路 心腸摧腐 我哭我哀 一奠掬酒 神其知否 嗚呼哀哉

望元年老蒼 端雅嚴莊 英才從穎 邁衆超倫 鶴立鷄羣 予自揚
厲研窮聖學 下帷心篤 曲謹是式 喜而仕而公之志 堂有双親 不敢自
決永廢科業 榮華外薄 文思炳朗 嘗捷龍榜 墨 英其毫閱出入清要
乃分之宜 詮書用人 若衡之平 人服其明 經幄論思 語若珠何玉音
日嘉 晩歲爲養 屈跡百里 民受其惠 受命艱危 塞惟嶺左 甘棠
尙化 中年褒之 退之丘園 攜終天年 松檟竹床 左經右史 凝神
愧生 於前野之 杖屨來往 物我無想 墨 乃在田廬 志切愛君 心
强少辰 扶携羸病 肇轂仍來 丹心未厭 明知士林 方喜復得 若鵷有
鷺 天朝之遺 一疾轉劇 罔措奄及 儒宗已矣 吾黨誰依 嗚呼永噫
嗟余之倭 少同里閭 且與同師 那知一朝 失而良朋 有愈治膏 山川

亡友洪公之靈惟靈天挺之才學而凌知餘子文章華國之資望重

冕領袖儒林居然出世所以決不晚於此志施于一郡而民不直古風

所以世道晚歎育懷桂林之一枝攀芳冠將去綠野堂成於眞順杏花

窮遽於天報之仁而奪之遽天不憖遺人之云亡邦國失蓍龜

士失矜式先生提撕誘掖幼少追隨情深骨肉子去毛皮數日

之程三年之間猶疑夢耶秋猶之烈哀哉花二場九原永訣

注告永笑注仰告猶止此言綴家一奠花傷遠遊雙瞳尙饗

維萬曆四十三年歲次乙卯十一月癸酉二十日庚子西原郭說敬奠

于亡友留守洪公之靈嗚呼洪澤惺秀山川降精公也挺生美哉

淸粹爰之自天胎珠生胤早而岐嶷頭角嶄然淸標映人其在習

呼哀哉若有所來一枝松老兔絲從逝悲纏何云亟交情朋厚

揖世英一朝永訣夙何痛哭情不自定復不才禁淚莫陪隣

田愧自靈神以爲應乎來格嗚呼哀哉尚饗

維萬曆四十三年歲次乙卯十一月癸亥朔二十八日庚子李大齡敢

告于前守令公之靈嗚呼哀哉令公向至於邪而遽去有壽而壽不稀

有而才老而用而用不大爲嗚呼哀哉事親誠孝寡志世遂而

居官益守正不回得慕懿學修子劉畢不及而見諸形義理極

乎誰惟世世後人嗚呼哀哉系以靈姑久存山之嶮毛如雲和風鵬一

慟哉後如川不已長存尚饗

維萬曆四十三年歲次乙卯十月朔癸亥二十八日庚子朴忠生敢祭于

一疾沉綿衰殘之餘執手永訣言氣安平余何毋至精力
甚憊公曰噫子死亦如我視死如歸余亦何悲今日之此日
亨去一笑入可萬古幽宅高嚮
維萬曆四十三年歲次乙卯十一月癸丑朔二十九日辛丑孤子男李
愼儀敢告于故開城留守洪公之靈夫人之生也亦世死也亦世也
生由之而生死由之而死一生一死其亦常理甚君之而笑莊生之而
誤善而以此故也雖死亦之而生焉然者從未而無來杯也而
言而笑者寢淡寞而厭世遺世休休之堂雖鄰[illegible]及之而政之之
而善人莫與偕春風之面明月之而韞玉淪淺自然之輝嗟
遍何從保而是指山之一掩復覩何日千秋萬歲以訣言烟嶋

日維弱冠惕然志學迷不知方如聾擿埴爰叩卓爾乃或從德於辛丙
沉潛斯人悚然感心若夜誨諄諄首學言敬字是學根基爲友亦易擇在偲
切退而思之如夢乃寤吾得一友公得一友其友伊誰惟公惟吾丙燈
雪夜萬卷案編顧余鈍步時乎策鞭伊我之遲惟公先之伊我之誠
惟公法之惟公是師伊我劉之惟公不甚終始勗之旧學荒除追
媿先師嗚呼知乎虞庠序嚴挑進登既有名已有通籍瀛
洲岩廊爰庸經幄移謨友世政寇壽必稱惟生已丑玉
不得英齡之紹禪正色抗言嗚呼公乎惟公家政空於己
翁世所恰恰斯來勵勵重日丙郡一斯思注及友壽今日
於邪是雪晚期日以感懸之年庵偈遊息是左琴右書

萬里同衾稱鶴壽席宴慶升堂當依膝漆未足方公風淸得家
挽鄰鄙誤公城主以等柔共治傾情儀主濡首偃室湖玉苗競環
詩森列欽公盛福無加彩情轉移人事乍成陳迹云念疇昔只恨
阿姐嗚呼哀哉余羅家患杜門屏伏不出戶庭已多月日聞公卧席
既云日疾速公易簀又未執訣永負追隨此恨何極佳城之卜吉行
初過鞭羸出儀始哭公殯長號篋中石還遺頃聊奠一杯辭以侑
之英靈不昧于我格思嗚呼哀哉尙饗
乙卯冬十月二十九日故人金呂一謹以酒果祭於亡友洪公字某之靈
嗚呼知子日惟少年與公從遊翻雲覆雨夜向同袍公食余分余酬公酬
詩壇鬪筆以公爲陪詩浪相戲推余爲首先後同生同死嗚呼知子

申湜謹以酒果之奠敬祭于故司憲府大司憲可菴堂洪公之靈嗚呼哀哉
惟靈氣稟薰之德玉潔之姿早從師友學以充之如彼明珠初生于海
人爭寶之其資自信餘事宏詞再魁丹墀温飽非心故得是稱遭逢
聖世際昂清時殊不踰沃邇躬寒暑澤蓬山清職儲春花鳳蓮金風
流輩莫適堪人可喉舌出鎮方岳聲世不宜所至底績奧左新秋
自我收擢長臺閣條獎之宿將移大任多所歷試俾躬受休保隆有
壽癸低出熟內外從衆罕中姻月可以優游永笑終老涵泳春心
元妄之疾有從寡人瞻就醫城閭寡物是須豈停長于所恃神扶
如何不淑至於斯(退)理不可測天亦難知不憖之痛上軫宸心云云之嘆下
億儒林況余吾儕傷慟尤宜任嗚呼哀哉余以濫芳久辱知音飲氷承京

公於金蘭契叶瓜葛情行文酒逢場幾變開壇數日不見命駕相
呼公來我往有酬無酤同聲齊響如鼓如桴激昂宇宙
歌詠嗚嗚忘年之好也至白鬚何知此日棄我長徂長山
埋璧大海沈珠士失前峯星坼天樞歲暮晴依踈踈殘軀嗚
呼哀哉君庭雪晴小齋塵壅百年交誼一束生芻嗚呼哀哉尚饗

維萬曆四十三年歲次乙卯十月甲辰朔初十日癸丑故人晉
陽河渾謹以雞酒敬奠于近故某官几筵之下嗚呼哀哉惟公
孝友其天慈祥乃性豈弟君子無愧古人笑語諄諄不可復執
千里來哭天地茫茫嗚呼哀哉尚饗

維萬曆四十三年歲次乙卯十月癸巳朔越二十八日庚子知中樞府事

幸矣乎遽樂乎淚眼相視天地窮途俄焉再訪公之人扶言雖不爽形
槁而枯握手而曰吾知免夫在世何心於分已踰既見君子今我歎快幸
與之訣暝目泉塗言猶在耳千古須臾嗚呼哀哉厚困人遵榮賁世
趣公惟介視以榮為虞死生之際不動者無公惟達觀以死為娛嗟蓋
公厥世胄與同態富貴腐鼠春秋悽怙不死如吾可知顛躓推擠不去
羈藩跋胡來屋危趄低垂嗁嚅每思公言自愧區區公在九泉應我
揶揄嗚呼哀哉溫溫美玉皎皎冰壺詞兼哲匠經術醇儒世固莫
如亦公之活叔世偷風人鮮不渝獨持舊聲為世楷模晚節投閑混
迹肩遠困而益亨不復崎嶇生安死順德完名孚是公之卓人孰與俱
嗚呼哀哉亦之知公三十年于公先我後接武天倫公女我息我子

致樽酒論文而忘所適 羨康白首 宗兄相呼 松亭之別 沙峴辭泣 夢想三
載手札在送歸來西郡 一就問疾 誰知此會 乃是永訣 公行我隨 終先
後耳 況彼高卿 因為卜地 墓誌之託 深及撫手 我非昌黎 昌揚子厚 危懷
況非星告病寒 聖上受針 亦瞰問安 聞公即遠 無由執紼 平生厚義 到
此而缺 冥途相見 頗厚悔恨 切矣有靈 應怪禮衷 夫人扁病 何以勝哀
事同一家 實所憂惶 六個孝子 二郎最癡 子子無兒 情甚矜惻 言
長意短 萬事已矣 今年祭不以躬 視天茫茫 嗚呼痛哉 尚饗

維萬曆四十三年歲次乙卯十一月癸酉朔二十日壬辰 延安李 謹以酒果
之奠 敬祭于嵓堂洪公之靈 曰 曩余貶謫 謫棲西湖 公時始病 訪我城
隅 睽離幾何 三載松都 往事驚心 終日悲吁 公為我言 知子者吾 吾病

彼天蒼蒼凡我同朝孰不嗟傷况茲一院鍾武趨蹌追想風裁俾也可忘謹陳
菲薄冀歆一觴嗚呼哀哉尚饗
維萬曆四十三年歲次乙卯十一月癸酉朔二十七日己亥青松沈喜壽謹以香燭
酒果之奠敬祭于 亡友共留守慕堂之公靈几嗚呼我公胡遽棄世嗚呼我
公棄世得計得計伊何無憾云爾既曰無憾今可去矣事親則孝事君則忠
忠孝兩至行誼所宗文學詞華在人之右子孫福祿鮮與爲偶位不滿德亦
至亞卿龍頭高選鳳閣清名壽未及稀猶是耆舊一丘荒土彭殤曰擇
人罔多事泉下有佑啓以手足浩然而歸嗟我與公相識差晩丁丑到今
歲星四換歡然相得久而彌敦榮辱升沉一向安命湖堂春席不
過官交婚媾連家非漆非膠心所愛慕惟在道義糠粃居先瓦雖之

遣禮曹佐郎安璥諭祭文

惟靈圭璋之器金玉其相擢魁黃甲夙彰斗望遭遇 先朝歷敭臺閣賜暇湖堂摛藻炳蔚久掌絲綸詞令典實既亞天官又長三司恪謹其職譽洽一時遽乎嗣次齒尚未衰位不滿德大限俄窮天奪之速有傷予衷茲遣禮官致誠菲薄魂其不昧庶幾格來

維萬曆四十三年歲次乙卯十一月癸酉朔二十八日庚子承政院行都承旨尹銑左承旨金止男右承旨韓纘男左副承旨黃璡中右副承旨任兗正同副承旨鄭造等謹以酒果之奠敬祭于 卒司憲府大司憲洪公之靈惟靈瑚璉其器金玉其相名冠桂籍望隆鵷行歷敭臺閣蜚英玉堂論劄剴切餘事文章屢試牛刀再詠甘棠觧官在郡養疾高陽而終邦彥一代雅望何奪之速

模範高名自布衣 壯元聲價動宸闈 早知雅量
同夷險 方信危途免是非 兩代遭逢留國乘 暮年
心事掩郊扉 人生百歲誰無死 淺寰吾君得所隔

經術詞華早致身 雍容風裁映簪紳 當時進退關清議 他日論思憶
舊臣 識輔謾留三載化 江湖纔卜一年春 最是宿草交遊盡 雪裡
孤齋淚滿巾

禮曹判書月汀李廷龜

自從髫髮侍先儀情是门親義則師笑羅城西脩路
隔曉風殘雪獨躊躇
陪遊忽憶去年冬笑對湖山雪後容依舊草堂今寂
寞不堪回首望高峯

余再拜泣躑踟同升永斷望援引肯立朔風迷路歧

又 承文院正字辛慶衍

淸淑佽鍾挺我東鳳翔千仞止梧桐學尋月窟龍頭

早步瀾雲梯驥足通四海文章辭播遠一生家國孝

移忠三成刀夢由專養再茇棠陰簡聖衷図任啟勤

新渥重丐閑留守故都雄休官已慱治三逕歸洛蕭

然有二童多病所須還舊宅奪賢何速憖蒼穹壽仁

猶欠七旬滿較德誰言八座崇継掌絲綸能世美捴

看蘭玉續家風屢陪杖屨偏蒙眷慟笑吾私不獨公

又 承文院正字南溟羽

黃金橫帶壽稀年踏盡青雲雨露偏泰嶽高名傾後
代淵源學力契前賢傳家忠孝遺風在釋紱江湖晩
計專一疾沉綿驚木稼緬懷吾道淚漣〻

又　前典籍洪千璟

雅量冲襟世莫窺得之何處失何思惟逢宗族先諧
笑彊對凡庸少皺眉早歷淸要榮已極終休開府數
還奇陸龍可敵荀家八瓊樹多生謝氏枝蛇浦方營
綠野計菟裘俄夢白雞悲應將舜孝平生慕分付潘
輿後裔垂條〻靈輀薤露曉翩〻丹旐雪氷時歸人
湖海阻携紼異日雲床期莫危從此三霜門寂寞奈

幾年長抱執鞭誠曾過松都始納名換紱乍聞辭厚
祿輟卷誰意下佳城謝庭蘭玉人爭道吏部文章世
已驚薰德此生寧復得朝雲寒雪助沾纓

又　兵曹正郎南以雄

疑慕

斯文雅望冠儒紳不慕辭榮世幾人寂寞高陽從此
日孤峯雪月是分身

又　前正言李　廷

兩朝身與國安危一夜霜風凋玉芝精爽不知何處
去芙蓉城郭五雲圍

又　前佐郎李　桀

禮窮人老人俱無情

又　弘文館副校理金質幹

金天華嶽降精英德望文章擅妙吟論道廟堂知至理承流垣翰播仁聲衣冠世業光前輩孝友家風起後生塵暗德帷宵燭盡不堪薤露送丹旐

又　吏曹正郎朴鼎吉

樹立早年崇地望優游晩節見天真文章餘力老猶健夷險一心磨不磷位止亞卿寧稱德年纔下壽詎徵仁傳經賴有後昆在留與高陽稱八人

又　兵曹正郎高用厚

思詔草才家在西郊身暫退心懸北闕夢頻回有經
不換傳孫寶無事長傾盡日杯故里絡尋松菊在晨
歌俄報棟樑摧高陽池館賓朋散峴首滄茫耆舊哀
謝氏有兒羅玉樹萊公無地起樓臺少時騎竹交遊
舊浮世駒光歲月催同學故人皆寂寞惟餘老我獨
悲歎那堪他日西州路冷落寒烟鎖草萊

又　前郡守金昌一

祖道初聞發曉車攀轅雪裡更躕躅九泉應見烏山
舊爲報人間此老餘
寒泉子與衿陽客相對悲歌意不平財力筋力未以

雪漫空夜不晨小子病違萬里餞坐聞薤露倍沾巾

又　前府使朴孝生

少從雞窓作蓬麻兄事元方分義多驚世喜聞鳴鳳鳥遭年忍見值龍蛇情均骨肉寧相負哀喻緦功定有過却恨徐生未籍飯傷哉貧也慟如何

又　前正郎郭　說

籍甚聲名動八垓早年場屋冠文魁文章自是真餘事吾道由來賴植培西掖演綸揮健筆東銓持論揀群材雨朝侍幄緣明主百里分符爲養陔學力已從心上得忠誠亦自孝中來嶺民久結甘棠愛朝議長

又

右通禮韓　懷

游學魚同隊聯姻鴈一行榮枯情獨舊存沒恨何長
魏闕違方遠郊栖樂未央白頭無籍在空復慟人亡

又

前府使李　忔

早將清望聳朝紳絰幄從容四十春美玉何煩求衒
鬻精金元不受緇磷家庭孝友言無間里巷薰陶德
有鄰鑾嶺爰崇宣聖化清春分竹爲孀親文昌位秩
推先進喬木邦家有世臣蘭玉慶綿由積善龍蛇歲
逼笑賢人來鄉卜築誠非偶晩節歸休計莫伸福德
古今誰比擬哀榮終始邁凢倫丹旐啓路寒無月白

想爽襟虛飛埃做宦還多倦古國留侯是用舒退野
竹裝惟霽月息機心事但江魚法魁天上收光彩瑞
璧人間足貯儲小子晩聞同測海盛年佳蹟復何如
又　議政府舍人丁好善
天球不琢粹而温早歲樞衣在杏村鳳擧儒林辨價
重鵬搏雲路望譽尊投簪晩挹前修躅捲袂終傷古
聖言積善方知餘慶遠猗蘭奕葉賁高門
又　司果李忠養
當時推德望廊廟謂先登齋志身還老歸田病未能
聖明如失鑑文獻更無徵壽富雖難備多男世共稱

夜臺牢鎖直廬孤執綍欲書情素又難裁

又　弘文館直提學柳希發

人謂邦家有老成兒童亦識誦公名文章再首龍墀策仕宦重開蔽芾營廿載異恩經幄罷兩朝殊遇死生榮即今鳳穴遺毛在雲路他年不墜聲

又　司僕寺正柳希亮

憶曾披褐泮宮居函丈頻承大學書教育不踰誠正外闡明咸述泗洙餘諸生景仰齊星斗一代推尊若執車直道尚能扶士氣卷懷胡乃解瓊瑤叨簪史筆登筵日啟把朝綱補袞初近座幾陳清議切至今猶

雅論風收響箕星彥有晶门庭龍鳳在應不墮家聲

又　分兵曹叅議李廷龜

序齒游庠日聲名一代陞鑾坡曾納約柏府舊秉驄

堯舜君民志浮沉荏苒中終知餘慶大蘭玉續家風

又　分兵曹叅議金　涌

高名頎德冠朝紳介福如公又絶倫群玉瀛庭多妙

選兼金橫帶益清貧九天鸞鳳登崇日平地神仙退

老身年倍顏回非不幸所嗟猶未壽斯人

春風座接太和杯別後星杓問幾回花府二天深雨

露松京一札重瓊瑰日望儀表還朝右誰料容音隔

早擅詞林折桂魁一時英俊盡追陪心存輔翼辭名
重學有淵源德量恢晚歲宦情求外補故園歸興托
深杯鴒原痛切仍成疾蝶夢驚回便作哀聖主方期
舟楫用親明忽悼棟樑摧年踰耳順猶稱壽位止腰
金不滿才庭列荀龍綿福慶匣分雷劍鎖塵埃連家
夙荷陞堂義此日難堪淚下腮

又　承政院左承旨金止男

士類推前輩名場擅獨鳴青雲隨步武白日近承明
出入俱餘刃行藏動合程冲和誰指摘蘊籍遠機坑
遺愛松都政殘年野墅情木氷嗟永逝杯酒想平生

朝廷推雅望儕輩倚高名伏蒲焚諫草抽笏珮杜蘅
蓬萊真學士金玉乃公卿昔在八方涵曾同萬里行
頻聞馬上句長入夢中驚時去兩分散愁來各飽更
重逢賀聖節正值守開城繾綣當時意悲歡舊日情
相看憂疾病終至隔幽明三女自家道六男皆世英
芝蘭留後事風雪內先塋白首今題挽丹旌永別京

又　禮曹參議柳澗

白雪沾牛目丹旐駐馬顏年踰六十許官止貳卿班
文彩收南斗儀刑仰泰山青氊知有繼諸子盡瑤環

又　行司直任章

九京尚賴門闌瓊樹盛世家官譜可傳拜

又　晉寧君姜弘立

早歲拜華熟與肩天門射策冠群賢優游臺閣餘三紀密勿論思又一年未老丐閑身已退在家憂國志猶堅那知微恙終爲祟緬憶風儀涕漣泗

正色論思衆所危舊京分守荷鴻私江湖不負歸田計廊廟虛抛濟世資荀氏兒孫皆爽氣榮公家法盡良規荒原寂寞容音隔杖屨何緣得再隨

又　同知中樞府事宋英耇

懐珠人所貴攻苦道方成登第首龍榜隨班食野苹

39

金蘭托契又同庚髫齔追隨若弟兄連袂鱣堂偕受業攻文藝苑共求名升沉從異青雲路肝膽相傾白髮成笑盡心知吾獨在此生誰與更論情

又　同知敦寧府事金玄成

清班華序倦翺翔爪藩分司兩鬢霜一病竟嗟當木稼百年終負返桑鄉師門授受深探緒親策天人獨擅場汗簡流芳知不朽浮生寧比隙駒忙

又　漢城府左尹曹　倬

懸車當日謝簪纓歸老猶深戀闕情玉署鑾坡曾擅望虎符麟節發蜚英三秋一病嬰双竪六紀浮生忽

暮途誰識我舊要獨餘君孤夢頻中斷凶音忽遠聞
那堪朝露溘不忍夜臺分寄洒平生淚遥霑若斧墳

又　行司正柳永詢

云亡吾狀元天質粹而温早登賢者门瀛洛泝學源
蓮榜接清芬泮水同采芹龍頭騎霱雲驥尾附蠅群
高步敭從班踈蹤滯泥间徐庶友交懽貢禹彈喜冠
二人契金蘭一生照心肝晩年湖海漫別懷空萬端
豈料玉棺仙慟哭拜靈筵功名等棄筌餘慶則綿〻
哀榮雖兩全音信痛長捐題詩淚迸泉悵望龍驤阡

又　行判決事李順慶

曾叨容許久隨肩屈指于今四十年芹泮人稱山斗學縉紳爭道股肱賢年垂七袠官卿月宇衍群龍集福天二豎沉綿仁不壽九泉歸路竟茫然

又　兵曹叅判李　沖

英姿雅望出群賢桂籍香名第一仙寶樹列庭曾托伴文星照泮忝同遊舊都遺愛思張詠白首晝憂道少連只惜遐齡天不假人間老淚徹重泉

又　行青松府使朴而章

慈祥天所植醞籍世皆云蓮榜為兄弟芹宮襲蕙薰青冥曾並靶江海久離群千里同明月三年詠碧雲

酒杯餘慶在家名在世莫悲遺迹隔泉臺

先君司馬同年契晩歲連姻外姓兒兩世一家情與
義白頭題挽涕漣洏

又　行司直韓德遠

今代誰憐我平生獨有公浮沉久相阻存沒不重逢
宇宙遺文在江山故宅空年來無痛淚双袖自龍鍾

又　同知中樞府事宋　駉

星斗聲名冠縉紳忘年深契倒中眞龜交琅臂思庚
戊戌熟皇都憶甲寅祿野方閑裴晉興白鷄終誤謝
公身趨庭賴有諸郎在猶幸靑氈舊業新

章新門墻無客如韋布蘭玉盈庭捴席珎栢府森嚴
曾秉憲松都閑善亦頤神郊扉晩計歸西浦經國初
心戀北辰獨向滄浪纓可濯特携樽酒酌無巡波鳴
押近何須避野老爭先任自親疾病侵尋還入洽刀
圭調劑竟非真一生忠孝天難又半世悲歡迹已陳
壽域未能稱大耋家聲猶得飽清貧江頭小築終蕭
瑟無復乘流來白蘋

又　竹司勇金尚寯

先王四紀育人材公榜當年賀得魁才遇主知方展
去官非吾樂却收田兩朝恩渥留金帶末路襟懷托

膝下多蘭玉人间無是非於公即瞑目但為國沾衣
絶塞三年別孤燈兩地心歸来竊有意早晩可披襟
僻巷门還掩窮途病更侵遷延仍永訣将淚愧知音

又　福川君吳百岭

雲漢飛騰卄六年壓朝彛價許誰先共稱儒雅推今
世却識心源邁古賢晩歳為官卧閑府前春謝病賦
歸田始終無訣人间福滿户芝蘭慰九泉

又　行司直許　晉

早捷巍科國有人天資温雅逈超倫專心學问尋師
友餘事寸華聳縉紳歷適清班名譽洽端居宰列寵

又

韓昌君李慶涵

七十年來福履膺世臣賢德兩朝徽輝煌群璧皆珎

寶領熙諸孫揔俊能中外歷敭人共仰田園歸老病

還仍怡〻壇宇今難見瞻望寒原淚不勝

又

前禮曹叅判辛慶晉

降靈維嶽挺高標一擧龍頭責聖朝唐鳳久專如綍

重殷梅還新若羹調高名素出諸賢右蚤退終爲後

輩揖餘慶遠流知不盡房家偉器揔昂霄

又

行副護軍崔 璀

不悲位不達最難全以歸耳聞尚云少目覩者尤稀

又 同知中樞府事權憘

昔年同泮分非輕久荷交情不世情德業才華傾輩
類風儀言論動簪纓儒林望重推山斗朝著名高倚
老成蘭玉滿堂兼五福知君生死備哀榮

又 行司直鄭瞱

舊德凋零盡公今又九泉眷從前席重名到暮年全
倦鳥歸非晚危機見最先憶曾床下拜涕淚自潸然

又 行司果沈惇

高才絶世蘊經綸文雅清時第一人千載遭逢蒙簡
擢兩朝恩遇極簪紳暫棲枳棘由便養晚退丘園爲
病身施報尚堪泉下慰六叢蘭玉慶祥臻

又　驪城君李志完

國以斯文重人如大雅詩早推瑚璉器爭道棟樑姿
緝〻丹苞羽森〻碧樹枝文章餘事耳忠孝自傳之
日者身歸老天乎病未醫壑舟中夜去無復濟川期

又　户曹叅判張晩

是歲非辰巳如何哭善人祗今全令望伊昔際明辰
士論推先輩朝廷有老臣君親同愛敬身世渾光塵
暮景仍投紱閑居要養神恒言仁必壽凶聞夢非真
却憶升堂日俱爲忝服身十年如宿昔萬事只傷神
復愧泉臺遠餘生鬢雪新老懷持底慰家慶看螽兟

又

義寧君宋 諄

少小同门舊雷陳契分親吟詩常並榻講學幾連茵

樽酒蘭堂晩軒裳綺陌春遊從昔年事君去與誰申

又

凝川君朴震元

射策天门在小年玉堂高步入東銓青雲久許聲名

重白髮方知壽福全補袞兩朝恒盡瘁投簪一夕共

稱賢傳家賴有多男子萬事皆堪慰九泉

又

知中樞府事申 湜

留守松都後歸來栗里初君民憂進退魚鳥樂居諸

舒卷雲無迹行藏道自如清標那復覩寒月屋樑虛

官資二品六男兒七十年齡世並稀歸卧泉臺非不
足老夫猶自淚沾衣

又

光城君鄭賜湖

温〻瑚璉器大才富蔚昌早闡性理書英華燁然光
黄甲耀魁星馳譽青丘方蜚英青瑣踵彩鳳輝朝陽
黑頭躋亞卿行登公輔堂翩然出故都鬓髮忽已蒼
晩稅林下歎百年期倘徉纔聞一疾祟詎意哲人亡
托契五十載况忝同榜行末路不變調朱絃聽峩洋
遅暮奄相訣寂寞魂骨傷依然屋樑月想像空彷徨
賴有六驥子餘慶惟無疆

譽望著一時縉紳取爲律奉親極吾誠常得親心悅
愛士如不及遇之逾飢渴故國一歸未世情漸消歇
高陽一茅宇誓將餘生訖何知卒易年迫此易簀月
兒孫滿庭號親舊踵门訣況吾夙通家沉慟情至骨
公應含笑歸寧有抱恨沒吾詩安能詳於公莫髣髴

又　知敦寧府事金尚容

龍頭聲望振明庭歷歷清華到亞卿流俗豈能容大
雅官資終不稱高名百年世事梁初熟晚歲郊扉計
未成知舊向來零落盡暮途何處托餘生

又　知中樞府事李時彦

命壽久稀年孰謂仁樽酒笑談渾似夢浮休世事已
成塵荀家福祿應無艾滿眼兒孫擁席珎

又　　行議政府右叅贊李慶全

先人分義豈徒然託得銓司秉筆賢經幄兩朝推雅
重議論中世最公便風埃草〻渾如夢離合悠〻又
幾年惆悵斯文轉寂寞古翁门巷草芊〻

又　　海昌君尹　昉

近時習靜齋學窺造化窟门下多其人公乃獨超越
得聞大道早造詣實卓絶賢科作狀元玉署侍密勿
官高心轉少特危道不詘立朝四十秋素行無少闕

位卿非滿德餘慶定留今故宅人雖去滿庭槐尚陰

又　行京畿觀察使盧　稷

一別松京久三年獨悵然歸來猶未奉永逝遽何遄

開戶悲懸榻抱琴嘆絶絃須知積善效在世六兒賢

又　吉昌君權悏

遭逢千載寵光優寸望鑾坡第一流清議共推勤啓

沃聖心方倚告謨猷身兼異秩全終始壽又多男絶

辱憂白首故僚深契在矣向寒山淚未收

又　晉興君姜　紳

鵠立朝端第一人玉堂金馬舊詞臣位非滿德皆由

議他日論思憶舊臣歲輔謾留三載化江湖總卜一
年春晨星宿草交遊盡雪裡孤齋淚滿巾　又一首在下

○又　行工曹判書李尚毅

卿月沉寒彩文星隱曉霞斯人至於此吾道竟如何
晩節高風遠清時令聞多庭蘭餘馥郁是以世其家

又　行漢城府判尹李　準

稟專光岳應明時曾折蟾宮第一枝師友當年事從
學功名晩歲可銘彝舊都遺愛黔黎沾奕世貽基福
祿垂大廈從今失棟梁矣君非爲矣吾私

又　判敦寧府事閔夢龍

又　議政府左贊成朴弘耈

才名籍甚狀元坊二十年前共玉堂並世交情期晩
暮傷心人事有存亡一生儒雅推前輩千載遺逢荷
寵光惆悵舊遊難更續松都春日憶連床

又　行吏曹判書韓孝純

同遊京輦又知心聲入詞洋托契深妙歲輩英人莫
及暮年歸老世爭欽官登峻秩金章煥業授賢郎玉
樹森惆悵九原難可作此生無路更追尋

又　行戶曹判書李廷龜

經術詞華早致身雍容風裁映簪紳當時進退閲清

悲同學故人今獨在索居蕭颯倍傷魂　閑

又　行兵曹判書朴承宗

嚮々高陽里時稱孝悌門先朝多士美今日幾人存
佇待終三事翻傷隔九原詞華真典雅學問得淵源
臺閣持風裁經筵進格言分麾杖玉節憂國愛黎元
微恙稀齡減哀榮二品尊生芻不盡慟一慟淚双痕

又　文昌府院君柳希奮

雲路鵬搏作羽儀兩朝聲價愜蓍龜平生雅望人無
間晚節襟期我獨知廊庙未陳先格義江湖頻廑退
憂眉傳家寶樹看々美餘慶緜々永有辞

天挺吾公元不偶人間俯仰可無慚官陞宰列齊儀
兩壽望稀年鉠晝三京洛緇塵那得滌田園行樂足
供搽自憐疾裏柴門掩未送靈輀有淚含

又　延原府院君李光庭

京國年來著〔耆〕舊逝我公之去更沾裾風流文雅兩朝
最薤露生涯一夢虛恭世功名榮列鼎持家胄流慶
充閭習池歌舞今誰管烟月淒凉只自如

又　晉原府院君柳　根

曾爲留守索吾文謂是吾儕共狀元官滿歸田應宿
計身。嬰疾又何言芝蘭玉樹縣餘慶館閣銀臺被聖

世間替眞生芻如不眞況聞授睛祭文還

又　海平府院君尹根壽

殿陛臚傳報狀元鵬程九萬藹高騫早年昵侍輸臣

郎中歲飛騰荷主恩舊國丐閑方得請故園治疾遽

游視亞卿花甲俱嫌少科第相傳子若孫

又　議政府右議政鄭昌衍

圭璋令望世爭傳親愛今垂四十年擢冠龍頭鶩忝

下歷敭銓席粃屋前湖堂舊迹渾如昨松嶽行旄永

隔泉白首悲懷何處慰滿庭簪笏耀青氈

又　唐興府院君洪　進

士同朝甚喜善良人久登臺館謨猷正晩攝方州政
化仁筍氏八龍繼減二哀榮前後冠簪紳
遭際明時學士宗講筵敷奏氣雍容先朝眷注天顔
悅當代褒嘉御墨濃暫醉奉常知味酒還聞長樂漏
城鍾恩深歸賵全終始新壟高陽議政封
杏村當日癸門生性敏難兼好學誠博約功深無蹤
等聖賢階峻有前程尚平婚嫁年未畢仲統園林病
後成月犯小微朝野慟淌庭蘭玉振家聲
能聞聲譽自賢閨執袂遊從玉筍班少我一年俱白
髮別君三載又青山斷絃無路趨城外懸劍何心在

挽詞　鰲城府院君李恒福

衰年纔過六旬强舊友如今半在亡我偶得閑差慰
意公先去世益摧膓東西分点江湖興風月俱爲嘯
傲郎此事人間難並美天憎双鳥對翺翔

又　議政府領議政奇自獻

壽近稀年秩亞卿鑾坡鳳掖早蜚英休官晩遂懸車
志歸老猶多戀闕情見說鄕閭尊杖屨忽聞泉路閉
佳城從來積德流餘慶玉樹芝蘭更擅名

又　領敦寧府事沈喜壽

詞章經術庶鳴寰黃甲魁星玉殿春何處得來端雅

好剪髮常如視母悬魯閔孝恭不人间雲仍賢後裕
後昆高官美爵何須說八袠餘年有幾存

叅斯山生無復升堂拜題挽難堪涕自垂

又　　吏曹正郎蔡慶先　　무竹村

淑慎流徽遠閨儀一代尊高風邁截髮懿範繼嘗豚
壽考膺疇福崇封戴國恩慶餘天可必蘭玉殷盈門

又　　弘文館副修撰睦大欽

風樹搖搖吹不停無端凶問到南溟從知懿德尋常
事所貴平生八十齡孝子深誠如有望重泉爲夢若
爲醒人間慶福應難並剩見芝蘭滿戶庭

又　　成均館典籍郭止善

三世交親父子孫情深嬰慕更連門升堂奚啻通家

九〻加零世所榮聖恩頻許養專城家门昌大緑閨
範宗祀馨香鼇婦誠六十兒孫歸一領二三男子冠
諸英何由借得張林手銘石千秋耀古瑩

又　　司憲府執義李廷馣

柔嘉淑德世争推舉案當年盡婦儀膝下養成群鸞
鸞庭前秀茂滿蘭芝眼看三釜輸榮孝心戀重泉結
恨悲子女曾玄過半百綿〻流慶益無期

又　　奉常寺僉正郭　説

一德能全五福基门闌燀赫壽頤期壼儀已著宜家
日胎教終成斷織時命服煌〻承鳳誥諸孫緝〻比

名家福德今誰似貞大夫人積慶门養極四州愉色
有年踰八褒壽星尊晨昏定省髙曽毋内外攀號六
十孫却憶升堂奉觴日不禁哀淚洒西村

又　議政府左叅賛李　準

仙圃雲軿杳莫攀依然喬木擁朱门百年懿範三從
備一代榮華八座尊柱石正看生令子斂衣終見付
諸孫踈慵夙忝升堂分執紼難堪拭淚痕

又　議政府右叅賛姜　紳

壽辰爭賀大夫人托契相將壽老親二呂徽封曆罷
命八旬邀箕冠鄕鄰升堂盛事渾如夢戱綵歡悰跡

誥積慶增高駟馬門三府奉輿愉色日八旬瑤席點
頭孫張林健筆應題石贊〻西山是九原

又　行禮曹判書大提學李廷龜

早將清約守家傳晩享榮華八十年女戢不因黃髮
懈毋儀應著白眉賢重封貞淑恩誥煥一領高曾善
慶綿福祿世間知不憾只堪沾洒棘人前
年〻壽節忝升堂粲度華筵獻賀觥侍戴半生猶我
毋襟期末路托諸兄金貂繞膝人爭慕蘭玉盈庭世
共榮無復樽前看戲綵傷心林下夜烏鳴

又　行吏曹判書李尚毅

又

晉原府院君柳 根

憶昨升堂問起居斑衣競舞映金魚人生八袠康寧
罕膝下諸孫六十餘鸞誥恩榮應照後熊丸教訓實
由初豐碑屹立高陽里定有張林爲特書

又

行兵曹判書朴弘耈

蘭姿玉質照鄉鄰主饋當年咏采蘋一慈閨儀存古
禮三遷宅里處於仁榮光奕世朱門煥壽考逾期白
髮新頌德正須千字誄升堂豈必淚沾巾

又

議政府右賛成鄭昌衍

有見曾聞内教敎爲寮慣識壼儀尊推恩早降翔鸞

耋時憶得升堂獻金斝白頭今夕淚双垂
瑟琴絃斷在中年來〻蘋蘩南澗遏竹器陶盆照儉
德金章花誥敞華筵謝家寶樹枝條盛于氏高门柱
石堅不食子春須早悔一生忠孝乃能全

又　清平府院君韓應寅

八袠專城養人間壽福全勛勞思欲報風樹痛還纏
世說宜家德時稱教子賢兒孫多駿逸餘慶更綿〻

又　海平府院君尹根壽

婉娩承先訓閨儀更飭躬長君躋峻秩壽域慶新封
幾處雄州養遐齡此日窮習池翩素旐双劒得相從

國慶白氏
位挽

挽詞　議政府領議政李德馨

魯聞閨範冠名門一德三從八袠尊封爵疏榮留鳳
誥專城隆養奉魚軒蘭芽滿列徵餘慶桂實聯芳荷
聖恩津劒歡尋違愛日老萊衣鎖漲啼痕

又　議政府左議政李恒福

忝作陶家客常叨剪髮恩徽儀成壼則貞德式宗姻
永祝仁能壽俄驚藥不神窮陰滿西向旐旆慘寒晨

又　議政府右議政沈喜壽

粲嘉淑慎仰閨儀善慶從來有貴兒不待身勤紗幔
誨還教首折桂林枝三牲奉養名藩日一世哀榮大

3

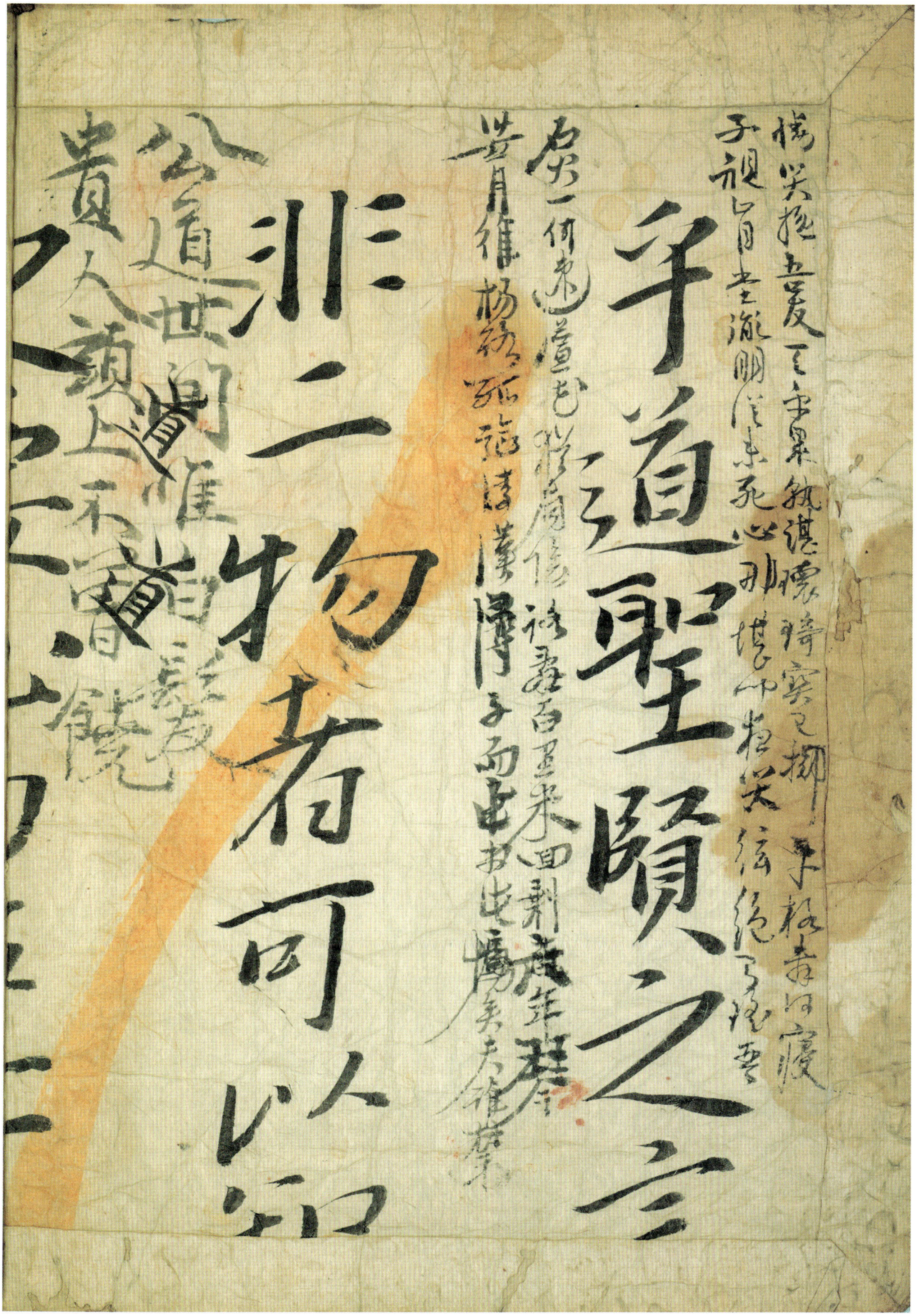

乎道聖賢之言

非二物者可以知

公道世間唯白髮

貴人頭上不曾饒

1